합격하는
편입 자소서 &
학업계획서

시대에듀

머리말

> **평가 비중이 꾸준히 증가하고 있는
> 자기소개서와 학업계획서,
> 이제는 합격을 위한 필수 과정!**

　다년간 편입 자기소개서와 학업계획서를 다루면서 학생들이 겪는 어려움을 직접 확인할 수 있었습니다. 학생마다 편입을 결심한 사유가 다를 테지만, 자기소개서 작성이 익숙지 않다는 점은 동일했습니다. 지원 동기에 넣어야 할 내용을 전혀 가늠하지 못하거나 전공 선택 사유를 설득력 있게 풀어 나가지 못해 엉뚱한 내용을 남발하는 경우가 많았습니다. 구어체를 활자 그대로 옮기고, 지나치게 개인적인 사연을 구구절절 나열하는 사례도 적지 않았습니다. 전형 요소로서 비중이 꾸준히 증가하고 있는 자기소개서와 학업계획서는 수개월간 편입을 준비하는 학생의 입장에서 결코 놓칠 수 없는 중요 과정입니다. 항목이 요구하는 바에 맞게 글의 방향을 설정하고, 어긋남 없는 표현으로 자신의 강점과 본의를 드러내는 전략적 작성만으로도 전형에서 상대적 우위를 점할 수 있습니다. 시험장에서 평가가 이뤄지는 필기 고사와는 달리, 안락한 공간에서 자기소개서와 학업계획서를 작성해 최종 당락에 영향을 미치는 점수를 확보하는 것이므로 투자한 시간 대비 큰 결실을 얻을 수 있는 부문이기도 합니다. 오랜 시간 노력해 높인 필기 고사 성적을 짧은 시간 집중하면 좋은 결과를 거둘 수 있는 자기소개서와 학업계획서로 낮춰 버린다면 너무나도 아쉬울 것입니다.

　이 책의 내용을 토대로 편안한 환경에서 자기소개서와 학업계획서를 집중해 작성한다면, 누구든 대학별 자기소개서와 학업계획서 항목에 부합하는 내용을 적절한 표현 방식으로 쓸 수 있습니다. 지원 동기, 전공 선택 이유, 편입 후 학업 계획, 졸업 후 진로 계획, 특이사항의 내용을 기본으로 삼아 본인의 이야기를 정리하고, 유사한 항목에는 5가지 항목의 내용을 조합하는 접근 방식이 유효합니다. 대학별로 자기소개서와 학업계획서 항목이 다른 까닭에 미리 작성해 두는 것이 좋으며, 때로는 소신 지원과 안전 지원을 혼용하기 위해 전공 선택 이유를 다양하게 준비해야 합니다.

　어떠한 준비도 없이 자기소개서 제출 기간에 직면하면, 상대적으로 짧은 기간 때문에 만족스럽지 못한 자기소개서와 학업계획서를 제출하는 사태가 벌어집니다. 학생들이 이와 같은 상황을 마주하지 않고, 스스로 자기소개서와 학업계획서를 작성할 수 있는 올바른 방향을 제공하고자 사례 위주로 책의 내용을 채웠습니다. 다양한 사례를 통해 자신에게 어울리는 글의 전개 방식을 선택하고, 표현에 유의하며 효과적으로 자기소개서와 학업계획서를 작성하도록 했습니다. 사례로 제시한 문단을 문장마다 분석하며 올바른 작성 방향을 제시했고, 문단 전체의 균형을 고려하며 수정한 결과를 수정 전 문단과 비교함으로써 그 차이를 확인할 수 있도록 구조를 잡았습니다. 편입학 자기소개서와 학업계획서에 부적합한 내용과 표현은 반드시 점검해야 합니다. 학생들이 유사한 실수를 반복하고 있어 해당 내용을 정리했고, 각 항목의 특징에 바탕을 둔 실수를 사례로 언급하며 재차 환기할 수 있도록 주의를 기울였습니다. 사례의 강점은 우회하는 과정 없이 올바른 작성 방법을 빠르게 익힐 수 있다는 점입니다.

이 책의 다양한 사례를 활용해 부족한 수험 시간을 효율적으로 활용하기를 바랍니다. 아울러, 자기소개서와 학업계획서를 최종 합격으로 이어지는 절대적 우위의 기틀로 다져 나아가길 응원하겠습니다.

올바른 편입 자기소개서 & 학업계획서 작성 전략, 반드시 필요하다!

편입 자기소개서와 학업계획서는 전형 요소로, 평가 비중이 꾸준히 증가하고 있습니다. 올바른 전략으로 편입 자기소개서와 학업계획서를 작성한다면 자신의 강점과 열정을 효과적으로 표현할 수 있습니다. 합격을 향해 내딛는 첫걸음을 확신으로 채울 수 있도록 주의를 기울여야 합니다.

대학 전공에 국한하지 않고 전 분야에 걸친 사기업, 공기업, 언론사 전형을 치르며 자기소개서의 중요성을 확인했습니다. 현장에서 경험으로 습득한 노하우를 생산적으로 활용하고자 '오로지첨삭'을 운영하기 시작했고, 12년간 많은 학생들의 합격을 도왔습니다. 대입 수시, 편입, 국내 대학원, 미국 대학원, 로스쿨, 국내외 MBA, 의학 전문 대학원, 국내 기업, 글로벌 기업, 일본 현지 기업 채용, 경력직 채용 등의 자기소개서를 포함해 그 수는 대략 4,000건에 이릅니다. 면접에 대한 수요도 높아 '오로지면접'도 운영을 병행하고 있습니다.

최근 8년간 1,000여 건의 편입 자기소개서와 학업계획서를 다루며 학생들이 글의 방향을 설정할 수 있도록 지도했습니다. 1,000여 건의 사례에서 반복해 등장하는 실수를 유형별로 정리했고, 학생들이 간과하기 쉬운 부분을 사례와 그에 대한 설명으로 안내하며 이해를 돕는 데 주력했습니다. 편입 지원자들 중에는 사회 경험이 풍부한 분들도 있지만, 지원자 대다수가 2학년 과정을 마친 대학생들이므로 자기소개서와 학업계획서 작성이 낯설 수밖에 없는 상황입니다. 생소한 분야는 사례를 통한 학습이 가장 효과적입니다. 다양한 실제 사례를 제공함으로써 목적에 부합한 자기소개서와 학업계획서를 작성하는 데 조력하고자 이 책을 집필했습니다. 자기소개서와 학업계획서를 항목별로 분석해 각 사례의 문장마다 상세한 설명을 덧붙이고, 학생들이 궁금해 하는 사항을 설명에 담고자 노력했습니다.

편입 전형 평가 요소로 공고히 자리매김하고 있는 자기소개서와 학업계획서는 최종 합격을 위해 굉장히 중요하므로 반드시 올바른 방식에 따라 작성해야 합니다. 이 책에서 소개한 실제 사례와 설명을 편입 합격을 실현하는 유용한 도구로 활용하기를 바랍니다.

모집 요강

주요 대학별 편입 전형의
자기소개서 및 학업계획서 반영 비중

※ 반드시 확정된 모집 요강을 확인하시기 바랍니다.

▼ 건국대학교 학업계획서 2단계 30% 반영

계열	단계	서류	필기	합계
공통	1단계	–	100%	100%
	2단계	30%	70%	100%

▼ 한양대학교 학업계획서 2단계 30% 반영

전형	계열	단계	전형 요소별 반영 비율			
			영어	수학	서류	합계
일반편입	인문계	2단계	70%	–	30%	100%
	자연계		20%	50%	30%	100%

▼ 한양대학교 에리카캠퍼스 학업계획서 40% 반영

계열	단계	서류	영어	전적대 성적	합계
인문계/자연계	일괄 사정	40%	30%	30%	100%

▼ 이화여자대학교 자기소개서 + 학업계획서 2단계 40% 반영

계열	단계	서류	필기	합계
인문계/자연계	2단계	40%	60%	100%

▼ 숙명여자대학교 학업계획서 2단계 20% 반영

계열	단계	필답시험		서류	합계
		영어	수학		
전 모집 단위	2단계	1단계 성적 80%		20%	100%

▼ 서울시립대학교 학업계획서 3단계 40% 반영

모집 단위	단계	필기	서류	GPA 정량 평가	합계
인문계열	3단계	2단계 성적 55%	40%	5%	100%
자연계열		2단계 성적 60%	35%	5%	100%

▼ 연세대학교 학업계획서 2단계 40% 반영

전형	모집 단위	1단계		2단계		
		필기	전적대 성적	1단계 성적	서류	실기
일반/학사 편입학	전 대학 (음악대학 제외)	100%	–	60%	40%	–

▼ 연세대학교 미래캠퍼스 학업계획서 최대 100% 반영

모집 단위	단계	필기	서류	면접	합계
간호학과	일괄 합산	30%	70%	–	100%
디자인예술학부	1단계	–	100%	–	100%
	2단계	–	70%	30%	100%
의학과	1단계	50%	50%	–	100%
	2단계	70%		30%	100%

▼ 고려대학교 학업계획서 면접 평가 반영

모집 단위	단계	반영 비율	합계
인문계/자연계	2단계	1단계 성적 60% + 면접 40%(서류 바탕)	100%
의과대학		1단계 성적 80% + 면접 20%(서류 바탕)	100%

▼ 고려대학교 세종캠퍼스 학업계획서 20% 반영

단계	공인 영어 성적	전적대 성적	서류	면접	합계
1단계	40%	40%	20%	–	100%
2단계	1단계 성적 75%			25%	100%

▼ 중앙대학교 학업계획서 최대 40% 반영

선발	모집 단위	단계	1단계 성적	서류	면접	기타	합계
우선	해당 학과	일괄	–	30%	10%	60%	100%
일반	인문계/자연계	2단계	60%	40%	–	–	100%
	약학대학	2단계	60%	20%	20%	–	100%
	생명공학대학 예술공학대학 첨단소재공학과	일괄	–	40%	–	60%	100%
	체육대학	2단계	60%	40%	–	–	100%

모집 요강

▽ 서울대학교 수학계획서 1단계 최대 40% 반영

계열	단계	서류	영어	합계
자연과학대	1단계	40점	60점	100점
사회·생활과학대		50점	100점	150점

▽ UNIST(유니스트) 학업계획서 1단계 100% 반영

모집 단위	단계	서류	면접	합계
전 모집 단위	1단계	100%	-	100%
	2단계	1단계 성적 60%	40%	100%

매년 편입 전형 요소와 반영 비율이 바뀌지만, 자기소개서와 학업계획서의 비중은 늘어나고 있는 추세입니다. 현장에서 실력을 발휘해야 하는 공인 영어 시험, 대학별 필답 고사와 달리 자기소개서와 학업계획서는 합격에 영향을 미치는 전형 요소임에도 시험장 밖에서 준비할 수 있는 특징을 지녔습니다. 따라서 충분히 주의만 기울인다면, 지원자 전원이 우수한 평가를 받을 수 있습니다.

암기와 이해를 반복해야 하는 영어, 수학, 전공 등의 핵심 전형 요소와는 다른 특징입니다. 영어, 수학, 전공 고사 준비가 중요한 것은 절대적인 사실이며, 시간과 노력도 많이 필요합니다. 그에 비해 자기소개서와 학업계획서는 영어, 수학 지식과 관계없이 언제든 작성할 수 있고, 심지어 미리 준비할 수 있다는 확실한 장점이 있어 한결 쉬운 전형 요소에 해당합니다. 현장이 아닌, 개인 공간에서 시간에 쫓기는 부담감을 느끼지 않고, 지원 학교가 제공하는 일정 양식에 따라 글을 작성해 상대 평가에서 우위를 점할 수 있습니다.

작은 차이로 당락이 나뉘는 편입 전형을 고려했을 때, 20~100%까지 평가에 반영되는 자기소개서와 학업계획서는 목적 달성을 위해 반드시 성의 있게 작성해야 합니다. 평가 주체가 인간인 이상 자기소개서와 학업계획서는 면접 고사에 직간접적인 영향을 미칠 수밖에 없고, 올바른 문장과 표현으로 작성한 자기소개서와 학업계획서가 평가에 긍정적인 효과를 미치는 것은 지극히 당연합니다. 개인 재량에 따라 최선을 다해 마음껏 작성해 보라는 의도로 전형 요소에 포함한 자기소개서를 글쓰기가 익숙하지 않고 평가 비중이 작다는 이유로 등한시하는 것은 결코 전략적인 접근이라고 할 수 없습니다.

그럼에도 자기소개서와 학업계획서의 반영 비율은 결코 무시할 수준이 아닙니다. 지원자들이 필답 고사에 임박해 자기소개서와 학업계획서를 작성하기 시작하는 것이 일반적이나, 상대적으로 여유가 있는 기간에 미리 작성해 두는 전략이 보다 효율적입니다. 자기소개서와 학업계획서 항목에 맞는 내용과 표현으로 글을 작성해 필답 고사 전에 상대적 우위를 확보하기를 바랍니다.

따라 하기 쉬운 나만의
편입 자기소개서와 학업계획서 작성 방법

PART 01 편입 자기 소개서 & 학업계획서 작성 10가지 절대 법칙

지원 목적이 합격인 만큼 평가자의 관점을 예상하며 자신의 이야기를 기술하는 것이 자기소개서입니다. 지원자들은 익숙하지 않은 자기소개서와 학업계획서를 작성하며 유사한 실수를 저지르는 경우가 많습니다. 본인의 생각과 경험을 기술하는 자기소개서가 완벽하기는 어렵고, 정성을 다해 글을 쓰더라도 평가자의 기준에 부합하지 않을 때는 불이익을 당할 수 있습니다. 자기소개서를 잘 쓰고 싶다는 지원자들의 욕구 표출은 지극히 자연스럽지만, 그 방식이 형식에 어긋날 때는 엉뚱한 방향의 글이 탄생합니다. 온갖 기교와 은유, 과장과 허세, 10대 용어의 무분별한 차용은 예상 외로 빈번하게 자기소개서의 작성 실수 항목에 오르는 사항들입니다. 문장 구조부터 구성까지 온갖 요소를 완벽하게 갖춘 자기소개서를 작성하는 것보다는 편입 합격을 위한 도구로서 지기소개서에 적합한 요건을 갖추는 데 주력하는 것이 더 유리합니다. 형식과 내용이 자연스럽게 어우러진 자기소개서는 적어도 부정적 평가를 피하는 데 도움을 주며, 면접에서 인상 깊은 장면을 연출하는 효과를 내기도 합니다. 지원 목적에 부합하는 자기소개서를 작성하기 위해 유의할 점은 다음과 같습니다.

STEP 1

지원 목적에 부합하는 편입 자기소개서와 학업계획서를 작성하기 위해 명심해야 하는 10가지 가이드를 배우고, 실제 자기소개서 중 각 사례에 해당하는 내용들을 살펴봅니다.

STEP 2

편입 자기소개서와 학업계획서를 구성하는 5가지 항목을 작성 전략에 따라 작성해 보고, 사례 집중 탐구를 통해 실제 자기소개서의 문장별 첨삭 과정과 수정 전후의 전문을 한눈에 확인합니다.

PART 02 편입 자기소개서 & 학업계획서 5가지 항목별 작성 전략

편입 자기소개서와 학업계획서의 근간을 이루는 5가지 항목은 각 항목의 취지에 맞게 작성하는 것이 중요합니다. 작성자의 배경 요소를 바탕으로 항목에 부합하는 내용을 전략적으로 구성하는 데 5가지 항목별 작성 전략을 활용할 수 있습니다.

※ 해당 단원에서는 자기소개서와 학업계획서에 적합한 표현 방식을 설명하고자 구어체의 사용 범위를 일부 축소했습니다. 이는 어감의 미세한 차이가 가져올 부정적 효과를 방지하기 위함입니다.

 지원 동기

➤ 작성 방향

PART 03 대학별 자기소개서 & 학업계획서 작성 방안

지원 동기, 전공 선택 이유, 편입 후 학업 계획, 졸업 후 진로 계획, 특이 사항을 토대로 실제 자기소개서와 학업계획서 내용을 작성할 수 있습니다. 대학마다 자기소개서와 학업계획서 항목이 조금씩 차이를 보이지만, 앞서 살펴 본 5가지 항목에서 크게 벗어나지 않습니다. 이와 같은 기본 틀을 바탕으로 대학별 요구 사항에 맞춰 관련 내용을 추가합니다.

※ 적용 사례
- 기본 5가지 항목
  A: 지원 동기, B: 전공 선택 이유, C: 편입 후 학업 계획, D: 졸업 후 계획, E: 특이 사항
- 추가 1가지 항목
  F: 편학 대학교 전공 내용(수강한 전공과목, 학업 성취도, 실습 내용 등)

STEP 3

대학별로 제시하는 자기소개서와 학업계획서 문항에 맞춰 작성한 내용을 재구성하는 방법에 대해 알아보고, 실제 적용 사례를 참고해 수정합니다.

목차

Part 1
편입 자기소개서 &
학업계획서
작성 10가지 절대 법칙

제1법칙	무조건 이해하기 쉽게	5
제2법칙	문장에도 호흡이 있다	7
제3법칙	증명해 봐, 네 관심을	8
제4법칙	문장 간 연결은 부드럽게	10
제5법칙	'나'는 없다	12
제6법칙	반복 없이 한 번만	14
제7법칙	교수님 전 상서	15
제8법칙	이제 그만 각설하고	16
제9법칙	독백은 안 돼요	18
제10법칙	평가는 교수님께서	19

Part 2
편입 자기소개서 &
학업계획서
5가지 항목별 작성 전략

제1전략	지원 동기	25
제2전략	전공 선택 이유	66
제3전략	편입 후 학업 계획	100
제4전략	졸업 후 진로 계획	140
제5전략	특이 사항	174

Part 3
대학별 자기소개서 &
학업계획서
작성 방안

1	건국대학교	209
2	한양대학교	212
3	이화여자대학교	219
4	숙명여자대학교	223
5	서울시립대학교	226
6	연세대학교	232
7	고려대학교	239
8	중앙대학교	243
9	서울대학교	249
10	UNIST(유니스트)	252
11	경찰대학교	257
12	충남대학교	262

부록
편입 자기소개서 &
학업계획서
제출 전 필수 체크

1	정성이 곧 열의다	269
2	항목별 정리표	270
3	반드시 O/X 체크리스트	271

합격하는
편입 자소서 &
학업계획서

시대에듀

Part 01

편입 자기소개서 & 학업계획서
작성 10가지 절대 법칙

제1법칙	무조건 이해하기 쉽게
제2법칙	문장에도 호흡이 있다
제3법칙	증명해 봐, 네 관심을
제4법칙	문장 간 연결은 부드럽게
제5법칙	'나'는 없다
제6법칙	반복 없이 한 번만
제7법칙	교수님 전 상서
제8법칙	이제 그만 각설하고
제9법칙	독백은 안 돼요
제10법칙	평가는 교수님께서

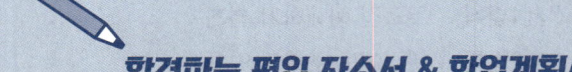

합격하는 편입 자소서 & 학업계획서

PART 01
편입 자기 소개서 & 학업계획서 작성 10가지 절대 법칙

지원 목적이 합격인 만큼 평가자의 관점을 예상하며 자신의 이야기를 기술하는 것이 자기소개서입니다. 지원자들은 익숙하지 않은 자기소개서와 학업계획서를 작성하며 유사한 실수를 저지르는 경우가 많습니다. 본인의 생각과 경험을 기술하는 자기소개서가 완벽하기는 어렵고, 정성을 다해 글을 쓰더라도 평가자의 기준에 부합하지 않을 때는 불이익을 당할 수 있습니다. 자기소개서를 잘 쓰고 싶다는 지원자들의 욕구 표출은 지극히 자연스럽지만, 그 방식이 형식에 어긋날 때는 엉뚱한 방향의 글이 탄생합니다. 온갖 기교와 은유, 과장과 허세, 10대 용어의 무분별한 차용은 예상 외로 빈번하게 자기소개서의 작성 실수 항목에 오르는 사항들입니다. 문장 구조부터 구성까지 온갖 요소를 완벽하게 갖춘 자기소개서를 작성하는 것보다는 편입 합격을 위한 도구로서 자기소개서에 적합한 요건을 갖추는 데 주력하는 것이 더 유리합니다. 형식과 내용이 자연스럽게 어우러진 자기소개서는 적어도 부정적 평가를 피하는 데 도움을 주며, 면접에서 인상 깊은 장면을 연출하는 효과를 내기도 합니다. 지원 목적에 부합하는 자기소개서를 작성하기 위해 유의할 점은 다음과 같습니다.

제 1 법칙 / 무조건 이해하기 쉽게

적절한 어휘와 지원 내용에 맞는 문장 수준으로 이야기를 풀어가고, 구어체를 문어체로 변환하는 과정을 거쳐야 합니다. 지나치게 술술 읽히는 문장을 잘 쓴 글로 생각하는 경향이 있는데, 지원서로는 부적합한 구어체가 잔뜩 깃든 문장인 경우가 많습니다. 형식과 상식에 입각해 문장을 검토해야 합니다. 아무리 표현하고 싶은 내용이 많더라도 이해하기 어려운 수준으로 글을 쓴다면, 부정적인 평가를 받을 수밖에 없습니다. 장점을 드러내려고 쓴 것이 오히려 단점이 되는 아이러니한 상황에 처합니다. 내용 전달에 초점을 두고 표현만 가다듬어도 우수한 글이 되는데도 그러지 못하는 상황을 마주했을 때는 상당히 안타깝습니다. 본인이 읽어 봐도 도무지 이해가 되지 않을 때는 반드시 글의 수정이 필요합니다. 내용이 풍성하니 표현이 엉성해도 우수한 평가를 받을 수 있을 것이라는 자기 위안은 돌이킬 수 없는 결과로 이어집니다. 지원자의 의미 있는 경험과 생각을 최소한의 형식 요건에만 맞추어 써도 우수한 글이 되는 경우가 많으니 반드시 자신의 글을 확인하는 과정을 거치도록 합니다.

실제로 접했던 자기소개서 중 **이해가 어려운 사례**에 해당하는 일부 내용들을 소개합니다.

BAD 1 👎

타인의 주장을 올바르게 받아들이기 위해 그리고 의견을 논리적으로 표현하고 미래 증권 투자 분석가로서 잠재 고객들에게 정당한 근거를 바탕으로 설득력 있는 주장과 주관에 치우치지 않은 객관적 자료를 제공할 수 있는 언어 능력과 대화의 능률 향상을 위해 교내 토론 대회에 나간 적이 있었습니다.

BAD 2 👎

오랫동안 개인 사업을 꿈꿔 왔고 사업하는 데 있어서 생길 수 있는 문제점과 경영 기법에 대해서 항상 생각해 왔는데 경제 상황이 빠르게 변화하고 창업 인구가 늘어나는 환경에서는 배우지 않고 하는 주먹구구식 경영이 분명 한계를 보일 것이라고 생각합니다.

BAD 3 👎

오랜 기간 사업을 하겠다는 생각을 해 왔고, 구체적인 아이템을 찾기 전까지는 구체적인 경영 철학이나 성공한 기업들의 사업 방식, 실패한 기업의 실패 사례 등에 관심을 가져 왔고 고등학교 때 김우중이라는 사업가를 알게 되었습니다.

BAD 4 👎

○○대학은 학생들의 적성과 교육을 목적으로 특정 전공에 속하지 않은 상태에서 자유롭게 전공과목을 수강한 후 건축 공학과 건축 설계학 가운데 하나의 전공을 선택할 수 있다는 메리트가 ○○대학에 지원하고 싶은 계기가 되었습니다.

위의 사례들은 읽어도 이해가 쉽지 않습니다. 하고 싶은 말을 정리하지 않고 늘어놓을 때 이와 같은 글이 탄생하므로 유의합니다.

제 2 법칙 > 문장에도 호흡이 있다

너무 긴 문장은 한국어의 문법 특성상 읽다가 의미가 헷갈리기 마련입니다. 문장의 길이가 지나치게 긴 건 아닌지 살펴보고, 쉼표와 마침표를 활용해 문장의 호흡 단위를 조절해야 합니다. 아울러, 문장의 순서도 호흡에 영향을 미치므로 논리가 바탕을 이룬 문장 배열에도 신경을 써야 합니다. 문장 분절은 지원자에 대한 인상에도 긍정적 영향을 미칩니다. 전달하고 싶은 핵심 사항은 짧은 문장으로 기술하고, 이를 뒷받침하는 내용을 뒤 문장에 배치함으로써 인상을 한층 강화할 수 있습니다. 단순히 하고 싶은 말이 많다는 이유로 문장을 나누지 않고 장황하게 기술하면, 읽는 사람은 그 내용을 이해할 수 없을 뿐만 아니라 지원자의 의도가 왜곡되는 상황에 이를 수 있습니다.

실제로 접했던 자기소개서 중 **문장 분절이 필요한 사례**에 해당하는 일부 내용들을 소개합니다.

BAD 1

지원 동기에서 밝혔던 것과 같이 인도를 제외한 많은 국가들의 인권이 탄압되어 고통받는 것과 종교가 한 나라의 정치의 길에 얼마나 많은 영향을 끼치는가를 직접 보고 사람들이 서로 간의 다름을 인정하기 어려워함을 느꼈고 세계가 평화 속에서 살아가기 위해서는 차이를 인정함과 관용이 필요함을 깨달았고, 이에 제가 느낀 것과 직접 본 것을 바탕으로 하여 평화를 이루기 위하여 제 자신이 무엇을 할 수 있는지에 대해 알고 싶어졌습니다.

BAD 2

20살 때 애플과 삼성의 특허권 전쟁에서 천문학적인 금액이 오고 가는 것을 보면서 21세기의 정보화 시대에서 지적 재산권과 무형 자산에 대한 가치가 높아지고 그 재산에 대한 소유권 분쟁이 심화됨에 따라 변리사의 역할이 중요하다는 생각이 들어 변리사가 되겠다는 꿈을 가지게 되었고, 특히 IT 산업에서 특허권은 중요한 문제이기 때문에 전자 공학을 전공하여 전자 기기에 대한 이해도를 높일 수 있다면 변리사로서 경쟁력을 갖출 수 있다고 판단하였기 때문에 전자 공학과를 지원하게 되었습니다.

두 가지 예시 모두 단 한 문장으로 거의 한 문단에 가까운 분량을 채운 것을 확인할 수 있습니다. 작성자의 의도와 전달하려는 내용을 파악할 수는 있지만, 그 과정이 매끄럽지 않기 때문에 가벼운 문장 나누기로 더 나은 글을 만들 수 있는 상황입니다.

제 3 법칙 / 증명해 봐, 네 관심을

자신의 이야기만 늘어놓는 것이 자기소개서의 목적이 아닙니다. 특정 분야에 관심을 갖게 된 이유를 중점적으로 작성해야 합니다. 지원에 대해 뚜렷한 주관이 드러나는 자기소개서가 목적에 충실한 인상을 줍니다. 유사 전공으로 편입하는 경우에는 전공 선택 이유를 기술하기가 상대적으로 수월합니다. 전공 학습으로 쌓은 지식을 적극적으로 활용하고, 3, 4학년의 심화 과정에서 배울 내용을 언급하는 계획적인 모습을 연출합니다. 반면, 새로운 전공을 선택하는 경우에는 그에 맞는 연결 요소가 필요합니다. 인턴, 아르바이트, 특정 사건, 봉사 활동, 대외 활동 등을 시발점으로 전공 변경을 실행할 동기가 생겼음을 설명합니다. 이와 함께 해당 전공으로 수행할 미래 목표를 '졸업 후 계획' 항목에 기술하며 새로운 전공에 입각해 미래를 구상하고 있음을 보여 줍니다. 물론 전공 선택 사유가 특별하지 않더라도 정성과 열의가 묻어나는 글이라면, 그것만으로도 충분히 우수한 자기소개서가 됩니다. 작성 시 문장과 어휘에 주의를 기울이는 것을 잊지 않도록 합니다.

실제로 접했던 자기소개서 중 참고할 만한 **우수 사례**에 해당하는 일부 내용들을 소개합니다.

> **GOOD 1** 👍
>
> 식품 경영 전공으로 '기초 식품 조리 실습', '한국 전통 조리 실습', '제과 제빵 실습' 등의 조리 실습 과목과 '푸드 장식론'을 집중적으로 학습해 졸업 후 푸드 코디네이터로 성장하겠습니다. 푸드 코디네이터는 조리 원리를 바탕으로 조리 실력과 미적 감각을 융합해 작업해야 하므로 폭넓은 지식이 필요합니다. 이에 따라 학업에 열정을 다하며 다양한 조리 자격증을 취득할 수 있도록 노력하겠습니다.

GOOD 2 👍

'정치학 개론'으로 기본 학문의 틀을 갖추었고, '커뮤니케이션의 이해'를 통해 현대 사회 지식인에게 필요한 교양을 쌓았습니다. 북한 도발 사건과 일련의 협상 과정을 보며 국제 정치에 기반을 둔 외교 전략은 국가 발전을 위한 필수 요소라고 생각했습니다. ○○대학교에서 '현대 교류 관계사', '국가 중심론' 등의 국제 정치 학문을 학습해 대중에게 폭넓은 소식을 전달할 수 있는 전문가로 성장하고자 '정치 외교학'을 선택했습니다.

GOOD 3 👍

객체 지향 언어로 각광받는 JAVA와 JSP를 집중적으로 학습해 졸업 후 JAVA 개발자로 성장할 계획입니다. 공공 기관이나 관공서 프로그램은 JAVA로 제작되고 있으며, 대형 웹 사이트는 PHP, ASP에서 JSP 기반으로 바뀌고 있습니다. 안드로이드 앱도 JAVA 기반으로 만들어지기 때문에 JAVA 전문 지식은 실무 환경에서 유용성을 띱니다. ○○대학교에서 실력을 뒷받침할 수 있는 전문 지식을 익히고 다양한 프로젝트에 참여해 경험을 쌓아 해당 분야를 선도하는 개발자로 자리매김하겠습니다.

GOOD 4 👍

현지인과의 직접적인 소통이 중국과의 교류 발전에 가장 필요하다고 생각합니다. 입학 후 ○○대학교만의 '글로벌 지역 사회 개발 인턴십' 프로그램에 참여해 중국의 독자적인 문화를 직접 접하며 중국 현지인들과 소통하겠습니다. 졸업 전에는 코트라의 공공 기관 청년 인턴에 지원해 상하이 무역관에서 6개월간 인턴 근무 경험을 쌓을 계획입니다. 아울러, 국가 공인 자격증 HSK를 준비하며 중국어 실력 향상에 힘쓰겠습니다. 다양한 과목들을 이수해 중국인과 긴밀히 소통하는 데 필요한 문화 소양을 갖출 수 있도록 노력할 것입니다.

지원 전공의 커리큘럼과 진로 방안을 소개할 때 관련 지식의 깊이와 해당 분야에 대한 열의를 보여 줄 수 있습니다. 위의 사례처럼 구성과 내용이 우수한 글은 자기소개서 방향을 설정하는 데 참고할 수 있는 효과적인 자료입니다.

제 4 법칙 / 문장 간 연결은 부드럽게

문장마다 접속사를 삽입해 연결을 시도할 필요는 없습니다. 오히려 이런 식으로 접속사를 남발하면, 글의 무게가 떨어지고 어휘의 반복만 양산할 뿐입니다. 어휘와 내용을 활용해 문장을 연결하고, 접속사는 많이 사용하지 않는다는 관점으로 접근하면 부드럽게 문장을 이어갈 수 있습니다. '그리고, 그래서'는 구어체 인상을 줍니다. 말하듯 쓰는 구어체는 문어체보다 가벼운 느낌이 강하므로 진중한 인상을 남기는 데 적합하지 않습니다. 문장은 내용과 핵심 어휘의 연결로 접속사 없이 이어갈 수 있습니다. 또한, '따라서, 그러므로'는 논리와 주장이 담긴 글에 적합한 접속사입니다. 단호한 인상이 강한 이러한 유형의 접속사는 주장을 펼치는 게 아닌, 자신의 이야기를 소개하는 상황에서는 표현의 일체감을 줄이므로 사용을 가급적 피하도록 합니다.

빈번하게 등장하는 접속사와 구어 표현으로는 '그리고, 그래서, 그러므로, 따라서, 물론, 즉' 등이 있습니다.

실제로 접했던 자기소개서 중 **문장 간 연결이 매끄럽지 못한 사례**에 해당하는 일부 내용들을 소개합니다.

• 사례 ❶

> **BAD** 👎
>
> 대학교 1학년 때 일반 수학, 일반 화학, 일반 물리 과목을 전부 1등할 정도로 수학과 과학 영역에서 나름대로의 재능과 자신감이 있습니다. 그리고 전자 기기나 컴퓨터에 대한 관심이 많아서 고등학교 때부터 전자 공학과에 진학하겠다는 꿈이 있었습니다.

▼

> **SOLUTION** 🖱
>
> 위 사례에서는 '그리고'가 구어체 느낌을 형성합니다. '그리고'를 생략하고 문장 내 조사를 바꿔 문장 간 연접 효과를 이끌어 낼 수 있습니다. 다음과 같이 조사 '도'를 삽입해 수정함으로써 접속사를 대체할 수 있습니다.

▼

대학교 1학년 때 일반 수학, 일반 화학, 일반 물리 과목을 전부 1등할 정도로 수학과 과학 영역에서 나름대로의 재능과 자신감이 있습니다. 전자 기기나 컴퓨터에 대한 관심이 많아 자연스럽게 고등학교 때부터 전자 공학과에 진학하겠다는 계획도 세울 수 있었습니다.

• 사례 ❷

물론 현재 의지 보조기 기술은 매우 발전하여 장애를 가진 사람들도 일상생활을 하는 것에 문제가 없을 정도입니다. 그러나 아직 사용자의 의도대로 따라 주지 않는 기술의 부족과 비용 문제 등은 의지 보조기 분야가 해결해 나가야 할 부분입니다. 따라서 졸업 이후 의지 보조기 기사 자격증을 취득하여 분야에 대한 자격을 획득하고, 더 나아가 호주의 유수 대학교와 같이 생체 의용 공학 기술이 발전한 대학원에 진학하여 보다 심화된 학문을 배우고 싶습니다.

▼

SOLUTION

위의 사례에는 접속사가 종합적으로 등장했습니다. '물론', '그러나', '따라서'는 다른 표현으로 대체하거나 생략이 가능합니다.

▼

GOOD

현재 의지 보조기 기술은 상당히 발전해 장애를 가진 사람들도 일상생활을 하는 데 문제가 없을 정도입니다. 하지만 사용자의 의도를 그대로 투영하는 기술은 부족한 실정이며, 비용 문제는 의지 보조기 분야가 해결해 나가야 할 과제 중 하나입니다. 이와 같은 상황을 개선할 수 있도록 졸업 후 의지 보조기 기사 자격증을 취득해 해당 분야에 대한 자격을 준비하고, 호주의 유수 대학교와 같이 생체 의용 공학 기술이 발전한 대학원에 진학해 심화 과정을 배울 것입니다.

자기소개서는 주장을 펼치는 글이 아니므로 논리적 흐름을 강화하는 접속사는 굳이 사용할 필요가 없습니다. 만약 특정 주제에 대한 자신의 생각을 기술해 보라는 항목이 새롭게 등장한다면, 주장을 펼치는 항목이므로 위의 접속사와 구어 표현은 자유롭게 사용할 수 있습니다. 그러나 주장을 펼쳐야 하는 항목이 아니라면, 글의 일체감과 속도감을 위해 접속사와 연결 용도의 부사는 지양하는 편이 합당합니다.

제 5 법칙 '나'는 없다

자기소개서는 타인에게 활자로 자신을 소개하는 글입니다. 주체는 어떻게든 자신이므로 굳이 '제가'라는 어휘를 써서 문장의 주어를 반복적으로 명시할 이유는 없습니다. 한 번 '제가'를 쓰기 시작하면, 주어 사용의 일률화가 고착돼 문장이 딱딱해지고 재미없는 글이 될 수 있습니다. 게다가, 준비와 성의 부족이라는 오해를 초래할 수 있으므로 문장 내 '나'라는 주체를 생략함으로써 글의 속도감과 통일감을 높이는 효과를 도모하는 편이 낫습니다.

실제로 접했던 자기소개서 중 '제가', '저는', '저희는' 등의 **자기 지칭 어휘를 남용한 사례**에 해당하는 일부 내용들을 소개합니다.

BAD 1 👎
졸업 후 저는 엔터테인먼트 사업 분야로 나아가려고 합니다.

BAD 2 👎
그래서 저는 그 누구보다도 더 꾸준함과 열정으로 목표를 이루어 나갈 것입니다.

BAD 3 👎
전공 분야를 살려 저의 넓은 사고력과 글쓰기 능력을 풍부하게 발휘할 수 있는 분야라고 생각하기 때문입니다. 저는 중학생 때부터 '우리말 겨루기', '퀴즈 대한민국'과 같은 우리말 프로그램을 즐겨 보아 왔습니다. 저는 졸업 후 바로 대학원에 진학하여 국어 국문학을 더욱 깊이 있게 연구하려 합니다. 대학원을 통해 얻은 지식과 경험은 언론사에 입사하고 프로그램을 제작하는 데 남들과 구별되는 저만의 뛰어난 경쟁력이 되리라 생각합니다.

BAD 4

"모든 것에서 배움은 시작된다." 제가 가진 모토입니다. 저는 대학 생활을 통해 배움에 대한 몰입과 리더십 함양을 배웠습니다. 대학 수업에 성실히 임하여 1학년 2학기, 2학년 1학기, 2학년 2학기 성적 우수 장학금을 받았습니다. 저에게 있어서 성적 우수 장학금은 단순한 금액이 아니라 성실함과 전공 분야의 몰입에 대한 성과에 대한 가르침입니다. 저는 장학금을 수여받음으로써 향후 전공과목에 대한 준비와 자신감을 함양할 수 있었습니다.

BAD 5

저는 외식 업체에서 약 2년간 서비스직을 하면서 이런 업종이 저에게 잘 맞는다는 것을 알았습니다. 하지만, 전문성의 필요성을 느꼈습니다.

BAD 6

어렸을 때부터 매해 한두 번씩 해외 여행을 다니면서 다양한 문화에 대한 시야를 넓혀 왔습니다. 해외로 나가면 우리나라와 다른 문화를 경험할 수 있는데, 저는 특히 식문화에 관심이 갔습니다.

BAD 7

그러나 옳다고 생각하는 일은 제 생각이 틀렸다는 이유를 납득하지 않고서는 굽히지 않는 성격이 있습니다. 그래서 친구들과 공부에 대한 토론이 벌어졌을 때 제가 틀렸다는 것을 잘 인정하지 않고 제 주장만 밀어붙여서 친구들이 많이 답답해 하는 경우도 정말 많았습니다.

자기 지칭 어휘는 주의하지 않으면 평소에 쓰듯 글에 나타나기 일쑤입니다. 공통점은 자기 지칭 어휘를 생략할 때 글의 흐름이 보다 원활해진다는 점입니다. 자기 지칭 어휘를 생략하기 위해 전체 문장 구조를 수정해야 하는 경우도 있지만, 이러한 과정을 통해 문어체에 가까운 표현을 쓸 수 있습니다.

제 6 법칙 / 반복 없이 한 번만

　대체로 한 항목당 8개의 문장으로 문단 구성을 이룹니다. 매 문장마다 동일한 마무리 동사로 표현한다면 반복에 따른 식상함으로 내용의 무게가 체감 단계에 도달하지 못합니다. 자기소개서 항목 중 학업 및 졸업 후 계획 부분은 미래에 실천할 행동을 각오가 담긴 어조로 기술해야 하는 까닭에 등장할 수 있는 동사가 한정적입니다. 대체로 '하겠습니다', '싶습니다', '할 것입니다', '할 계획입니다' 등이 쓰입니다. 이러한 마무리 동사를 연속적으로 사용하지 않도록 문장 표현과 흐름에 주의를 기울여야 합니다. 똑같은 표현을 반복한다고 내용이 훼손되지는 않지만, 읽는 사람에게 단조로움을 안겨 자칫 평가자가 무의식 중에 글의 가치를 폄하할 수 있습니다. 사소한 주의만 기울여도 이와 같은 불이익을 피할 수 있으므로 지원자는 항상 작성 후 자신의 글을 검토해야 합니다.

　실제로 접했던 자기소개서 중 **일률적인 문장 종결 표현을 반복한 사례**에 해당하는 일부 내용들을 소개합니다.

> **BAD 1** 👎
>
> 　외국어를 습득하기 위해서는 외국어에 대한 노출량이 많아야 하는데 교환 학생 프로그램은 이러한 점을 제공해 줄 것입니다. 또한, 컴퓨터 활용 능력 2급(엑셀)을 딸 것입니다. 엑셀 활용 능력은 각종 업무를 하는 데에 있어서 꼭 필요한 능력이기 때문에 성적을 떠나서 중요한 것입니다. 마지막으로 마케팅과 경영 전략 과목을 집중적으로 공부할 것입니다.

　위의 사례에서 문장 간 공통점은 '할 것입니다'로 마무리하는 종결 부분입니다. 이러한 점은 경계 이상의 유의가 필요합니다. 동일한 표현이 반복될 때는 변화를 주는 데 주의를 기울이기 바랍니다.

> **BAD 2** 👎
> 역사학도로서 나아가고 싶습니다. 정통과 역사가 있는 곳에서 꿈을 펼치고 싶습니다. ○○여자대학교는 대한 제국 황실이 설립한 명신여학교에 뿌리를 두고 우리나라 힘으로 탄생한 최초의 여성 교육 기관으로서 전통을 이어 왔습니다. 이러한 전통과 역사가 많은 여성 리더를 배출해 내는 ○○여대의 원동력임을 믿어 왔습니다.

총 4문장을 2문장씩 짝을 맞춰 동일한 표현으로 마무리했습니다. '싶습니다'와 '해 왔습니다'는 틀린 표현이 아니지만, 연이어 동일한 표현이 등장한 것이 문제입니다. 새로운 표현을 쓰고자 크게 고민할 필요는 없습니다. 반복을 피하려는 최소한의 노력만으로도 위와 같은 경우에서 벗어날 수 있습니다.

제 7 법칙 / 교수님 전 상서

드문 사례지만, '하십시오체'가 아닌 '해라체'로 자기소개서를 작성하는 지원자들이 있습니다. '한다', '했다' 등의 표현은 한국어의 특성을 고려할 때 부드러운 인상을 주기 어렵습니다. 자기소개서를 검토하는 사람들의 연령대는 지원자보다 상당히 높은 상황이고, 심지어 지원자는 학생이므로 경어, 즉 '하십시오체'를 사용해 자기소개서를 작성하는 것이 바람직합니다.

실제로 접했던 자기소개서 중 **'해라체' 사용 사례**에 해당하는 일부 내용들을 소개합니다.

> **BAD 1** 👎
> 혼자서 하는 여행과 일정을 직접 짜는 것을 좋아한다. 대학생이 된 이후로 아르바이트를 해서 매년 한두 번 정도 혼자서 일본으로 여행을 한 군데씩 다니고 있다.

> **BAD 2** 👎
> 전적 대학에서는 학과의 관련 자료들을 찾을 수가 없어 막막했던 부분이었는데 이곳은 지원이 잘 되어 있어 다른 학교들과 비교했을 때 경쟁력을 가지고 있다고 생각한다. 앞으로의 가능성을 펼칠 수 있도록 공부하여 이러한 장점들을 이용해 나가도록 열심히 하고자 지원한다.

> **BAD 3** 👎
> 수능을 보고 대학 원서를 넣을 때도 지원해 보았지만 수능 성적으로 불합격했다. 결국 타학교를 가게 되었고 학교를 다니면서도 심리 쪽 공부를 하고 싶었다. 고등학교 시절 함께 심리학과에 가서 공부하기를 희망하던 친구가 심리학과 진학에 성공하여 공부하는 모습을 보면서 자극도 받았던 것 같다. 학교를 재학하던 도중 시간이 더 가기 전에 내가 하고 싶은 공부를 도전해서 해야겠다는 생각을 했다. 많은 불안과 소속감 등 주변의 걱정도 있었지만 나는 내가 가는 길이 맞다고 생각한다.

지원자가 '해라체'로 자기소개서를 작성해 얻을 수 있는 효과는 전혀 없습니다. '하십시오체' 쓰기가 어려운 것도 아니므로 '해라체'로 자기소개서를 작성하는 것은 지양하도록 합니다.

제 8 법칙 / 이제 그만 각설하고

핵심만 기술하면 전체 분량을 채울 수 없습니다. 그러나 핵심과 관계없는 설명으로 분량을 늘린다면, 공허한 내용으로 글의 목적이 변질될 수 있습니다. 따라서 핵심을 지탱하는 내용 중 지나치게 소소한 내용은 과감히 생략하고, 반복이 주는 지루함을 최소화하며 글을 써야 합니다. 연관성 있는 내용으로 핵심을 뒷받침하는 구성이 가장 적합합니다. 억지로 내용을 늘리는 것보다는 다소 분량이 적더라도 확실한 인상을 주는 자기소개서가 더욱 매력적입니다.

실제로 접했던 자기소개서 중 **불필요한 내용을 반복한 사례**에 해당하는 일부 내용들을 소개합니다.

> **BAD 1** 👎
>
> 어렸을 적에 꾸었던 상당히 많은 꿈이 있었습니다. 하지만 군대에 가기 전까지 미래에 대한 막연한 생각만 있었을 뿐이지 실행에 옮기지는 않았었습니다. 입대한 후에 혼자 생각해 볼 시간이 많아져 미래에 대한 생각을 많이 했었고, 많은 꿈 중 호텔리어라는 꿈에 한 걸음 더 다가갔습니다.

위 내용의 핵심은 호텔리어를 목표로 삼은 계기입니다. 하지만, 문장만 길게 기술했을 뿐 내용은 없습니다. 유년기에서 시작해 군복무 기간을 거치는 과정을 나열하고 있지만, 호텔리어라는 꿈에 다가간 과정을 설명하지 않고 막연히 호텔리어가 되고 싶다는 내용으로 마무리했습니다. 이는 불필요한 내용을 반복한 것에 지나지 않습니다.

> **BAD 2** 👎
>
> 봉사 활동은 타인에게 헌신할 수 있는 최선의 방법입니다. 몸이 불편한 분들을 돕는 활동이 처음에는 망설임과 두려움으로 어려웠지만, 더 나은 사회를 만드는 데 기여하겠다는 의지로 봉사 활동에 참여하기로 결심했습니다. 어떤 봉사를 할지 알아보며 주변 사람들의 경험담을 경청했습니다. 그런 과정을 거쳐 학교에서 소개해 준 지역 단체에서 주말마다 봉사를 수행했습니다.

봉사 활동에 참여하기까지의 과정을 특별한 목적과 이유 없이 불필요한 수준으로 늘어놓고 있습니다. 봉사 활동에서 얻은 경험이 중요한 사항입니다. 글의 초점을 잘못 잡은 사례로, 전체 수정이 불가피한 상황입니다. 지원자는 핵심을 염두에 두고 항목의 취지에 맞춰 글을 작성하기 바랍니다.

제 9 법칙 / 독백은 안 돼요

구어체의 대표 유형이 혼잣말을 따옴표로 묶어 문장으로 기술하는 것입니다. "내가 하면 어떨까?", "편입에 성공할 수 있을까?", "왜 사람들은 본인의 의사만 중요하고 다른 사람들의 의견은 무시하는 걸까?", "내가 해내야겠다", "나는 그 순간에 결심했다" 등 대체로 자문하고 자답하는 형태입니다. 자기소개서는 문어체로 작성해야 함에도 지원자들이 자신의 글을 퇴고하지 않거나 문장력이 부족해 이와 같은 구어체를 씁니다. 문어체로 진행하다가 갑자기 구어체가 등장하면 글의 무게감과 일체감이 떨어집니다. 말하듯이 적은 글의 내용을 문어체로 전환하는 일은 어렵지 않습니다. 본인의 글을 반드시 다시 살펴보기 바랍니다.

실제로 접했던 자기소개서 중 자문자답한 **독백이 등장한 문장 사례**에 해당하는 일부 내용들을 소개합니다.

> **BAD 1** 👎
> 회사의 수입과 지출을 어림잡아 계산하고, 경영 전반에 있어서 약간 주먹구구식의 대처를 보면서 보다 전문적인 멘토가 있으면 좋겠다고 생각했고, 이런 사람들이 부족하다면, 내가 그렇게 되고 싶다는 꿈을 갖게 되었습니다.

> **BAD 2** 👎
> 항상 아버지는 아는 것이 힘이며 아는 자가 권리를 얻을 수 있다는 것을 강조하시며 저에게 내가 살아가는 나라에 대한 지식과 내가 누리는 모든 것들이 어떻게 만들어지는가에 대해 강조하셨습니다.

> **BAD 3** 👎
> 군인으로 생활하면서 젊은 병사들과 생활하는데 역사적 질문(예를 들면 한국 전쟁 발발 시기는 언제인가?)에 기본적인 대답조차 못 하는 병사들을 보고 나서 우리 역사 교육의 문제점과 이를 받아들이는 젊은 층이 가진 역사에 대해 지루하다는 인식의 문제점을 느끼고 더욱 깊이, 역사에 대한 공부를 통해 가치 있는 국가관을 심어 주고 싶다는 생각을 하게 되었습니다.

BAD 4 👎
평소 언어 습득을 함에 있어 부모님께서는 '한국어로는 이 단어가 다른 외국어로는 뭘까?' 라는 식으로 여러 언어로 학습을 확장시키면서 언어를 습득할 수 있도록 해 주셨습니다.

BAD 5 👎
어떤 직무나 분야에 지원하는 데 있어서 '내 적성과 이 분야가 잘 맞는가?', '내가 잘 할 수 있는가?'라는 생각을 합니다. 이는 '이를 함으로써 받게 되는 보상에 대해 그만큼의 가치를 해내야 한다'라는 책임감 때문입니다.

혼잣말로 표현되는 상념을 미리 생각해 보고, 이를 정리해 작성하는 것이 자기소개서입니다. 자기소개서는 수필, 산문, 소설, 일기 등이 아닌, 평가를 전제한 글이므로 문장을 문어체로 통일해야 합니다.

제 10 법칙 / 평가는 교수님께서

일상 대화에서 주로 쓰는 '좋아요'는 자기소개서의 형식에 맞지 않습니다. '좋아하다'는 그 대상의 속성에 연결할 수 있는 어휘로 변환해 표현할 수 있습니다. '물체를 관찰하고 다각도로 연구하는 활동을 좋아합니다'는 관찰과 연구 행위에 '즐기다'를 연결할 수 있으므로 '물체를 관찰하고 다각도로 연구하는 활동을 즐깁니다'가 보다 적합합니다.

또한, 자신에 대한 평가는 지원자의 입장에는 어울리지 않는 내용입니다. '편입을 하면, 본인이 더 나은 역량을 갖출 수 있을 것이라 생각한다', '대학의 인재로 성장하리라 확신한다', '우수한 대학교 학생들과 어울리며 대학을 빛내는 데 이바지할 수 있다고 믿는다' 등이 이에 해당하는 대표적인 표현입니다. 자신의 미래 모습을 긍정적으로 바라보는 자세는 타당하나 지원자에 대한 판단과 평가는 면접 관계자들의 몫입니다. 학업 열의를 전달하고 싶은 욕구에 이끌려 이와 같은 표현을 쓰는 경우가 있지만, 표현의 수정을 통해 적절한 방식으로 열정을 드러내도록 해야 합니다.

실제로 접했던 자기소개서 중 **지극히 주관적인 표현을 쓰거나 자신에 대한 평가와 판단을 범한 사례**에 해당하는 일부 내용들을 소개합니다.

> **BAD 1** 👎
> 대학교 1학년 때 일반 수학, 일반 화학, 일반 물리 과목을 전부 1등할 정도로 수학과 과학 영역에서 나름대로의 재능과 자신감이 있습니다.

> **BAD 2** 👎
> 재료 역학과 기계 재료학을 공부하면서는 여러 가지 재료의 성질에 따라 합리적이면서도 경제적으로 안전하게 그 모양과 형상을 설계하고 제작하기 위해 필요한 이론에 대해 습득할 수 있었고, 이를 실제 건축에 적용해 안정성이 높은 건축을 할 때 알맞은 재료 선택에 도움을 받을 수 있을 거라 생각합니다.

> **BAD 3** 👎
> 대학교 졸업 후 대학원 진학 전까지 기계 관련 전시회를 돌아다니고, 3D 프로그램을 이용한 각종 설계 대회에 참여해 실습에 대한 경험을 쌓는다면, 꿈을 실현할 수 있는 실력을 갖출 것이라 믿어 의심치 않습니다. 또한, 취업을 대비한 각종 컴퓨터 자격증과 기계 설계 산업 기사 자격증을 취득할 계획입니다.

자기소개서에서 본인에 대한 평가와 판단은 과도한 자신감 혹은 구어체 표현에서 비롯됩니다. 위의 사례에서는 '나름대로의 재능과 자신감', '재료 선택에 도움을 받을 수 있을 거라', '실력을 갖출 것이라 믿어 의심치 않습니다'가 자기 평가와 판단 표현에 해당합니다. 이러한 경우에는 생략 혹은 표현 대체가 필요합니다.

위와 같은 10가지 사항을 전반적으로 숙지한 후, 각 항목이 요구하는 바에 맞춰 자신만의 자기소개서를 작성합니다. Part 2에서는 편입 자기소개서에 일반적으로 등장하는 항목 위주로 실제 사례를 활용해 올바른 작성법을 살펴보겠습니다.

MEMO

합격하는 편입 자소서 & 학업계획서

Part 02

편입 자기소개서 & 학업계획서
5가지 항목별 작성 전략

제1법칙 지원 동기
제2법칙 전공 선택 이유
제3법칙 편입 후 학업 계획
제4법칙 졸업 후 진로 계획
제5법칙 특이 사항

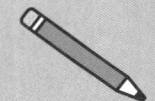
합격하는 편입 자소서 & 학업계획서

PART 02

편입 자기소개서 & 학업계획서 5가지 항목별 작성 전략

편입 자기소개서와 학업계획서의 근간을 이루는 5가지 항목은 각 항목의 취지에 맞게 작성하는 것이 중요합니다. 작성자의 배경 요소를 바탕으로 항목에 부합하는 내용을 전략적으로 구성하는 데 5가지 항목별 작성 전략을 활용할 수 있습니다.

※ 해당 단원에서는 자기소개서와 학업계획서에 적합한 표현 방식을 설명하고자 구어체의 사용 범위를 일부 축소했습니다. 이는 어감의 미세한 차이가 가져올 부정적 효과를 방지하기 위함입니다.

제 1 전략 / 지원 동기

▶ 작성 방향

편입 이유는 사적으로 이야기하자면 상당히 노골적일 수 있습니다. 막연히 모든 것을 사실대로 이야기하면 다른 지원자와의 차별화가 어렵고, 심지어 성의도 없어 보입니다. 그렇다고 거짓이나 과장으로 빼어난 지원 동기를 만드는 것이 능사는 아닙니다. 지원 대학을 향한 관심을 논리적으로 전개하는 구성이 가장 합리적인 접근 전략입니다. 학부 과정에서 대학이 제공하는 커리큘럼의 차이는 사실 그리 크지 않습니다. 이러한 조건에서는 지원 동기가 다소 형식적이거나 작위적일 수 있지만, 목적에 부합하는 글을 쓰는 게 중요하므로 개연성에 유의하며 작성해야 합니다. 열정까지 엿보인다면 더욱 적합한 내용이라고 할 수 있습니다. 편입하고 싶은 이유가 "가고 싶다"라는 막연함으로 점철되지 않고, 사실에 입각해 자신의 목적 및 배경과 연계하는 것이 지원 동기를 작성하는 최선의 방법입니다.

▶ 대표 예시

실제로 접했던 자기소개서 중 지원 동기가 우수한 사례를 일부 소개합니다.

> **GOOD 1** 👍
>
> ○○대학교는 최근 3년간 학부 연구 과제 수행 평가에서 최상위 등급을 받으며 우수한 학문적 환경 조성에 심혈을 기울여 왔습니다. 다양한 분야가 어우러진 교수진과 팀 단위로 담당 교수님과 끊임없이 소통할 수 있는 특별한 조인트 제도는 ○○대학교의 성장을 견인하는 자양분이라고 생각합니다. 특히, 해외 교류 부문에서 전공 연계 활동에 많은 기회를 제공하므로 교환 학생 제도를 통해 전문 지식으로 영역을 확장할 수 있는 점도 매력으로 다가옵니다. 전공 학습에 열정을 보이는 인재들과 함께 학업 성취도를 높이며 경쟁력을 강화하고자 ○○대학교에 지원하는 바입니다. 학생의 성장을 우선으로 삼는 ○○대학교에서 전공 역량을 강화해 더욱 밝은 미래를 만들어 갈 수 있도록 꾸준히 노력하겠습니다.

지원 대학의 장점과 자신의 진로를 연결해 학부생의 시각에서 기술하고, 지나치게 사적인 지원 사유는 지양하는 것이 타당합니다. 제한 글자 수 내 내용 비율도 고려해야 합니다. 대학교마다 강점이 있기 마련입니다. 이를 부각하는 접근법이 유용하나 다른 지원자들이 동일한 내용을 기술할 경우 자기소개서의 가치가 희석될 우려가 있으므로 비율 조절이 관건이라고 할 수 있습니다. 자신의 이야기를 담아내기 어려운 상황에서는 대학교의 강점에 대한 관심을 피력하는 전략을 활용하고, 자신의 경험담이 많아 절충안을 고려할 수 있을 때는 대학교 정보 비율을 줄이는 방법이 효과적입니다.

> **GOOD 2** 👍
>
> ○○대학교 졸업 후, 전공 지식을 활용해 사회 복지사로 2년간 경험을 쌓았습니다. 하지만 학력의 격차로 결정적인 순간에 좌절을 겪으며 편입의 필요성을 느꼈습니다. 사회 복지사의 역할에 자부심을 갖고 있으며, 더욱 많은 경험과 지식을 쌓아 따뜻한 사회를 만들겠다는 사명감도 마음에 담고 있습니다. ○○대학교 사회 복지학과는 우수한 교수진을 통해 실력을 높일 수 있는 교육 과정을 제공합니다. 학생들의 교육을 지원하는 환경에서 12명의 전공 교수님에게 다양한 전공과목을 수강하며 배움의 열정을 실력으로 연결하고 싶습니다. ○○대학교 사회 복지학과에서 전문 지식을 습득해 원하는 분야에서 사회 복지사로 활동하고자 지원합니다. 다수의 컴퓨터 능력 자격증을 취득했고, 대회 수상 경험도 있습니다. 계약직으로 근무하며 ○○기관장 표창을 받았고, 우수 직원으로 선정돼 해외 연수를 다녀왔습니다. 2년간 사회 복지 업무를 성실히 수행하며 시야도 넓힐 수 있었습니다. ○○대학교에서 사회 복지학으로 미래를 밝힐 수 있도록 최선을 다해 배우겠습니다.

> **GOOD 3** 👍
>
> 국가와 민족, 더 나아가 인류 발전에 기여하는 여성 지도자 양성을 위해 노력해 온 ○○대학교는 최근 대한민국 참교육 대상 창의 글로벌 교육 부문에서 종합 대상을 받으며 글로벌 대학으로의 위상을 공고히 했습니다. 특히, 해외 명문 대학들과 학과별 맞춤 국제 교류 탐방 프로그램을 시행하며 글로벌 영향력을 높인 점은 매력 요소라고 생각합니다. 세계를 향하는 ○○대학교에서 글로벌 감각과 넓은 시야를 갖추며 성장하고자 지원하는 바입니다. 다양한 프로그램에 적극적으로 참여하고, 전공 학습에 매진해 여성 지도자로 거듭날 수 있도록 노력하겠습니다.

➤ 구성 내용

1. 편입을 희망하는 대학에 대한 관심

① 학교의 교육 환경

전공 관련 특수성을 내재한 시설 제공이 큰 의미를 띕니다. 연구실, 실습실 등을 거론할 수 있으며, 각종 고시 지원 환경도 연관성이 높습니다. 다양한 강의 제공과 지원 학교만의 고유 커리큘럼도 교육 환경 우수 요건에 해당합니다.

② 선택 전공과 관련한 특별한 정보

대학교에서 선택 전공을 지원하고 있는 상황, 해당 학과의 우수한 수상 실적, 각종 평가 부문에서 우수성 입증(매년 언론 매체에서 시행하는 학교별 평가 사례) 등을 언급할 수 있습니다.

③ 반드시 수강하고 싶은 수업과 특정 교수에 대한 기대

지원 전공에서 수강을 희망하는 강의를 소개하며 지원 동기를 부각할 수 있습니다. 유명 교수 정보는 탐색 과정을 통해 얻을 수 있는 사항입니다. 해당 교수가 전공 분야에서 공적으로 인정받은 내용을 기술해야 설득력이 높아집니다.

2. 전공 선택 이유

① 동일한 전공일 경우 대학의 우수한 교육 여건에 대한 관심 표명

전적 대학 전공과 동일 전공 지원이라면 동일한 내용을 학교만 바꿔 수강하는 상황이므로 교육 환경과 지원 전공에 대한 관심을 표명하는 것이 적합합니다.

② 새로운 전공일 경우 이를 선택한 이유와 전적 대학 전공을 활용할 수 있는 방안 설명

전적 대학교에서 2년간 배운 전공을 새로운 전공과 연결해 활용하는 자세는 상당히 생산적입니다. 새로운 전공을 선택한 이유는 그 자체로 지원 동기가 됩니다.

③ 전공 선택을 뒷받침하는 특별한 경험 소개

아르바이트, 직장 실무, 봉사 활동, 창업 등의 경험은 전공을 선택한 이유의 타당성을 뒷받침합니다. 예를 들어, 생산 공장에서 근무한 경험이 생산 공정 관리에 대한 흥미를 유발해 산업 공학과에 지원하는 사유로 거듭날 수 있습니다.

3. 설득력 있는 편입 희망 이유

① 재학 중인 학교에 배우길 원하는 관련 전공이 없음

소속 변경 제도를 활용할 수 없는 환경은 편입 사유로 설득력이 높습니다. 전적 대학교에 해당 전공이 없을 때 가능한 사유입니다.

② 편입 희망 대학의 전공 커리큘럼이 뛰어남

편입은 더 나은 교육 환경을 위한 도전에 해당하므로 재학 중인 학교보다 우수한 교육 커리큘럼을 제공하는 지원 학교는 충분한 편입 목표라고 할 수 있습니다.

③ 진로 개발(대학원 또는 전문 역량 마련)을 위한 바탕 마련

커리큘럼과 교육 환경을 포괄한 내용입니다. 장기적 비전을 실행하기 위해 안정적인 교육 환경을 희구하는 지원자의 모습을 비추는 데 초점을 맞춥니다.

④ 배움을 향한 열의

공통적으로 기술해야 하는 사항이며, 학구열이 높은 본인의 모습과 자세를 보여줍니다.

4. 개인 배경 소개

① 전적 대학의 전공을 선택한 계기

동일한 전공으로 지원하는 경우에는 현 시점이 아닌, 과거의 지원 사유를 재가공해 언급할 수 있습니다. 새로운 전공으로 지원할 때는 전적 대학교의 전공으로는 자신의 목표를 실현할 수 없다는 현실적 사유를 언급하며 개연성을 확보합니다.

② 전적 대학에서 발견한 적성 혹은 학업상 느낀 점
동일한 전공 지원의 경우, 학업에 대한 흥미가 성취에 대한 욕구로 이어졌음을 보여 주는 것이 적절합니다. 학구열이 높은 환경에서 더욱 치열하게 학습하고 싶다는 의사를 드러내는 것도 성취에 대한 욕구와 연결됩니다. 새로운 전공 지원의 경우, 전공과 교양 과목 수강으로 발견한 자신의 적성을 소개하거나 전적 대학에서 충족할 수 없는 학업 환경의 한계를 언급할 수 있습니다.
③ 수상 내역, 장학금, 봉사 활동, 사회 경험 등
뛰어난 학업 능력과 준비된 자세를 보여 주는 용도로 활용합니다. 이러한 소재를 통해 잠재력을 드러내고 신뢰감을 확대하는 역할도 기대할 수 있습니다.

➤ 기피 사항
다음과 같은 내용이 본인의 자기소개서에 있다면, 반드시 수정을 고려해야 합니다.

BAD 1
학창 시절 반드시 입학하겠다는 목표로 학업에 임했으나 아쉽게도 성적이 부족해 ○○대학교에 지원할 수 없었습니다.

BAD 2
부모님께서는 ○○대학교 동문으로서 학창 시절 학업과 만남을 병행하며 제 탄생의 기틀을 놓으셨습니다. 이와 같이 깊은 인연을 지닌 ○○대학교에서 부모님에 이어 세대를 거듭하며 성장하고 싶습니다.

BAD 3
고등학교 수업을 마치고 귀가하는 길에 정문 너머로 보이는 ○○대학교를 마주하며 친숙함과 호기심을 갖기 시작했습니다. 종종 대학의 정취를 만끽하고자 ○○대학교를 거닐며 미래의 대학 생활을 꿈꿨습니다.

> **BAD 4** 👎
> 전적 대학에서는 밝은 미래를 만들 수 없어 ㅇㅇ대학교에 지원합니다.

> **BAD 5** 👎
> 미국 ㅇㅇ대학에서 학업을 마쳤지만, 한국 문화를 알고 싶어 ㅇㅇ대학교에 지원합니다. 미국 ㅇㅇ대학 수준에 걸맞은 ㅇㅇ대학교라면 충분히 우수한 학생들과 함께 배울 수 있을 것이라고 생각합니다.

> **BAD 6** 👎
> 전적 대학교에서 교육학을 전공하고 있지만, 학업에 대한 흥미를 잃었습니다. ㅇㅇ대학교에서 평소 흥미를 느꼈던 경영학을 전공하고자 지원하는 바입니다.

편입을 결심한 이유가 위와 같을 수는 있지만, 자기소개서에 기입하기에는 결코 적합하지 않습니다. 그럼에도 상당수의 학생들이 위의 사례처럼 지나친 반성과 후회, 단조로움을 담아 지원 동기 부분을 석연치 않게 낭비합니다. 글을 쓰기에 앞서 그 글을 읽는 사람의 입장을 떠올려 보면, 위의 사례가 얼마나 허탈하게 다가오는지 바로 알 수 있습니다. 전적 대학의 낮은 평판에 실망한 감정적 경험, 수험 기간에 공부를 소홀히 해 입학하고 싶었지만 점수가 낮아 지원조차 할 수 없었다는 내용으로 지원 동기를 작성한다면, 그 자기소개서는 설령 지원자의 실력이 뛰어나다 하더라도 높은 평가를 받기가 어렵습니다. 입학을 희망하는 학교에 대한 강한 열의와 애정이 단순히 전적 대학에 대한 실망에서 비롯된 것으로 보이지 않도록 글을 쓰는 최소한의 노력이 필요합니다. 문장의 문체와 논리가 빈약해 내용이 다소 어설프게 보일지라도 설득력이 전혀 없는 천편일률적인 지원 동기보다는 낫습니다. 면접에서는 학생으로서의 매력이 요구된다는 사실을 명심해야 합니다.

지원 대학과 연결할 수 있는 사례(학교 주최 특정 대회, 봉사 활동 연결점 등)가 있다면 이를 중심으로 이야기를 풀어 나가며 지원 대학의 강점을 언급합니다. 전혀 연결할 만한 사례가 없다면 학교의 강점과 선택 전공 중심으로 자신의 학문적 열의를 표현하는 방향으로 작성하는 방식이 더욱 적절합니다.

> ❯ **대표 유형**

1. 경험 확대형

　○○대학교에서 국제학부 일본학을 전공하면서 일본의 행정 정책을 접했고, 이에 대해 발표하며 행정학에 관심을 갖게 되었습니다. 일본의 행정 정책을 주제로 해외 답사 프로젝트에도 지원했고, 행정학과의 수업을 들으면서 행정학에 대한 지적 호기심을 채워 나갔습니다. 이를 통해 행정학을 전공으로 삼아 더욱 깊이 공부하고 싶었습니다. △△대학교 행정학과는 행정고시의 명문으로 알려져 있고, 국정 관리 대학원과 학문적 교류가 많아 공공 기관에서 정책자의 자질을 배양하기에 적합한 환경을 갖추고 있습니다. 공직에서 근무하는 것이 목표이며, △△대학교 행정학과에서 성장 기반을 마련하고자 지원하는 바입니다.

지원 동기로 활용할 때 가장 설득력 높은 요소는 전공 관련 경험입니다. 위의 사례는 지원자가 마땅한 경험을 선택하고, 이에 대한 신빙성을 강조하며 지원 동기로 발전하는 모습을 보였습니다.

일본학 전공을 행정학 전공으로 전환하기 위한 소재로 '일본 행정 정책'이라는 타당성 높은 경험을 선택했고, '일본 답사 프로젝트'로 방점을 찍었습니다. 두 가지 요소가 행정학 지원에 대한 지원자의 열의를 드러내는 핵심 사항입니다. 지원 학교의 행정학과 환경을 언급하고, 이루고 싶은 목표를 구체적으로 서술하며 균형 있게 글의 구조를 구성했습니다.

> **GOOD 2** 👍
>
> 중국어 학습에 열중하고 계신 어머니의 모습을 보며 언어의 중요성을 깨달았습니다. 중국계 기업 기획부에서 근무하고 계신 어머니는 외국어 능력이 필요하다고 거듭 강조하셨고, 이에 영향을 받아 중어 중문학과에 진학했습니다. 글로벌 시장이 중국을 중심으로 빠르게 재편되고 있습니다. 이러한 시장 변화가 중국어 학습 동기로 작용했습니다. 군복무 중에는 경영 관련 서적을 읽으며 중어 중문학 지식을 글로벌 시장에 접목할 수 있는 경영학의 비전과 넓은 응용 범위에 흥미를 갖기 시작했습니다. 이를 토대로 ○○대학교 경영학과에서 시장을 다루는 역량을 함양하며 글로벌 경영인으로 성장하고자 지원하는 바입니다.

어머니를 통해 중국어 학습을 시작했다는 사실을 밝히고, 중국어 실력과 글로벌 시장의 연결을 위해 경영학 전공을 선택했음을 자연스럽게 기술했습니다. 어머니가 부여한 경험이 시작점으로 기능했고, 글로벌 시장에서 중국의 입지가 확대되는 점은 중어 중문학 전공 지식을 바탕으로 경영학을 전공하려는 도약점으로 활용했습니다. 활용할 수 있는 경험이 있을 때 유용한 유형입니다.

2. 학교 환경 중심형

> **GOOD 1** 👍
>
> ○○여자대학교의 교훈 이념인 정숙, 현명, 정대는 제 인생 철학과 부합합니다. 언제나 당당하고 올곧은 행실과 고운 마음씨로 사회의 발전에 기여하는 슬기로운 여성이 되는 것이 삶의 궁극적 목표이기 때문입니다. '광고 기획자'라는 구체적인 꿈이 생긴 후, 평소 동경해 오던 ○○여자대학교에서 한층 확장된 공부를 하고 싶어 지원하는 바입니다. 본 대학에서는 '○○ 글로벌 탐방단'이라는 국제 교류 프로그램을 활발히 진행하고 있고, 교환 학생 지원이 가능한 자매 학교도 많아 글로벌 역량을 강화하는 데 도움이 될 것이라 생각합니다. 끊임없이 성장해 인류 발전에 기여하며 ○○여자대학교의 영예를 드높이는 데 이바지하겠습니다.

지원 학교의 장점 위주로 지원 동기를 풀어냈습니다. 학교가 지향하는 바와 근본 이념은 자기소개서 작성 소재로 활용도가 높지만, 다른 지원자들과 겹칠 수 있는 내용이므로 문장 표현에 더욱 주의를 기울여야 합니다.

'정숙, 현명, 정대', '○○ 글로벌 탐방단'을 핵심 어휘로 활용해 문단의 틀을 만들었고, 여기에 내용을 더해 지원 동기 항목을 완성했습니다. 지원 학교의 환경과 특이점을 조사하는 과정이 필수인 유형입니다. 자기소개서 항목 중 지원 동기와 전공 선택 사유가 분할된 경우에는 이러한 유형이 적합하나 전공 선택 사유가 지원 동기와 연결될 때는 혼합해 작성해도 무방합니다.

> **GOOD 2** 👍
>
> ○○대는 여러 학문 분야에서 눈에 띄게 앞서 있습니다. 특히, 경제학과는 국제 기구와 다양한 계열의 기업들과의 교류 프로그램으로 학생들에게 폭넓은 기회를 제공하고, 학생들이 자주적으로 공부할 수 있는 면학 분위기 조성에도 주력하고 있습니다. 학업 열정이 가득한 환경에서 학생들과 소통하며 함께 발전을 도모하며 경쟁력을 키우고자 ○○대에 지원하는 바입니다. ○○대 경제학과에서 전공을 심도 있게 공부하고, 응용력을 키워 미래 성장에 보탬이 될 수 있도록 노력하겠습니다.

위의 사례도 학교 환경 중심으로 기술하고 있습니다. 전공 선택 항목을 따로 작성할 때는 학교 관련 내용이 삽입될 수밖에 없습니다. 특별한 내용을 언급하기 위해서는 조사가 필요하지만, 마땅한 정보가 없을 때는 정확한 표현에 유의하며 일반적인 내용을 서술합니다.

▶ 사례 집중 탐구

• 사례 ❶

> **BAD** 👎
>
> 저는 저의 생명 공학 분야 지식에 기계, 전자 분야 지식을 접목시켜 의공학 기기 발전에 기여하고 싶습니다. 일반 생물학 수업 중 교수님께서 혈액형 검사할 때에 쓰이는 방식과 같이 손가락 끝의 한 방울 피만으로도 질병 검진이나 신체 검진을 할 수 있는 기기 발전에 대한 연구 내용을 말씀해 주셨습니다. 좀 더 편리해진 검진 기기와 더불어 휴대용으로도 가능한 의료 검진 장치의 발전 가능성, 바이오 센서를 통한 검진 등 생체 분석에 필요한 장치들에 관한 내용은 매우 매력적이었습니다. 이를 계기로 생체 분야와 관련된 기기들에 관심을 갖게 되었고 생명 의공학 기술과 기계 기술을 접목한 ○○대 바이오 메카트로닉스학과를 알게 되었습니다. 의공학 산업에서 중추적인 이 과에서 보다 더 구체적인 의생 공학 기계 장치들에 대해 연구하고자 이 학과를 지원하게 되었습니다.

BEFORE 저는 저의 생명 공학 분야 지식에 기계, 전자 분야 지식을 접목시켜 의공학 기기 발전에 기여하고 싶습니다.

HOW 첫 문장부터 '저는', '저의' 등의 표현이 나왔습니다. 본인의 이야기를 담아내고 있는 만큼 자신을 지칭하는 표현은 불필요합니다. 지원하는 전공과 현재 전공 중인 내용을 연결하는 시도는 적절합니다. 학업이 생산적으로 연결되는 모습이 가장 이상적입니다. 전혀 다른 분야로 전공을 바꾸는 경우는 이와 같은 접근법을 활용하기가 다소 어렵지만, 억지스러운 수준이 아니라면 충분히 학문 간 연결이 가능합니다.

AFTER 생명 공학 지식을 바탕으로 기계와 전자 분야를 접목해 의공학 기기 발전에 기여하고 싶습니다.

BEFORE 일반 생물학 수업 중 교수님께서 혈액형 검사할 때에 쓰이는 방식과 같이 손가락 끝의 한 방울 피만으로도 질병 검진이나 신체 검진을 할 수 있는 기기 발전에 대한 연구 내용을 말씀해 주셨습니다.

HOW 지원 분야 관련 관심도가 드러나고, 학문의 기초를 이루는 생물학을 수강했다는 사실도 전달하고 있어 우수한 문장입니다. 다만, 교수님이 주체가 될 필요는 없는 상황입니다. 본인이 수업을 통해 해당 내용을 보고 느꼈다는 정도로 표현할 때 한결 자연스럽습니다. 표현은 내용보다는 수정하기가 상대적으로 쉽습니다. 학생의 관점에서 직접 체험했던 내용을 토대로 의미를 부여하는 시도를 먼저 고려하기 바랍니다. 거창할 필요는 없습니다. 어떤 식으로든 지원 전공과 연결되는 속성만 지닌다면 충분합니다.

AFTER 일반 생물학 수업을 통해 혈액형 검사와 같이 손쉬운 방법으로 암 검진을 비롯해 신체 이상 징후 조기 발견이 가능함을 알았습니다.

BEFORE 좀 더 편리해진 검진 기기와 더불어 휴대용으로도 가능한 의료 검진 장치의 발전 가능성, 바이오 센서를 통한 검진 등 생체 분석에 필요한 장치들에 관한 내용은 매우 매력적이었습니다.

> **HOW** 현상에 대한 관찰과 인상을 담아낸 내용이 좋습니다. 여기서는 주체를 분명히 설정하고 이야기를 풀어 나가는 편이 낫습니다. 이와 같은 발전상을 바이오 메카트로닉스와 연결할 수 있는 까닭에 인상 깊게 다가옵니다. 단순히 매력적이라는 표현으로 문장을 매듭짓는 것보다 지원 전공의 구체적 미래상으로 표현을 달리하는 것도 의미가 있습니다.

> **AFTER** 검진 기기를 스마트폰에 연결하며 의료 검진의 공간과 시간적 제약이 감소되었고, 다양한 바이오 센서로 생체 분석에 적용할 수 있는 기술이 빠르게 발전하고 있어 바이오 메카트로닉스 전공의 적용 범위가 무궁무진하다고 생각합니다.

> **BEFORE** 이를 계기로 생체 분야와 관련된 기기들에 관심을 갖게 되었고 생명 의공학 기술과 기계 기술을 접목한 ○○대 바이오 메카트로닉스학과를 알게 되었습니다.

> **HOW** '되었다' 동사가 연이어 출현하고 있습니다. 표현이 겹치지 않고 다양할수록 신선한 인상을 만들어 냅니다. 결론적 표현으로 '학과를 알았다'고 마치는 것보다는 지원 사유로 종결하는 것이 더 부드럽습니다. 이전 전공을 지원 전공에 접목한 시도가 이어지고 있습니다. 이는 강점을 부각하는 효과를 창출합니다.

> **AFTER** 이에 따라 생명 의공학 기술과 기계 기술을 접목해 생체 분야 기술 개발에 앞장서고자 ○○대학교 바이오 메카트로닉스학과에 지원하는 바입니다.

> **BEFORE** 의공학 산업에서 중추적인 이 과에서 보다 더 구체적인 의생 공학 기계 장치들에 대해 연구하고자 이 학과를 지원하게 되었습니다.

> **HOW** 마찬가지로 '되었다'가 다시 한 번 등장합니다. 이러한 동사 중복은 반드시 피해야 합니다. 또한, 지시어로 '이 학과'라고 지칭하고 있는데, 지원 전공 명칭을 언급하는 것이 더욱 또렷한 인상을 남깁니다.

> **AFTER** 전공 학습을 통해 의공학 산업 기술의 흐름을 배우며 의생 공학 기계를 열정적으로 연구하겠습니다.

> **GOOD** 👍

　　생명 공학 지식을 바탕으로 기계와 전자 분야를 접목해 의공학 기기 발전에 기여하고 싶습니다. 일반 생물학 수업을 통해 혈액형 검사와 같이 손쉬운 방법으로 암 검진을 비롯해 신체 이상 징후 조기 발견이 가능함을 알았습니다. 검진 기기를 스마트폰에 연결하며 의료 검진의 공간과 시간적 제약이 감소되었고, 다양한 바이오 센서로 생체 분석에 적용할 수 있는 기술이 빠르게 발전하고 있어 바이오 메카트로닉스 전공의 적용 범위가 무궁무진하다고 생각합니다. 이에 따라 생명 의공학 기술과 기계 기술을 접목해 생체 분야 기술 개발에 앞장서고자 ○○대학교 바이오 메카트로닉스학과에 지원하는 바입니다. 전공 학습을 통해 의공학 산업 기술의 흐름을 배우며 의생 공학 기계를 열정적으로 연구하겠습니다.

• 사례 ❷

> **BAD** 👎

　　어떤 분야든 전문화가 중요해진 사회에서 세분된 교육은 경쟁력 향상에 적합한 효과를 보입니다. 2년간 디자이너로 활동하며 실력 향상을 위해 필요한 교육은 실습이라고 판단했습니다. 이에 따라 체계적이고 실습 중심의 교육 여건을 제공하는 ○○여자대학교 미디어학부에 지원하는 바입니다. 전적 대학에서 2년간 의상 디자인을 전공하면서 학회장으로 활동했고, 다양한 분야의 과목에서 우수한 성적을 거뒀습니다. 자료 수집 중 'Change your words. Change your world.'라는 광고를 처음 접하게 되었고, 이를 통해 작은 변화가 미치는 효과에 대해 굉장한 흥미를 느꼈습니다. 물론 여전히 배움에 대한 열의가 강합니다. ○○여자대학교에서 다양한 전공 분야의 교수님의 가르침을 받으며 미디어학부 교육 과정을 이수하고 싶습니다.

▼

> **SOLUTION** 🖱️
>
> **BEFORE** 어떤 분야든 전문화가 중요해진 사회에서 세분된 교육은 경쟁력 향상에 적합한 효과를 보입니다.
>
> **HOW** 의도한 바를 이해할 수는 있으나, 상세한 표현을 통해 더욱 또렷한 인상을 남길 필요가 있습니다. '어떤'이라는 임의적 표현은 자기소개서에 적합하지 않습니다. 완벽한 문장을 만드는 데 주의를 기울이기에 앞서 내용을 보다 명확하게 전달하는 데 초점을 맞추는 것이 더욱 효과적입니다.
>
> **AFTER** 전문 역량으로 경쟁력을 강화해야 하는 사회에서 교육은 미래를 준비하는 가장 효과적인 방법입니다.

BEFORE 2년간 디자이너로 활동하며 실력 향상을 위해 필요한 교육은 실습이라고 판단했습니다.

HOW 결국은 내용이 반복되는 표현입니다. 문장의 정리가 필요한 대표적인 경우입니다.

AFTER 2년간 디자이너로 활동하며 실습을 통한 교육의 필요성을 체감했습니다.

BEFORE 이에 따라 체계적이고 실습 중심의 교육 여건을 제공하는 ○○여자대학교 미디어학부에 지원하는 바입니다.

HOW '지원한다'로 매듭짓는 문장은 글의 흐름상 문단의 후방에 위치하는 편이 낫습니다. 지원 동기의 핵심을 지원 대학교의 강점에 연결해 간략하게 드러냅니다.

AFTER ○○여자대학교는 체계적인 교육 커리큘럼에 따라 실습 중심의 교육을 제공하고 있습니다.

BEFORE 전적 대학에서 2년간 의상 디자인을 전공하면서 학회장으로 활동했고, 다양한 분야의 과목에서 우수한 성적을 거뒀습니다.

HOW '다양한 분야'라고 표현하기보다는 실제로 두각을 나타낸 분야를 기술해야 뚜렷한 인상을 남길 수 있습니다. 분량을 조절해야 할 때는 이러한 부분을 생략해도 무방합니다.

AFTER 전적 대학교에서 2년간 의상 디자인을 전공하며 학회장으로 활동했고, 우수한 성적도 거뒀습니다.

BEFORE 자료 수집 중 'Change your words. Change your world.'라는 광고를 처음 접하게 되었고, 이를 통해 작은 변화가 미치는 효과에 대해 굉장한 흥미를 느꼈습니다. 물론 여전히 배움에 대한 열의가 강합니다.

HOW 광고 문구가 핵심 어휘이므로 문두로 위치를 옮겼습니다. 광고를 바라보는 시각과 그에 따른 지원 동기를 서술하며 불필요한 내용을 대체합니다. '물론 여전히 배움에 대한 열의가 강하다'는 구문은 학생으로서 지녀야 할 당연한 자세를 강조한 것에 지나지 않습니다. 아울러, 구어체 표현으로 자주 등장하는 것 중 하나가 '물론'입니다. 일반적인 내용의 글쓰기에서는 사용해도 무방하나 문어체를 요구하는 자기소개서에서는 되도록 사용하지 않아야 합니다.

> **AFTER** 'Change your words. Change your world.' 광고를 접하고 사소한 사항의 개선을 통해 미래를 바꿀 수 있음을 확인했으며, 이를 계기로 ○○여자대학교 미디어학과에 지원을 결심했습니다.
>
> **BEFORE** ○○여자대학교에서 다양한 전공 분야의 교수님의 가르침을 받으며 미디어학부 교육 과정을 이수하고 싶습니다.
>
> **HOW** 전공 명칭을 이미 이전 문장에서 언급했으므로 생략합니다.
>
> **AFTER** ○○여자대학교에서 다양한 전공 과정을 이수하며 교육 효과를 실력으로 입증할 것입니다.

▼

GOOD 👍

전문 역량으로 경쟁력을 강화해야 하는 사회에서 교육은 미래를 준비하는 가장 효과적인 방법입니다. 2년간 디자이너로 활동하며 실습을 통한 교육의 필요성을 체감했습니다. ○○여자대학교는 체계적인 교육 커리큘럼에 따라 실습 중심의 교육을 제공하고 있습니다. 전적 대학교에서 2년간 의상 디자인을 전공하며 학회장으로 활동했고, 우수한 성적도 거뒀습니다. 'Change your words. Change your world.' 광고를 접하고 사소한 사항의 개선을 통해 미래를 바꿀 수 있음을 확인했으며, 이를 계기로 ○○여자대학교 미디어학과에 지원을 결심했습니다. ○○여자대학교에서 다양한 전공 과정을 이수하며 교육 효과를 실력으로 입증할 것입니다.

• 사례 ❸

BAD 👎

○○여자대학교는 20X3년과 20X4년에 각각 인성 교육에 우수한 학교로 선정될 만큼 학부 역량뿐만 아니라 학생들의 지덕 함양을 위해서 힘써 왔습니다. 특히, 인문학적 소양을 바탕으로 국제적인 인재로서 발판이 될 실무 능력과 의사소통 능력을 길러 주는 Honors Program이 인상 깊게 다가왔습니다. 이수하긴 쉽지 않아도 누구나 자유로이 배움에 지원할 수 있다는 점도 매력적이었습니다. 전 ○○여자대학교에 진학해 학부 수업에 열정적으로 임하는 것은 물론 학교에서 제공하는 많은 배움의 혜택을 누려 인성과 능력을 모두 갖춘 전문인으로 성장하고자 합니다.

▼

SOLUTION

BEFORE ○○여자대학교는 20X3년과 20X4년에 각각 인성 교육에 우수한 학교로 선정될 만큼 학부 역량뿐만 아니라 학생들의 지덕 함양을 위해서 힘써 왔습니다.

HOW 불필요한 구체화는 피상적 내용을 강조할 뿐입니다. 이에 연도는 삭제합니다. '지덕 함양'은 일반적인 용어도 아니고, 내용 전달도 부자연스럽습니다. 지원하는 대학교가 강점으로 삼는 내용을 드러내는 것은 적절하나 의미가 이어지는 데 초점을 맞춰야 합니다.

AFTER ○○여자대학교는 인성 교육으로 우수성을 인정받았고, 역량 개발뿐만 아니라 학생들의 발전을 위해 많은 노력을 기울여 왔습니다.

BEFORE 특히, 인문학적 소양을 바탕으로 국제적인 인재로서 발판이 될 실무 능력과 의사소통 능력을 길러 주는 Honors Program이 인상 깊게 다가왔습니다. 이수하긴 쉽지 않아도 누구나 자유로이 배움에 지원할 수 있다는 점도 매력적이었습니다.

HOW 중점 사항을 위주로 구성하는 게 글의 속도감을 높입니다. 늘어지는 글보다는 짜임새 있게 속도감을 내는 문장이 더 나은 인상을 남깁니다. 지원 대학교의 특징으로 Honors Program을 거론한 사항은 학교에 대한 관심을 보여 주므로 적절한 글감이라고 할 수 있습니다. 지원하는 대학교의 특별한 사항을 조사해 언급함으로써 분량을 확보하고, 이를 통해 대학교에 대한 직접적인 관심도를 보이는 것도 지원 전략 중 하나입니다. 특별한 내용이 없는 대학교도 적지 않습니다. 이와 같은 내용은 지원하는 대학에 따른 속성이므로 유연하게 접근해야 합니다. 지나치게 두드러진 사항은 모든 지원자가 언급할 우려가 있으니 삼가야 합니다. 유연한 접근이 필요한 이유입니다.

AFTER Honors Program은 인문학적 소양을 토대로 학생들이 글로벌 인재로 거듭날 수 있는 실무 능력과 의사소통 능력을 제공하고, 자유롭게 배움에 지원할 수 있는 제도로 기능하며 학생들에게 성장 기회를 부여하고 있습니다.

BEFORE 전 ○○여자대학교에 진학해 학부 수업에 열정적으로 임하는 것은 물론 학교에서 제공하는 많은 배움의 혜택을 누려 인성과 능력을 모두 갖춘 전문인으로 성장하고자 합니다.

> HOW 구어체 표현으로 '물론'이 등장했습니다. 일반적인 내용의 글쓰기에서는 사용해도 상관없으나 문어체가 기본 형식인 자기소개서에서는 사용하지 않아야 합니다. 수정 전과 후의 내용은 동일합니다. 다만, 표현의 간결도가 차이를 보일 뿐입니다. 분량이 부족할 때는 유사한 내용이라도 어휘를 늘려 작성해도 좋습니다.
>
> AFTER 이와 같이 우수한 교육 환경을 갖춘 ○○여자대학교에서 학부 과정에 열정적으로 임해 전문 역량을 갖추며 성장하고자 지원합니다.

GOOD 👍

○○여자대학교는 인성 교육으로 우수성을 인정받았고, 역량 개발뿐만 아니라 학생들의 발전을 위해 많은 노력을 기울여 왔습니다. Honors Program은 인문학적 소양을 토대로 학생들이 글로벌 인재로 거듭날 수 있는 실무 능력과 의사소통 능력을 제공하고, 자유롭게 배움에 지원할 수 있는 제도로 기능하며 학생들에게 성장 기회를 부여하고 있습니다. 이와 같이 우수한 교육 환경을 갖춘 ○○여자대학교에서 학부 과정에 열정적으로 임해 전문 역량을 갖추며 성장하고자 지원합니다.

• 사례 ❹

BAD 👎

저의 꿈은 환경 개발 연구원이었습니다. 하지만, 꿈만 있었을 뿐 그것을 이루어 낼 간절한 마음이 부족했으며 결국 수능 성적에 좌절하고 꿈을 꾸던 상상력마저 사라졌습니다. 그렇게 진학한 대학에서 전공은 당연히 저와 맞지 않았으며, 이것은 불행 중 다행으로 잊고 있었던 꿈을 다시 상기했으며 어떤 것도 이루어 낸 것이 없고 시작도 한 것이 없으니 일단 해 보자는 마음가짐으로 공부하였습니다. 공부하며 전공 분야 우수한 대학교에 대해 알아보던 중 최근 세계적으로 괄목상대한 ○○대학교는 굉장히 매력적이었으며 교과 과정에서도 도덕성과 인본주의 사상 교육과 기본에 충실하면서도 시대에 걸맞은 전문 인력을 양성하는 ○○대학교의 체계적인 커리큘럼은 제 꿈을 이루어 내는 데 큰 힘이 되는 최고의 학교입니다.

BEFORE 저의 꿈은 환경 개발 연구원이었습니다.

HOW 목표를 먼저 드러낼 경우에는 연역적 문단으로 내용을 구성해도 어색하지 않습니다. 연구원이 꿈이라면 단순히 꿈만 제시하지 말고, 편입하는 이유와 연결해야 글의 흐름을 만들 수 있습니다. 과거의 단면만 보여 주는 선에서 글의 작성을 멈추면, 편입에 대한 의지와 사유가 진중함을 잃습니다. 꿈을 이루고자 ○○대학교에 지원한다는 문장을 통해 명확한 지원 동기를 설정해 분명한 인상을 남길 수 있습니다.

AFTER 환경 개발 연구원의 꿈을 실현하고자 ○○대학교에 지원합니다.

BEFORE 하지만, 꿈만 있었을 뿐 그것을 이루어 낼 간절한 마음이 부족했으며 결국 수능 성적에 좌절하고 꿈을 꾸던 상상력마저 사라졌습니다.

HOW '좌절', '포기' 등의 부정적 단어는 명쾌한 인상을 남기는 데 도움이 되지 않습니다. 극단적인 표현이 자신의 감정과 상황을 묘사하는 데 적절할 수 있으나 자기소개서에서 굳이 감정의 폭을 확대할 필요는 없습니다. 꿈을 향한 노력, 전공이 적성에 맞지 않아 편입해야 하는 자신의 상황 등을 적정 수준의 어휘를 활용해 표현하는 편이 더 효과적입니다. 본인의 기대에 못 미치는 수능 성적에 따라 원치 않은 전공을 선택했다는 사실이 편입 사유로 현실적이나 미래 지향적으로 비치지는 않습니다. 수능 성적에 관한 설명은 되도록 자제하거나 다른 표현으로 대체해야 합니다. 부정적 어휘의 수위 조절을 명심하기 바랍니다. 솔직한 표현만이 능사가 아닙니다.

AFTER 학창 시절 내내 기업에서 환경 개발에 열중하는 모습을 떠올리며 학업에 매진했지만, 성적 부족으로 관련 없는 전공을 선택해야 했습니다.

BEFORE 그렇게 진학한 대학에서 전공은 당연히 저와 맞지 않았으며, 이것은 불행 중 다행으로 잊고 있었던 꿈을 다시 상기했으며 어떤 것도 이루어 낸 것이 없고 시작도 한 것이 없으니 일단 해 보자는 마음가짐으로 공부하였습니다.

HOW 내용이 없는 문장이라 전면적인 수정이 불가피했습니다. 차라리 꿈을 위해 편입하고 싶다는 내용으로 다시 쓰는 것이 글의 흐름에 더 부합합니다. 자기소개서 작성 초반에는 글이 잘 써지지 않아 말하듯 글을 쓰더라도, 나중에는 반드시 수정 과정을 거쳐야 합니다. 목표부터 명확히 설정한 후에 글을 작성하면, 실수를 줄일 수 있습니다.

> **AFTER** 꿈을 실현할 수 있는 의미 있는 과정에 다시 한 번 도전하고자 편입을 결심했습니다.

> **BEFORE** 공부하며 전공 분야 우수한 대학교에 대해 알아보던 중 최근 세계적으로 괄목상대한 ○○대학교는 굉장히 매력적이었으며 교과 과정에서도 도덕성과 인본주의 사상 교육과 기본에 충실하면서도 시대에 걸맞은 전문 인력을 양성하는 ○○대학교의 체계적인 커리큘럼은 제 꿈을 이루어 내는 데 큰 힘이 되는 최고의 학교입니다.

> **HOW** '알아보던 중'과 같은 표현은 대표적인 사족에 해당합니다. 자기소개서에는 본인이 알아본 내용의 결과를 소개해야지 알아본 과정 자체를 알릴 이유는 전혀 없습니다. 이는 구어체 표현이기도 합니다. 또한, 문장도 너무 깁니다. 읽으면서 원만히 호흡할 수 없을 정도입니다. 내용과 표현을 정리함으로써 이와 같은 실수를 방지할 수 있습니다. ○○대학교의 강점을 마지막 문장에 언급하며 관심도를 드러내고, 꿈에 대한 열정을 보여 주며 문장을 종결합니다. '최고의 학교입니다'라는 종결 표현에서는 지원자의 성의도 찾아볼 수 없고, 자신과 관계없는 내용으로 문장을 마무리하는 까닭에 어떠한 의미도 전달하고 있지 않습니다. '최선을 다하겠습니다'처럼 의지를 드러내는 표현이 더욱 적절합니다.

> **AFTER** ○○대학교는 탄탄한 교육 과정과 함께 도덕성과 인본주의 사상을 교육의 바탕으로 삼고 있습니다. ○○대학교에서 전문 과정을 이수하며 환경 개발 분야의 인재로 거듭날 수 있도록 최선을 다하겠습니다.

▼

GOOD 👍

환경 개발 연구원의 꿈을 실현하고자 ○○대학교에 지원합니다. 학창 시절 내내 기업에서 환경 개발에 열중하는 모습을 떠올리며 학업에 매진했지만, 성적 부족으로 관련 없는 전공을 선택해야 했습니다. 꿈을 실현할 수 있는 의미 있는 과정에 다시 한 번 도전하고자 편입을 결심했습니다. ○○대학교는 탄탄한 교육 과정과 함께 도덕성과 인본주의 사상을 교육의 바탕으로 삼고 있습니다. ○○대학교에서 전문 과정을 이수하며 환경 개발 분야의 인재로 거듭날 수 있도록 최선을 다하겠습니다.

• 사례 ❺

BAD 👎

　호주에서 대학 생활 중 캔버라 시내를 돌아다니며 노숙자들에게 매주 간단한 스낵을 나눠 주며 이야기를 건네는 자원봉사를 1년 반 가까이 했던 적이 있습니다. 그들에게 소소한 도움을 주며 보람을 느낄 순 있었지만, 실질적으로 그들을 사회로 복귀시킨다거나 하는 큰 성과는 이루지 못했습니다. 남을 돕기 위해서는 단순한 관심만이 아니라 철저한 준비, 계획, 후원 등이 필요하다는 것을 알았고 이에 대해 더 전문적이고 체계적인 공부를 해 보고 싶다는 생각이 들었습니다. 그리하여 저는 ○○대학교 사회 복지학과에 지원하였습니다. 교수님들의 열정이 뜨겁고 학생들에게 관심이 많다는 이 학과 안에서 저는 사회 복지에 크게 이바지를 할 수 있는 핵심적인 전문 인력으로 자라나고 싶습니다.

▼

SOLUTION

BEFORE 호주에서 대학 생활 중 캔버라 시내를 돌아다니며 노숙자들에게 매주 간단한 스낵을 나눠 주며 이야기를 건네는 자원봉사를 1년 반 가까이 했던 적이 있습니다.

HOW 내용에 맞춰 문장을 쉼표(,)로 분절하고 정리해야 읽기가 자연스럽습니다. '했던 적이 있다'는 표현은 틀리지 않으나 간결하게 마무리할 수 있는 '임했다'로 대체하는 편이 더욱 낫습니다. 봉사 활동 경험은 사실을 적시하는 것이므로 정확한 표현을 써도 무방합니다. 애매모호한 상황에서는 '했던 적이 있다'로 접근해도 유효하나 위의 상황에서는 정확한 사실이므로 굳이 인상을 약화하는 표현을 쓸 이유는 없습니다. 표현 정리와 수정은 중요합니다.

AFTER 호주 캔버라 시내를 돌아다니며 매주 노숙자들에게 간단한 스낵을 건넸고, 이야기를 나누며 1년간 자원봉사 활동에 임했습니다.

BEFORE 그들에게 소소한 도움을 주며 보람을 느낄 순 있었지만, 실질적으로 그들을 사회로 복귀시킨다거나 하는 큰 성과는 이루지 못했습니다.

HOW 부연 설명을 문어체로 정리합니다. '하거나 하는'은 말하듯 쓴 흔적입니다.

AFTER 작은 도움을 주며 보람을 느꼈지만, 결코 노숙자들을 사회 복귀로 이끌 수는 없었습니다.

BEFORE 남을 돕기 위해서는 단순한 관심만이 아니라 철저한 준비, 계획, 후원 등이 필요하다는 것을 알았고 이에 대해 더 전문적이고 체계적인 공부를 해 보고 싶다는 생각이 들었습니다.

HOW 문장 흐름의 강도를 조절하고자 내용의 일부를 생략합니다. '하고 싶다는 생각이 들다'라는 표현은 결과를 전제한 상태에서 불필요하게 자신의 사고 과정을 기술하는 표현이므로 속도감과 명확도를 반감하는 부정적 효과를 야기합니다. 이보다는 강단 있게 'ㅇㅇ하겠다고 결심했다'로 표현을 수정하는 것이 낫습니다.

AFTER 이를 계기로 단순히 돕는 활동만으로는 사회 복지 활동에 기여할 수 없음을 깨달았습니다.

BEFORE 그리하여 저는 ㅇㅇ대학교 사회 복지학과에 지원하였습니다.

HOW 접속사로 사용한 '그리하여'는 자기소개서의 느낌과는 상당한 거리감이 있습니다. 원론적으로 분석하면, 원인과 결과를 이어 주는 부사 '그리하여'의 역할이 위의 문장 구조에는 맞지만 문제는 어감입니다. 구어체의 어감이 있는 접속사는 사용을 최소화하고, 문어체에 가까운 접속사를 사용해야 합니다.

AFTER 체계적인 교육을 통해 전문 활동을 수행할 수 있는 역량을 마련하고자 ㅇㅇ대학교 사회 복지학과에 지원을 결심했습니다.

BEFORE 교수님들의 열정이 뜨겁고 학생들에게 관심이 많다는 이 학과 안에서 저는 사회 복지에 크게 이바지를 할 수 있는 핵심적인 전문 인력으로 자라나고 싶습니다.

HOW 간결한 표현과 명쾌한 의미 전달에 중심을 두고 문장을 작성해야 합니다. 전문 인력으로 성장하겠다는 포부가 더욱 강렬하게 전해질 수 있도록 '하겠습니다'로 표현하는 것이 적절합니다. 문단의 마지막은 여운을 남길 수 있는 기회입니다. 뚜렷한 느낌을 전달하는 데 주의를 기울이기 바랍니다.

AFTER 다양한 과목을 고르게 수강하고, 사회 복지에 이바지할 수 있는 감각을 내재하며 열정적으로 학업에 임하겠습니다.

GOOD 👍

호주 캔버라 시내를 돌아다니며 매주 노숙자들에게 간단한 스낵을 건넸고, 이야기를 나누며 1년간 자원봉사 활동에 임했습니다. 작은 도움을 주며 보람을 느꼈지만, 결코 노숙자들을 사회 복귀로 이끌 수는 없었습니다. 이를 계기로 단순히 돕는 활동만으로는 사회 복지 활동에 기여할 수 없음을 깨달았습니다. 체계적인 교육을 통해 전문 활동을 수행할 수 있는 역량을 마련하고자 ○○대학교 사회 복지학과에 지원을 결심했습니다. 다양한 과목을 고르게 수강하고, 사회 복지에 이바지할 수 있는 감각을 내재하며 열정적으로 학업에 임하겠습니다.

BAD 👎

○○대학교 유아 교육학과는 학과 내의 다양한 분야와 알맞은 여러 방향의 교수진의 구성, 교직 과정 이수를 통한 유치원 교사 자격증과 보육 교사 자격증의 제공은 학부생들을 위한 큰 혜택이라고 생각합니다. 특히, 학교 내에 위치한 실습실과 연구 기관을 통해 배운 내용을 그대로 실전에 적용해 현장 경험을 쌓을 수 있는 기회는 아주 효과적인 것 같습니다. 이미 학문적인 뜻을 펼치고 있는 학생들 틈에 섞여 저 또한 자유롭게 뜻을 펼치는 인재가 되고 싶습니다. 학생들 사이에서 배워 나간다면 좋은 자극제가 되어 더욱 더 빠르게 발전해 나갈 수 있을 거라 생각합니다. ○○대학교 유아 교육학과에서 학문적인 견해를 넓혀 큰 그릇을 가지고 사회에 나갈 수 있도록 노력하겠습니다.

SOLUTION

BEFORE ○○대학교 유아 교육학과는 학과 내의 다양한 분야와 알맞은 여러 방향의 교수진의 구성, 교직 과정 이수를 통한 유치원 교사 자격증과 보육 교사 자격증의 제공은 학부생들을 위한 큰 혜택이라고 생각합니다.

HOW 중요 사항인 '유치원 교사와 보육 교사 자격증'을 첫 문장에 기술했습니다. 글의 구조에 맞춰 균형 있게 내용을 분산해야 불필요한 반복을 피할 수 있습니다. 이에 따라 다음 문장으로 자격증 내용을 옮기고, 첫 문장에서는 지원 대학교에 대한 관심을 보여 주는 데 주력합니다.

AFTER ○○대학교 유아 교육학과는 다양한 분야를 아우르는 과정으로 구성되어 있고, 역량 있는 교수진이 학업의 질적 가치를 높이고 있습니다.

> BEFORE 특히, 학교 내에 위치한 실습실과 연구 기관을 통해 배운 내용을 그대로 실전에 적용해 현장 경험을 쌓을 수 있는 기회는 아주 효과적인 것 같습니다.

> HOW '실습실과 연구 기관'은 지원 전공과 관련해 중요도가 높은 사항입니다. 이전 문장에서 옮겨 온 '유치원 교사 자격증과 보육 교사 자격증'을 소개하고자 다음 문장으로 해당 내용의 위치를 옮깁니다.

> AFTER 특히, 교직 과정 이수를 통해 유치원 교사 자격증과 보육 교사 자격증을 취득할 수 있다는 점은 강점이라고 생각합니다.

> BEFORE 이미 학문적인 뜻을 펼치고 있는 학생들 틈에 섞여 저 또한 자유롭게 뜻을 펼치는 인재가 되고 싶습니다.

> HOW 중요한 내용을 첫 문장에 배치한 까닭에 거듭 소개할 내용이 없어 불필요한 내용을 서술한 것으로 보입니다. 중요 사항을 분산 배치해야 합니다. 이전 문장에서 옮겨 온 '실습실과 연구 기관' 내용으로 해당 문장을 대체합니다. '학생들 틈에 섞여', '자유롭게 뜻을 펼쳐'라는 내용은 이미 전적 대학교에서도 체험한 사항입니다. 무의미한 내용이므로 생략합니다.

> AFTER (해당 문장 삭제)
> 또한, 교내 실습실과 연구 기관을 활용해 실무에 가까운 경험을 쌓을 수 있어 진로 개척에도 유리합니다.

> BEFORE 학생들 사이에서 배워 나간다면 좋은 자극제가 되어 더욱 더 빠르게 발전해 나갈 수 있을 거라 생각합니다.

> HOW 마찬가지로 불균형한 핵심 내용 배치로 인해 의미 없는 문장이 등장했습니다. '학생들 사이에서 배우다'는 편입 전에도 해당하는 내용입니다. '있을 거라 생각하다'는 구어체입니다. 올바른 표기는 '있을 것이라고 생각하다'입니다. 이와 같은 표현은 글 전체에 부정적인 인상을 남기므로 주의해야 합니다. '우수한 교육 환경'을 핵심 어휘로 삼아 배움에 대한 의지를 드러내도록 수정합니다.

> AFTER (해당 문장 삭제)
> 우수한 교육 환경에서 학구열이 높은 학생들과 함께 유아 교육학을 배우며 발전을 모색하고자 지원하는 바입니다.

> **BEFORE** ○○대학교 유아 교육학과에서 학문적인 견해를 넓혀 큰 그릇을 가지고 사회에 나갈 수 있도록 노력하겠습니다.
>
> **HOW** 학과 명칭은 이전 문장에서 언급했으므로 반복을 피하고자 학교 명칭만 기술합니다. '큰 그릇을 가지고 사회에 나가다'가 틀린 표현은 아니지만, 은유와 비유를 쓰지 않는 편이 낫기 때문에 '학문적 바탕과 자세를 가다듬다'로 변경합니다. 마지막 문장인 만큼 간결하면서 뚜렷한 표현이 더욱 효과적입니다.
>
> **AFTER** 학문적 바탕과 자세를 가다듬으며 ○○대학교의 교육 커리큘럼을 꼼꼼히 이수하겠습니다.

▼

GOOD 👍

○○대학교 유아 교육학과는 다양한 분야를 아우르는 과정으로 구성되어 있고, 역량 있는 교수진이 학업의 질적 가치를 높이고 있습니다. 특히, 교직 과정 이수를 통해 유치원 교사 자격증과 보육 교사 자격증을 취득할 수 있다는 점은 강점이라고 생각합니다. 또한, 교내 실습실과 연구 기관을 활용해 실무에 가까운 경험을 쌓을 수 있어 진로 개척에도 유리합니다. 우수한 교육 환경에서 학구열이 높은 학생들과 함께 유아 교육학을 배우며 발전을 모색하고자 지원하는 바입니다. 학문적 바탕과 자세를 가다듬으며 ○○대학교의 교육 커리큘럼을 꼼꼼히 이수하겠습니다.

• 사례 ❼

BAD 👎

○○대 컴퓨터 공학을 전공했습니다. 전공 공부를 하면서 원래 알던 컴퓨터에 대한 생각과 많이 다르다는 것을 깨달았습니다. 혼자 해결하기엔 너무 그 분야에 대한 지식이 부족하였고, 우리의 전공에 대해서 관심을 갖고 있고, 토론할 수 있는 친구들을 모아서 스터디 그룹을 만들었습니다. 매주마다 모여서 한 주에 배운 내용을 복습하고 예습도 하면서 컴퓨터에 대한 지식이 전에 비해서 많이 늘었다는 것도 느끼고, 배우는 것에 대한 즐거움을 쌓아갔습니다. 그렇게 하다 보니 지금 있는 곳에서 안주하는 것이 아니라 더 넓은 곳에서 깊이 공부하고 싶다는 생각을 할 때쯤 △△대학이 눈에 들어왔습니다. 열정을 가진 교수님들 그리고 좋은 교육 과정이 저의 지식을 넓히고 깊게 하기 위한 최고의 학교라고 생각해 지원하게 되었습니다.

▼

SOLUTION

BEFORE ○○대 컴퓨터 공학을 전공했습니다.

HOW 전공 사항은 자기소개서 외의 내용으로도 알 수 있습니다. 사실을 적시하는 것만으로는 어떠한 의미도 만들 수 없습니다. 전공 과정으로 익힌 사항을 강점으로 언급함으로써 지원 대학교의 전공과 연결됨을 보여 주는 방법이 알맞습니다. 위의 경우, 컴퓨터 공학을 지원하고 있으므로 연관도가 높습니다.

AFTER ○○대학교에서 컴퓨터 공학 전공으로 다양한 프로그램과 알고리즘을 학습했습니다.

BEFORE 전공 공부를 하면서 원래 알던 컴퓨터에 대한 생각과 많이 다르다는 것을 깨달았습니다.

HOW 문어체와 구어체의 구분은 필수입니다. 평소에 사용하지 않던 문어체가 익숙하지 않겠지만, 자기소개서는 자유로운 글쓰기가 아니므로 표현을 정리해야 합니다. '원래 알던'과 같은 표현에서는 정돈한 흔적을 찾아볼 수 없습니다.

AFTER 학문으로서의 컴퓨터 학습과 실용적 활용의 컴퓨터 학습 간에는 차이가 있었습니다.

BEFORE 혼자 해결하기엔 너무 그 분야에 대한 지식이 부족하였고, 우리의 전공에 대해서 관심을 갖고 있고, 토론할 수 있는 친구들을 모아서 스터디 그룹을 만들었습니다.

HOW 위 문장에서 말하고자 하는 바는 스터디 그룹을 구성했다는 사실입니다. 스터디 그룹을 만들었다는 내용으로 종결하면, 지나치게 일반적입니다. 행위의 결과에 중점을 놓고 접근하면 내용이 한층 풍성해집니다. '스터디를 통해 목적한 바를 이뤘다'로 이야기를 풀어 가는 편이 효율적입니다.

AFTER 두 유형의 간극을 메우고자 스터디를 구성해 다양한 컴퓨터 지식을 공유하며 함께 학습했습니다.

BEFORE 매주마다 모여서 한 주에 배운 내용을 복습하고 예습도 하면서 컴퓨터에 대한 지식이 전에 비해서 많이 늘었다는 것도 느끼고, 배우는 것에 대한 즐거움을 쌓아갔습니다.

HOW 일상에서는 '즐거움을 쌓아 가다'라는 표현이 통용되나, 자기소개서에서는 무게감을 반감할 수 있는 표현입니다. 또한, 띄어쓰기에도 유의해야 합니다. 이 부분은 웹 서비스로도 제공되고 있으므로 조금만 신경 쓰면 얼마든지 실수를 피할 수 있습니다. 즐거움을 느꼈다는 한시적 의미 부여보다는 목표를 높였다는 거시적 계획으로 표현을 달리해도 좋습니다. 다음 문장을 고려하며 표현을 정리하면 더욱 자연스럽게 자기소개서를 작성할 수 있습니다.

AFTER 매주 예습과 복습을 거듭하며 배움의 즐거움을 만끽할 수 있었고, 실력 향상과 비례해 목표도 점차 높아졌습니다.

BEFORE 그렇게 하다 보니 지금 있는 곳에서 안주하는 것이 아니라 더 넓은 곳에서 깊이 공부하고 싶다는 생각을 할 때쯤 △△대학이 눈에 들어왔습니다.

HOW '그렇게 하다 보니', '눈에 들어왔다' 등의 표현은 적합하지 않습니다. 지원 대학교의 강점과 지원 동기를 연결해야 합니다. '눈에 들어왔다'는 표현은 지원 대학 선택이 임의적이라는 느낌을 주므로 열의를 전혀 감지할 수 없기 때문입니다.

AFTER 이에 따라 더욱 우수한 교육 환경에서 학업에 열정을 갖고 있는 학생들과 함께 컴퓨터 공학을 깊이 있게 배우고자 △△대학교에 지원을 결심했습니다.

BEFORE 열정을 가진 교수님들 그리고 좋은 교육 과정이 저의 지식을 넓히고 깊게 하기 위한 최고의 학교라고 생각해 지원하게 되었습니다.

HOW '저의 지식', '최고의 학교'는 자기소개서 표현으로 부적합합니다. 자신을 지칭하는 표현도 불필요하게 등장했습니다. '최고'라는 표현은 해당 이유를 구체적으로 적시할 게 아니라면, 생략하는 편이 낫습니다. 이전 문장 내용과 중복되지 않도록 내용을 수정합니다.

AFTER 교육 프로그램에 충실히 따르며 컴퓨터 공학 실력을 한층 높이고 싶습니다.

GOOD 👍

　○○대학교에서 컴퓨터 공학 전공으로 다양한 프로그램과 알고리즘을 학습했습니다. 학문으로서의 컴퓨터 학습과 실용적 활용의 컴퓨터 학습 간에는 차이가 있었습니다. 두 유형의 간극을 메우고자 스터디를 구성해 다양한 컴퓨터 지식을 공유하며 함께 학습했습니다. 매주 예습과 복습을 거듭하며 배움의 즐거움을 만끽할 수 있었고, 실력 향상과 비례해 목표도 점차 높아졌습니다. 이에 따라 더욱 우수한 교육 환경에서 학업에 열정을 갖고 있는 학생들과 함께 컴퓨터 공학을 깊이 있게 배우고자 △△대학교에 지원을 결심했습니다. 교육 프로그램에 충실히 따르며 컴퓨터 공학 실력을 한층 높이고 싶습니다.

• 사례 ❽

BAD

　일본 여행을 통해서 몸소 느끼고 보게 되었던 일본의 성장 잠재력은 나로 하여금 일본어를 배워 준비된 글로벌 시대의 인재가 되어야겠다는 결심을 하게 하였다. 그 후 일본어 회화 수업을 시작으로 일본어에 대한 흥미가 증가하였다. 고등학교에서도 일본어를 전공으로 선택하여 심화 교육에 대한 기대를 했었다. 하지만 입시를 고려하여 일본어를 뒷전으로 미룰 수밖에 없었다. 대학 입학 후에도 관심을 가지고 교양 시간을 통해 공부할 수 있었지만 기초적인 내용에 불과했다. 그러나 ○○대학에 입학하면 우수한 인재들과 선의의 경쟁을 하며 깊이 있는 일본어 공부가 가능해진다. 또한 ○○대학의 교환 학생 제도는 학문만의 접근이 아니라 일본을 직접 경험할 수 있게 해 주고 보다 넓은 안목을 갖게 한다.

▼

SOLUTION

BEFORE 일본 여행을 통해서 몸소 느끼고 보게 되었던 일본의 성장 잠재력은 나로 하여금 일본어를 배워 준비된 글로벌 시대의 인재가 되어야겠다는 결심을 하게 하였다.

HOW '나로 하여금'은 불필요한 표현입니다. '보게 되었던'의 '되다' 동사도 남발하기 시작하면 걷잡을 수 없을 만큼 많이 사용할 우려가 있습니다. 수동적인 느낌보다는 주체적인 느낌으로 자신을 드러내야 더욱 명쾌한 인상을 남길 수 있습니다. 문장 후반부에 '인재가 되어야겠다'로 다시 한 번 '되다' 동사가 나타납니다. 이처럼 쓰기 쉬운 표현일수록 점검이 필요합니다. 주의 깊게 문장을 읽어 보며 확인하기 바랍니다. 아울러, 자기소개서는 '하십시오체'를 사용하는 것이 기본적입니다. '하십시오체' 사용이 어려운 것은 아니므로 상식에 맞게 종결 어미를 바꿔야 합니다. 더 나은 인상을 주기 위해 글을 다듬어야 한다는 사실을 잊어서는 안 됩니다.

AFTER 일본 여행을 통해 체감한 일본 성장세는 일본어의 필요성을 일깨웠고, 글로벌 시장에서 성장하겠다는 의지를 마음에 담을 수 있었습니다.

BEFORE 그 후 일본어 회화 수업을 시작으로 일본어에 대한 흥미가 증가하였다. 고등학교에서도 일본어를 전공으로 선택하여 심화 교육에 대한 기대를 했었다.

HOW '심화 교육을 기대했었다'는 과거의 단면만 보여 줄 뿐입니다. 단순한 사실을 그대로 소개한다고 특별한 의미를 띠지는 않습니다. 짧은 글에 자신의 지원 동기를 확실히 전달하기 위해서는 그 사실과 연결된 의도를 보여 줘야 합니다. '일본어 실력을 키웠다'로 접근하면, 심화 교육에 대한 관심을 아우를 수 있습니다. 또한, 간접적으로 학구열을 드러내는 효과도 기대할 수 있습니다.

AFTER 일본어 회화 수업으로 일본어에 대한 흥미가 증가했고, 고등학교에서 일본어를 전공으로 선택해 배운 내용을 연결해 실력을 키워 왔습니다.

BEFORE 하지만 입시를 고려하여 일본어를 뒷전으로 미룰 수밖에 없었다.

HOW 개인적인 사유는 누구나 갖고 있습니다. 하지만, 때에 따라 그 내용이 핑계로 비칠 수 있음을 간과해서는 안 됩니다. 자신의 입시를 고려해 일본어를 뒷전으로 미룰 정도의 학생에게 편입 기회를 준다는 것도 쉽게 이해되지 않습니다. 굳이 쓸 필요도, 이유도 없는 문장은 생략이 최선입니다. 편입은 적극적인 행위입니다. 개인의 사유가 천재지변이 아닌 이상, 적극적인 행위를 방해했던 무엇에 대한 현실적 설명은 의도와 다르게 해석될 수 있으므로 자제해야 합니다.

AFTER (해당 문장 삭제)

BEFORE 대학 입학 후에도 관심을 가지고 교양 시간을 통해 공부할 수 있었지만 기초적인 내용에 불과했다.

HOW 본인이 마주한 제한 요소가 사실 학습의 방해 요소가 되지는 않습니다. 일본어 학습은 학원도 많고, 온라인 강좌도 풍부합니다. 학교에서는 기초적인 내용만 가르쳤다는 사실이 편입의 일차적 원인이 될 수는 없습니다. 누구나 수긍할 수 있는 제한 여건을 설명할 수 있다면, 이와 같은 표현이 적확성을 띱니다. 가령, 실험이 필요한 수업인데 학교 측의 여건상 이론 수업만 가능했다는 정도가 그러한 예가 될 수 있겠습니다. 일본어를 비롯해 어학은 이에 해당하지 않으므로 다소 구차할 수 있는 설명보다는 '더욱 집중적으로 배우고 싶다'는 접근법으로 이야기를 풀어가야 자연스럽게 수긍을 이끌어 낼 수 있습니다.

AFTER 대학에서 교양 과목으로 접한 일본어는 전문적 학습의 중요성을 깨닫는 계기였습니다.

BEFORE 그러나 ○○대학에 입학하면 우수한 인재들과 선의의 경쟁을 하며 깊이 있는 일본어 공부가 가능해진다.

HOW 무엇보다 종결 어미가 지원자에 대한 호감을 잃게 만듭니다. '가능해진다'와 같은 자신의 판단도 지원하는 상황에서는 전혀 필요하지 않습니다. 결국, 배우기 위해 지원하는 것이므로 겸손한 자세가 묻어날 수 있는 종결 어미로 작성해야 합니다.

> **AFTER** 이에 따라 ○○대학 일문학과에서 일본어를 집중적으로 배우고자 지원합니다.
>
> ---
>
> **BEFORE** 또한 ○○대학의 교환 학생 제도는 학문만의 접근이 아니라 일본을 직접 경험할 수 있게 해 주고 보다 넓은 안목을 갖게 한다.
>
> **HOW** 수동을 의미하는 대표적인 표현이 '갖게 한다', '갖게 된다' 등입니다. 수동 표현이 많은 외국어를 번역할 때 흔히 쓰는 표현입니다. 주체적인 자세로 지원하는 편입 상황에 적합한 표현은 아닙니다. 구어체를 글로 옮겼을 때 벌어지기 쉬운 사항이 위의 수정 전 문장에 전부 드러나 있습니다.
>
> **AFTER** ○○대학의 교환 학생 제도를 활용해 일본을 깊이 있게 이해하며 넓은 안목으로 일본 관련 실력 향상을 도모하겠습니다.

▼

GOOD 👍

일본 여행을 통해 체감한 일본 성장세는 일본어의 필요성을 일깨웠고, 글로벌 시장에서 성장하겠다는 의지를 마음에 담을 수 있었습니다. 일본어 회화 수업으로 일본어에 대한 흥미가 증가했고, 고등학교에서 일본어를 전공으로 선택해 배운 내용을 연결해 실력을 키워 왔습니다. 대학에서 교양 과목으로 접한 일본어는 전문적 학습의 중요성을 깨닫는 계기였습니다. 이에 따라 ○○대학 일문학과에서 일본어를 집중적으로 배우고자 지원합니다. ○○대학의 교환 학생 제도를 활용해 일본을 깊이 있게 이해하며 넓은 안목으로 일본 관련 실력 향상을 도모하겠습니다.

• 사례 ❾

BAD 👎

영어 영문학을 공부하고 싶은 이유는 영미 국가의 문화에 대한 애정에서부터 시작한 것 같습니다. 어릴 때부터 팝 음악이나 외국 영화에 대해서 관심이 많았고, 그런 관심이 영미권 나라의 문화에 대한 호기심으로 이어졌습니다. 그리고 대학에 와서는 영어 영문학을 공부하면서 영미권 문화에 대한 호기심들이 학문적으로 실현되는 것에 대해 즐거움을 느꼈습니다. 다양한 문학 작품들과 언어에 대해서 심층적으로 배우게 되면서 영미권 문화에 대해서 더 잘 이해할 수 있게 되었고, 영문학을 특히 더 깊게 공부하고 싶다는 욕심이 생겼습니다. 그러나 영문학보다 실용 영어 중심으로 구성된 학교의 커리큘럼에 대해 많은 아쉬움을 가졌기 때문에 ○○대학교의 영어 영문학과를 지원하게 되었습니다. 세분화된 전공들이 영문학에 대해서 좀 더 깊게 배울 수 있다는 점과 동시에 인간과 문화를 기반으로 한 ○○대학교의 교육 목표가 저의 학문적인 목표와 같다는 점에서 이 학교에 지원하게 되었습니다. 저의 학문적 배움과 개인적인 발전을 위해서 가장 적합한 학교일 것이라는 점에서 확실하다고 생각합니다.

▼

SOLUTION

BEFORE 영어 영문학을 공부하고 싶은 이유는 영미 국가의 문화에 대한 애정에서부터 시작한 것 같습니다.

HOW 불확실한 표현이 첫 문장으로 등장했습니다. 영미 문화에 대한 관심을 보여 주는 것이 수정 전 문장의 핵심 사항입니다. 이에 대해서는 다음 문장에서 설명하고, 위 문장은 불확실한 표현을 통해 기대할 내용이 없으므로 생략합니다. 자신에 대한 판단을 유보하거나 다양성을 내포한 채 조심스럽게 이야기를 꺼내는 태도는 겸손함과 동일하지 않습니다. 편입학처럼 자발적으로 지원하는 상황에서는 확신에 찬 표현이 더 효과적입니다.

AFTER (해당 문장 삭제)

BEFORE 어릴 때부터 팝 음악이나 외국 영화에 대해서 관심이 많았고, 그런 관심이 영미권 나라의 문화에 대한 호기심으로 이어졌습니다.

HOW 배경지식이 많다는 점을 강점으로 드러낼 수 있습니다. 확실한 행동과 그 행동의 지속성을 유추할 수 있도록 모호한 표현을 배제합니다. 지원 동기에서 전공 관련 활동은 상당히 영향력이 큽니다.

AFTER 영미 문화에 대한 관심이 많아 유년기부터 팝 음악을 즐겨 듣고, 영화도 꾸준히 봤습니다.

BEFORE 그리고 대학에 와서는 영어 영문학을 공부하면서 영미권 문화에 대한 호기심들이 학문적으로 실현되는 것에 대해 즐거움을 느꼈습니다.

HOW 표현을 달리함으로써 신선한 인상을 강조할 수 있습니다. 영어 영문학을 공부하며 느낀 점을 기술하거나 혹은 사소한 사항일지라도 연관성 높은 어휘를 활용하면 동일한 내용도 다른 느낌으로 다가옵니다.

AFTER 영어의 운율과 영화 속 장면을 접하며 영미 문화에 대한 호기심이 강해졌고, 이를 바탕으로 영어 영문학과에 진학해 학습에 힘썼습니다.

BEFORE 다양한 문학 작품들과 언어에 대해서 심층적으로 배우게 되면서 영미권 문화에 대해서 더 잘 이해할 수 있게 되었고, 영문학을 특히 더 깊게 공부하고 싶다는 욕심이 생겼습니다.

HOW '되다' 동사는 쓰지 않고 대체하는 편이 낫습니다. '더 잘 이해할 수 있게 되었고'는 '깊이 있게 이해할 수 있었고' 정도로 바꿀 수 있습니다. '욕심이 생기다'라는 표현도 불필요합니다. 행동을 촉발한 정서 상태를 설명하는 것보다는 행동 자체를 간결하게 드러내는 것이 더 적극적인 느낌을 나타냅니다.

AFTER 다양한 장르의 문학 작품을 다루며 영미 문화를 깊이 있게 배우고 싶어 ○○대학교 영어 영문학과에 지원을 결심했습니다.

BEFORE 그러나 영문학보다 실용 영어 중심으로 구성된 학교의 커리큘럼에 대해 많은 아쉬움을 가졌기 때문에 ○○대학교의 영어 영문학과를 지원하게 되었습니다.

HOW 문장 내용 순서를 바꿔 실용 영어보다 학술 영어에 대한 관심을 보이는 방식으로 지원 사유를 한층 강조합니다.

AFTER 전적 대학교는 영문학보다 실용 영어를 중심으로 커리큘럼을 운영하고 있어 영미 문화를 학문적으로 체감할 기회가 없었습니다.

BEFORE 세분화된 전공들이 영문학에 대해서 좀 더 깊게 배울 수 있다는 점과 동시에 인간과 문화를 기반으로 한 ○○대학교의 교육 목표가 저의 학문적인 목표와 같다는 점에서 이 학교에 지원하게 되었습니다.

HOW 불필요한 부연 설명이 많아 압축해 표현합니다. '저의'와 같은 표현은 굳이 삽입할 이유가 없습니다. '되었다'보다는 '탐구하겠다'처럼 적극성을 내포한 동사로 문장을 종결해야 합니다. 그렇더라도 연속적으로 '○○하겠다' 식의 종결은 적절하지 않습니다. 종결 어미의 변화로 문장의 강약을 조절할 필요가 있습니다.

AFTER 인본주의를 추구하는 ○○대학교에서 영미 문화와 언어를 학습하며 자기 계발과 함께 세밀히 영문학을 탐구하겠습니다.

> BEFORE 저의 학문적 배움과 개인적인 발전을 위해서 가장 적합한 학교일 것이라는 점에서 확실하다고 생각합니다.
>
> HOW 지원 사유가 지극히 감상적이므로 생략합니다. 편입 지원자 누구에게나 적합한 학교일 수 있기 때문에 이와 같은 판단이 깃든 표현은 생략 1순위입니다. '저의'라는 표현 또한 사용되었으므로 해당 문장은 삭제합니다.
>
> AFTER (해당 문장 삭제)

GOOD 👍

영미 문화에 대한 관심이 많아 유년기부터 팝 음악을 즐겨 듣고, 영화도 꾸준히 봤습니다. 영어의 운율과 영화 속 장면을 접하며 영미 문화에 대한 호기심이 강해졌고, 이를 바탕으로 영어 영문학과에 진학해 학습에 힘썼습니다. 다양한 장르의 문학 작품을 다루며 영미 문화를 깊이 있게 배우고 싶어 ○○대학교 영어 영문학과에 지원을 결심했습니다. 전적 대학교는 영문학보다 실용 영어를 중심으로 커리큘럼을 운영하고 있어 영미 문화를 학문적으로 체감할 기회가 없었습니다. 인본주의를 추구하는 ○○대학교에서 영미 문화와 언어를 학습하며 자기 계발과 함께 세밀히 영문학을 탐구하겠습니다.

• 사례 ⑩

BAD 👎

○○대학교는 최근 활발한 대학 교류 프로그램을 통해 본 학교의 큰 장점인 양질의 강의를 보다 많은 학생에게까지 들을 기회를 주었습니다. 또한 ○○ 프로그램을 통해 미리 ○○대학교의 수업을 들을 수 있었습니다. 전적 대학교에서 철학을 전공하면서, 인간의 사고와 행동에 관한 보다 깊은 이해를 위한 연구를 하고 싶은 마음이 싹 터 이렇게 ○○대학교에 지원하게 되었습니다. 특히, 해외 대학교로의 원활한 교류 프로그램도 큰 매력으로 다가왔습니다. 전공에 대한 심도 깊은 연구를 하는 인재들과 함께 학문을 공부가 아닌 탐구하여 경쟁력을 높이고자 ○○대학교에 지원합니다. 열의 있는 학생을 열렬히 뒷받침해 주는 ○○대학교에서 제 탐구심을 한계 없이 풀어 보고 끊임없는 학문에 대한 애정을 기반으로 노력할 것을 약속드립니다.

SOLUTION

BEFORE ○○대학교는 최근 활발한 대학 교류 프로그램을 통해 본 학교의 큰 장점인 양질의 강의를 보다 많은 학생에게까지 들을 기회를 주었습니다.

HOW 직접적으로 상황을 설명하는 표현으로 수정합니다. 자신이 누릴 수 있는 혜택을 문장 내부에서 연결하면, 더욱 밀접한 느낌을 줄 수 있습니다. '대학교가 학생들에게 강의를 들을 기회를 주었다'를 '내가 배울 수 있는 기회가 많다'는 표현으로 변환한 것이 단적인 예입니다. 이러한 사례는 주체에 유의하며 문장을 작성할 필요성을 일깨워 줍니다. '많은 학생들에게'라는 표현에서 '많은'은 불필요한 수식어입니다.

AFTER ○○대학교는 최근 활발한 대학 교류 프로그램을 통해 양질의 강의 제공에 힘쓰고 있어 배움의 기회가 많습니다.

BEFORE 또한 ○○ 프로그램을 통해 미리 ○○대학교의 수업을 들을 수 있었습니다.

HOW '수업을 들었다'보다는 '수업을 미리 접했다'고 표현함으로써 문장의 핵심 요소를 강조하는 방법이 더 적절합니다.

AFTER 이 점은 ○○ 프로그램으로 ○○대학교 수업을 미리 접하며 확인했습니다.

BEFORE 전적 대학교에서 철학을 전공하면서, 인간의 사고와 행동에 관한 보다 깊은 이해를 위한 연구를 하고 싶은 마음이 싹 터 이렇게 ○○대학교에 지원하게 되었습니다.

HOW 자기소개서에 은유적 표현은 적합하지 않습니다. 문장 구성의 과도한 생략, 20대 초반이나 10대 후반의 어휘 남발, 제3자 기준의 자아에 대한 모호한 분석(전지적 작가 시점) 등 또한 모두 수정이 필요합니다. 미국 입시용 에세이에서는 파격이 합격으로 이어지는 경우가 간혹 있지만, 한국 편입 자기소개서에서는 형식을 파괴하는 글보다는 간결함, 겸손함, 패기 등이 담긴 글이 우수한 평가를 받습니다. 블로그, SNS, 다이어리에 글을 쓸 때는 글맛을 살리는 데 주력하며 파격적인 표현을 활용할 수 있지만, 자기소개서는 정중한 자세로 자신을 드러내는 진중한 과정이자 그러한 형식의 글을 쓸 수 있는지 평가하는 수단임을 간과해서는 안 됩니다. 면접에 응시할 때 반바지 차림으로 갈 수 없는 것과 마찬가지라고 생각하면 한결 저항감이 줄어들 것이라고 생각합니다.

AFTER 전적 대학교에서 철학을 전공하며 인간의 사고와 행동에 관한 연구에 집중하고 싶은 마음이 생겨 ○○대학교에 지원을 결심했습니다.

BEFORE 특히, 해외 대학교로의 원활한 교류 프로그램도 큰 매력으로 다가왔습니다.

HOW 지원 대학교만의 특별한 강점으로 구체적인 내용을 명시할 수 있다면, 그 내용만 담아 문장을 종결해도 매력적일 수 있습니다. 위의 경우는 보편적인 내용에 해당해 무게감이 부족하므로 한 문장에 해당 내용만 담기보다 이에 연결되는 내용을 추가하는 것이 더 자연스럽습니다. 경쟁력을 강화하겠다는 포부와 기대를 담아 자칫 허전할 수 있는 문장 내용을 보충합니다.

AFTER 해외 대학교와 교류하며 시야를 넓히는 프로그램에 대한 기대가 크며, 전공에 대해 강한 열의를 지닌 학생들과 함께 학습하며 경쟁력을 강화하고 싶습니다.

BEFORE 전공에 대한 심도 깊은 연구를 하는 인재들과 함께 학문을 공부가 아닌 탐구하여 경쟁력을 높이고자 ○○대학교에 지원합니다.

HOW 대체적으로 학습 환경은 편입 시 학생들이 고려하는 중점 사항 중 하나입니다. 이에 대한 언급을 추가하며 마지막 문장을 마무리합니다. 수정 전 문장은 이해하기가 어렵습니다. 본인의 글을 읽어 보고, 좀처럼 내용을 이해할 수 없을 때는 반드시 수정하기 바랍니다.

AFTER 학습 환경 마련에 주력하는 ○○대학교에서 탐구심의 깊이를 더하며 학문적 이해를 높이는 데 최선을 다하겠습니다.

BEFORE 열의 있는 학생을 열렬히 뒷받침해 주는 ○○대학교에서 제 탐구심을 한계 없이 풀어 보고 끊임없는 학문에 대한 애정을 기반으로 노력할 것을 약속드립니다.

HOW '약속합니다', '믿어도 좋습니다', '후회하지 않으실 겁니다', '확신합니다' 등의 표현이 심심치 않게 나옵니다. 지원자에 대한 판단은 학교 측에서 하는 것입니다. 약속을 학교 측에서 거론한 적도 없습니다. 일상 대화를 글로 옮길 때 이와 같은 실수를 범합니다. 면접에서도 마찬가지입니다. 면접관의 판단 영역까지 본인이 침범할 경우, 우스운 인상만 남길 뿐임을 명심하기 바랍니다.

AFTER (해당 문장 삭제)

GOOD 👍

　　○○대학교는 최근 활발한 대학 교류 프로그램을 통해 양질의 강의 제공에 힘쓰고 있어 배움의 기회가 많습니다. 이 점은 ○○ 프로그램으로 ○○대학교 수업을 미리 접하며 확인했습니다. 전적 대학교에서 철학을 전공하며 인간의 사고와 행동에 관한 연구에 집중하고 싶은 마음이 생겨 ○○대학교에 지원을 결심했습니다. 해외 대학교와 교류하며 시야를 넓히는 프로그램에 대한 기대가 크며, 전공에 대해 강한 열의를 지닌 학생들과 함께 학습하며 경쟁력을 강화하고 싶습니다. 학습 환경 마련에 주력하는 ○○대학교에서 탐구심의 깊이를 더하며 학문적 이해를 높이는 데 최선을 다하겠습니다.

BAD 👎

　　저는 사람을 살리는 일이 하고 싶었습니다. 전적 대학교에서는 의학 과정을 준비했으며 후에 의사가 되려는 꿈을 가지고 있었습니다. 물론 지금도 사람을 위한 생각은 변하지 않았습니다. 다만, 방법이 조금 바뀌었습니다. 제가 훌륭한 의사가 되었다 한들 제 손으로 직접 구할 수 있는 숫자는 평생 동안 만 명 이내일 것입니다. 그러나 기업가가 되어 사업으로, 자선 활동으로, 그리고 상품으로 구할 수 있는 사람의 수는 셀 수 없을 것이고 제가 죽은 뒤에도 이어질 것입니다. 실용성이 가장 중요한 학문이니만큼 토론과 발표 형식의 수업을 지향하며 무엇보다 현직 임원직들의 생생한 특강을 들을 수 있다는 말에 ○○대학교를 지원하게 되었습니다.

▼

SOLUTION 🖱️

BEFORE 저는 사람을 살리는 일이 하고 싶었습니다.

HOW 자기소개서에 빈번하게 등장하는 '저는'을 생략해도 문장이 될 수 있습니다. 문장 내용을 살펴보면, 지원자가 언급한 '사람을 살리는 일'이 의사를 의미함을 알 수 있습니다. 반전을 꾀하는 내용이 아닌 경우에는 대상을 확실히 표현하는 것이 더욱 명확한 인상을 남깁니다. 동사 '싶었다'를 남발하면 자신감 없는 모습으로 비칩니다. '하겠다'와 '하고 싶다'의 어감을 비교해 보면, 전자인 '하겠다'가 '하고 싶다'보다 확신에 찬 어조로 다가옵니다. '하고 싶다'가 적절한 경우도 있으므로 내용에 따라 종결 표현을 다채롭게 활용하고, 동일한 종결 어미를 연속적으로 기입하지 않도록 주의하기 바랍니다.

AFTER 학창 시절 본래의 꿈은 의사였습니다.

BEFORE 전적 대학교에서는 의학 과정을 준비했으며 후에 의사가 되려는 꿈을 가지고 있었습니다.

HOW 표현을 능동적 형태로 수정합니다. '앞장서는 모습'이라는 표현을 삽입해 의사의 역할에 대한 열정을 전달할 수 있습니다. '후에'라는 시간 부사는 적절한 방식으로 사용해야 문어체 느낌을 강조할 수 있습니다. '그 이후'가 조건에 부합하는 표현입니다. 하지만, 구체적인 시간을 명시할 수 있다면 지시형 표현을 지양하는 편이 낫습니다. 편입 자기소개서에서는 '졸업 후', '2학년 때', '교환 학생을 마친 후' 등으로 시기를 구체화할 수 있는 경우가 많습니다. 말하듯 쓰지 않도록 주의한다면, 이와 같이 두리뭉실한 표현을 멀리할 수 있습니다.

AFTER 전적 대학교에서 의학 과정을 준비하며 의사로서 치료에 앞장서는 모습을 그려 왔습니다.

BEFORE 물론 지금도 사람을 위한 생각은 변하지 않았습니다.

HOW '물론'은 문어체 표현으로 적절하지만, 자기소개서의 적극성을 드러내기에는 다소 부족한 느낌이 있습니다. 수정 전 문장에서 '물론'을 생략하고 다시 보면, '지금도 사람을 위한 생각은 변하지 않았습니다.'가 더욱 단호한 느낌이 나는 것을 알 수 있습니다. 표현의 변용은 글자 수와 문장 길이 조절을 위한 유연한 접근 방식 중 하나입니다. 내용 흐름에 맞고, 문장 표현에 자연스러움을 더할 수 있는 부사와 형용사의 삽입은 연습이 필요한 부분입니다. 자기소개서는 어휘와 표현이 에세이와 수필에 비해 제한적이므로 다양한 문장을 살펴보며 본인의 글을 수정할 수 있는 여지가 많습니다.

AFTER 현재는 진로를 바꿨지만, 여전히 사람을 위한 마음은 변함이 없습니다.

BEFORE 다만, 방법이 조금 바뀌었습니다.

HOW 전혀 필요 없는 문장은 과감히 삭제합니다.

AFTER (해당 문장 삭제)

BEFORE 제가 훌륭한 의사가 되었다 한들 제 손으로 직접 구할 수 있는 숫자는 평생 동안 만 명 이내일 것입니다.

▶ HOW ◀ '제가', '제 손으로' 등의 표현은 생략합니다. '되었다 한들'은 말하듯 쓴 대표적 흔적입니다. 이러한 표현은 글의 무게감과 지원자의 열의에 대한 기대도 대폭 축소합니다.

▶ AFTER ◀ 설령 의사의 꿈을 실현했을지라도 직접 치료할 수 있는 사람의 수는 1만 명을 넘기 힘듭니다.

▶ BEFORE ◀ 그러나 기업가가 되어 사업으로, 자선 활동으로, 그리고 상품으로 구할 수 있는 사람의 수는 셀 수 없을 것이고 제가 죽은 뒤에도 이어질 것입니다.

▶ HOW ◀ '제가 죽은 뒤'처럼 상황에 맞지 않는 표현은 지양합니다. 구체적으로 본인의 생각을 나타내는 것이 적절합니다. 글을 쓰기에 앞서 해당 대학교에 지원하는 이유를 먼저 생각해 보기 바랍니다.

▶ AFTER ◀ 기업가가 되기로 결심한 이유는 더욱 많은 사람을 오랫동안 돕기 위함입니다. 사업을 통해 일자리를 만들고, 자선 활동을 펼치며 다양한 필수 상품으로 보다 많은 사람과 혜택을 나눌 수 있습니다.

▶ BEFORE ◀ 실용성이 가장 중요한 학문이니만큼 토론과 발표 형식의 수업을 지향하며 무엇보다 현직 임원직들의 생생한 특강을 들을 수 있다는 말에 ○○대학교를 지원하게 되었습니다.

▶ HOW ◀ 문장 내용이 상호 연결되어야 읽을 때 거부감이 들지 않습니다. 경영학과를 선택한 이유에 대한 설명을 삽입해 내용을 자연스럽게 이어갑니다. '지원하게 되었다'는 표현은 수동적인 느낌을 줍니다. '지원한다', '지원을 결심했다' 등의 표현이 능동적인 인상을 줍니다.

▶ AFTER ◀ 이를 위해서는 실용적 사고와 경영 능력 함양이 필요하므로 ○○대학교 경영학과에 지원을 결심했습니다. 토론과 발표 수업을 수행하며 소통 역량을 배양하고, 현직에서 활동 중인 임직원의 특강을 들으며 실무에 한 걸음 다가가겠습니다.

▼

　　학창 시절 본래의 꿈은 의사였습니다. 전적 대학교에서 의학 과정을 준비하며 의사로서 치료에 앞장서는 모습을 그려 왔습니다. 현재는 진로를 바꿨지만, 여전히 사람을 위한 마음은 변함이 없습니다. 설령 의사의 꿈을 실현했을지라도 직접 치료할 수 있는 사람의 수는 1만 명을 넘기 힘듭니다. 기업가가 되기로 결심한 이유는 더욱 많은 사람을 오랫동안 돕기 위함입니다. 사업을 통해 일자리를 만들고, 자선 활동을 펼치며 다양한 필수 상품으로 보다 많은 사람과 혜택을 나눌 수 있습니다. 이를 위해서는 실용적 사고와 경영 능력 함양이 필요하므로 ○○대학교 경영학과에 지원을 결심했습니다. 토론과 발표 수업을 수행하며 소통 역량을 배양하고, 현직에서 활동 중인 임직원의 특강을 들으며 실무에 한 걸음 다가가겠습니다.

• 사례 ⑫

　　어릴 적 포항 제철소를 방문한 적이 있습니다. 제선 공정, 제강 공정 등의 과정을 보며 철뿐만 아니라 과학 기술 시대에 만들어지는 산업 재료들이 어떤 원리와 성질로 어떻게 만들어지는지 호기심과 흥미가 생겼습니다. 급속도로 발전, 변화하는 현대 과학 기술 시대는 다양한 산업 재료 및 첨단 재료의 개발을 필요로 합니다. ○○대는 이런 시대적 요구에 부응해서 재료 공학 부문에서 우수한 학문적 환경이 조성되어 있습니다. 전공 학습에 열정을 보이는 우수한 인재들과 함께 ○○대에서 재료의 성질, 원리 등을 공부하고 소재를 연구할 수 있는 발판과 기회를 마련하고 싶습니다.

SOLUTION

BEFORE 어릴 적 포항 제철소를 방문한 적이 있습니다.

HOW '제철소를 방문한 적이 있다'와 같은 단순한 사실 전달은 제한된 문장으로 내용을 설명해야 하는 자기소개서 구성과는 어울리지 않습니다. 그 사실을 통해 본인이 얻은 바를 함께 기술함으로써 가치 있는 문장을 작성할 수 있습니다. 산업 재료의 생산 과정과 원리에 대한 관심은 지원 동기로 이어지는 핵심 요소입니다. 첫 문장부터 명확한 동기를 제시하며 지원자의 열정과 학습 의지를 드러냅니다.

AFTER 유년기에 접한 포항 제철소의 제선 및 제강 공정을 계기로 산업 재료의 생산 과정과 그 원리에 대한 호기심이 생겼습니다.

BEFORE 제선 공정, 제강 공정 등의 과정을 보며 철뿐만 아니라 과학 기술 시대에 만들어지는 산업 재료들이 어떤 원리와 성질로 어떻게 만들어지는지 호기심과 흥미가 생겼습니다.

HOW 수정 전 문장 내용을 이전 문장으로 옮겨 다시 기술합니다. 자기소개서를 수정할 때, 문장의 위치와 내용을 변경하는 적극적인 시도가 필요합니다. 글은 어떤 식으로든 다시 쓸 수 있습니다. 표현과 구조를 바꿔 보는 것도 일종의 학습이라고 할 수 있으므로 작성 시 배움의 자세로 노력을 기울이기 바랍니다.

AFTER (해당 문장 삭제)

BEFORE 급속도로 발전, 변화하는 현대 과학 기술 시대는 다양한 산업 재료 및 첨단 재료의 개발을 필요로 합니다.

HOW 동일한 문장 구성 요소를 다시 배열하고, 표현을 수정합니다. 동일 문장 내 반복적 표현은 정리해야 합니다. '산업 재료 및 첨단 재료'에서 '재료'가 반복되고 있습니다. 산업 소재로 어휘를 포괄해 반복을 피할 수 있습니다.

AFTER 새로운 과학 기술을 뒷받침하는 산업 소재는 산업의 발전에 따라 빠른 속도로 첨단화를 이루며 시대를 이끌고 있습니다.

BEFORE ○○대는 이런 시대적 요구에 부응해서 재료 공학 부문에서 우수한 학문적 환경이 조성되어 있습니다.

HOW 지원 대학교가 갖춘 상황은 이미 결정된 내용입니다. 이에 따라 '환경이 조성되어 있다'는 문장은 독해 시 속도감을 떨어뜨리는 불필요한 표현입니다. 지원 의도를 내비치는 표현으로 변경하는 편이 낫습니다. 이에 위 문장을 전체 생략하고, 지원 동기의 당위를 뒷받침하는 이유를 부차적으로 언급합니다. '시대적 요구'는 판단이 개입된 표현입니다. 이미 이전 문장에서 기술의 발전상을 설명했으므로 대학교의 입장까지 지원자가 고려하며 판단할 필요는 없습니다.

AFTER (해당 문장 삭제)
제조업의 성장을 위해서는 첨단 재료의 개발이 중요합니다.

BEFORE 전공 학습에 열정을 보이는 우수한 인재들과 함께 ○○대에서 재료의 성질, 원리 등을 공부하고 소재를 연구할 수 있는 발판과 기회를 마련하고 싶습니다.

> **HOW** 목적 지향적 표현으로 수정합니다. '산업 발전에 기여하고자'와 같은 포부가 담긴 표현은 학구열을 보일 수 있는 장점도 지녔습니다. '우수 교육 환경', '전문 지식' 등은 편입의 근본 동기를 내포하고 있는 핵심 어휘입니다. 적절히 사용해 지원자의 인상을 돋보이게 할 수 있습니다.
>
> **AFTER** 이에 따라 ○○대학교 재료 공학부에서 재료의 물성, 생성 원리 등을 열정적으로 학습해 한국 산업 발전에 기여하고자 지원하는 바입니다. ○○대학교의 우수 교육 환경에서 전문 지식을 습득하겠습니다.

▼

GOOD 👍

　유년기에 접한 포항 제철소의 제선 및 제강 공정을 계기로 산업 재료의 생산 과정과 그 원리에 대한 호기심이 생겼습니다. 새로운 과학 기술을 뒷받침하는 산업 소재는 산업의 발전에 따라 빠른 속도로 첨단화를 이루며 시대를 이끌고 있습니다. 제조업의 성장을 위해서는 첨단 재료의 개발이 중요합니다. 이에 따라 ○○대학교 재료 공학부에서 재료의 물성, 생성 원리 등을 열정적으로 학습해 한국 산업 발전에 기여하고자 지원하는 바입니다. ○○대학교의 우수 교육 환경에서 전문 지식을 습득하겠습니다.

• 사례 ⓭

BAD 👎

　어렸을 적에는 실생활에서 널리 사용되는 전자 제품들을 너무나도 당연하게 여겼습니다. 학창 시절을 보내며 조그만 휴대폰 하나에도 수없이 많은 원리들이 숨어 있다는 것을 알면서 당연하지 않다는 것을 알게 되었습니다. 하지만 제가 알고 있던 지식으로는 대부분의 원리들을 이해할 수 없었고 주변에 물어보기에는 한계가 있었습니다. 훗날 어머니께서 많은 부분들이 전기 전자 계통과 연관이 깊다는 것을 가르쳐 주셨고 그때부터 저의 진로를 정하였습니다. ○○대학교의 커리큘럼을 살펴보니 정보 통신 대학의 전기 전자 계통이 특화되어 있고 또한 많은 성취를 이룬 것을 보았습니다. 다양화된 커리큘럼을 보고 다른 대학들보다 더 깊게 배울 수 있을 것 같고 진로도 여러 방면으로 폭넓게 배울 수 있을 것 같아 지원하게 되었습니다.

▼

SOLUTION

BEFORE 어렸을 적에는 실생활에서 널리 사용되는 전자 제품들을 너무나도 당연하게 여겼습니다.

HOW 도입부가 특별한 내용을 포함하고 있다면 기술할 가치가 있으나 위의 경우처럼 누구에게나 해당되는 이야기는 삭제가 최선책입니다.

AFTER (해당 문장 삭제)

BEFORE 학창 시절을 보내며 조그만 휴대폰 하나에도 수없이 많은 원리들이 숨어 있다는 것을 알면서 당연하지 않다는 것을 알게 되었습니다.

HOW 전자 분야에 관심을 갖기 시작한 동기를 설명하고자 지나칠 정도로 당연한 사항을 반복해 언급하고 있습니다. 지원자의 인상이 중요한 자기소개서에서 이러한 내용의 반복은 적절하지 않습니다.

AFTER (해당 문장 삭제)

BEFORE 하지만 제가 알고 있던 지식으로는 대부분의 원리들을 이해할 수 없었고 주변에 물어보기에는 한계가 있었습니다.

HOW 수정 전 문장에서 '제가'를 생략해도 문장이 성립합니다. 문단의 첫 문장부터 위의 문장까지 총 3문장은 한 문장으로 요약해 수정할 수 있습니다.

AFTER 실생활에서 쉽게 볼 수 있는 전자 제품의 구동 원리가 궁금했지만, 단순한 지식만으로는 깊이 있게 이해할 수 없었습니다.

BEFORE 훗날 어머니께서 많은 부분들이 전기 전자 계통과 연관이 깊다는 것을 가르쳐 주셨고 그때부터 저의 진로를 정하였습니다.

HOW 어머니를 주어로 설정하면, 어머니의 동작인 '가르쳐 주다'를 동사로 쓰게 됩니다. 반면, 작성자를 생략된 주어로 삼으면, 어머니를 통해 '내가 무엇을 확인했다'로 표현할 수 있습니다. 이어지는 문장의 주어도 자신이므로 연접 문장의 주어를 통일하는 것이 자연스럽습니다. 수정 전 문장에서는 어머니가 주어였지만 뒤 문장에서는 자신으로 바뀝니다. 수정 후 문장은 연접 문장의 주어가 모두 자신입니다.

AFTER 어머니의 조언을 통해 전기 전자 분야에 대한 기초 지식을 쌓아야 복잡한 전자 제품의 원리를 이해할 수 있음을 확인하고, 진로를 전기 전자 공학으로 선택했습니다.

> **BEFORE** ○○대학교의 커리큘럼을 살펴보니 정보 통신 대학의 전기 전자 계통이 특화되어 있고 또한 많은 성취를 이룬 것을 보았습니다.
>
> **HOW** 사실을 다룰 때는 본인의 경험을 접목할 필요가 없습니다. '커리큘럼을 살펴보니'는 경험을 삽입한 구문인데 사실과 경험의 조합이 새로운 가치를 창출하는 것이 아닌 이상 이와 같은 표현은 불필요할 따름입니다. 커리큘럼에는 이미 위의 문장에서 설명한 내용이 적시되어 있기 때문에 '살펴본다'는 과정을 서술하지 않아도 합당합니다.
>
> **AFTER** ○○대학교 정보 통신 대학은 전기 전자 분야의 특화 과정을 제공하고 있습니다.
>
> ---
>
> **BEFORE** 다양화된 커리큘럼을 보고 다른 대학들보다 더 깊게 배울 수 있을 것 같고 진로도 여러 방면으로 폭넓게 배울 수 있을 것 같아 지원하게 되었습니다.
>
> **HOW** '다른 대학들보다'는 불필요한 비교 구문입니다. 이미 비교 과정을 거쳐 해당 대학을 선택한 것이므로 구체적인 비교를 담은 내용이 아니라면 이와 같은 표현은 글의 집중도 향상을 위해 삭제하는 편이 낫습니다. 'ㅇㅇ할 것 같고, 또 ㅇㅇ할 것도 같아서 지원합니다'는 뚜렷한 인상을 주지도 않고, 정리된 느낌도 찾아볼 수 없습니다. 마지막 문장인 만큼 간결한 표현으로 작성합니다.
>
> **AFTER** ○○대학교에서 다양한 커리큘럼에 따라 심화 지식을 습득하며 전문 역량을 배양하고자 지원합니다.

GOOD 👍

실생활에서 쉽게 볼 수 있는 전자 제품의 구동 원리가 궁금했지만, 단순한 지식만으로는 깊이 있게 이해할 수 없었습니다. 어머니의 조언을 통해 전기 전자 분야에 대한 기초 지식을 쌓아야 복잡한 전자 제품의 원리를 이해할 수 있음을 확인하고, 진로를 전기 전자 공학으로 선택했습니다. ○○대학교 정보 통신 대학은 전기 전자 분야의 특화 과정을 제공하고 있습니다. ○○대학교에서 다양한 커리큘럼에 따라 심화 지식을 습득하며 전문 역량을 배양하고자 지원합니다.

제 2 전략 / 전공 선택 이유

▶ 작성 방향

대학마다 전공을 바꿔 지원할 수 있다는 점에서 사전 준비가 필요한 항목입니다. 기존 전공과 유사하거나 일치하는 전공의 경우는 지원 학교 환경의 장점을 중심으로 선택 이유를 설명하고, 이전 학교에서 전공을 학습하며 갖춘 학문에 대한 열정을 집중적으로 기술합니다. 전혀 다른 전공으로 지원하는 경우는 기존 전공에서는 취할 수 없는 특별함을 지원 전공에서 찾아 언급하고, 새로운 전공에 끌린 연유를 설명합니다. 두 가지 경우 모두 열심히 학습하겠다는 의지를 피력하며 문단을 마무리하는 것이 일반적입니다. 항목의 성격상 학업 계획과 결부될 수밖에 없습니다. 편입 후 학업 계획 항목이 지원서 항목에 단독으로 존재한다면, 전공 선택 이유와 내용을 분할해 작성합니다.

▶ 대표 예시

GOOD 1 👍

경영학을 전공하며 수리적 감각과 조직 내 문제 해결 능력을 함양할 수 있었습니다. 회계와 재무를 중심으로 수업을 이수하며 판단의 근간을 이루는 객관적 자료의 중요성을 깊이 체감했습니다. 최근 데이터 분석이 사회 이슈로 떠오르고 있습니다. 심지어 데이터 분석 분야는 연구 인력 부족으로 성장 기회가 보다 많이 제공될 것으로 기대되는 상황입니다. 이에 따라 경영학을 통해 익힌 정량적 자료 해석 능력을 데이터 분석 분야로 연결해 전문가로 성장하고자 통계학 전공을 선택했습니다. 점차 복잡해지는 데이터를 통계 지식으로 면밀히 분석해 패턴을 발굴함으로써 사회 발전에 기여하고 싶습니다. ○○대학교의 통계학과에서 인식의 지평을 넓히며 자료와 해석의 조화로 새로움을 마주하겠습니다.

어떤 전공이든 분야가 다를지라도 상호 연결 포인트는 존재합니다. 영문학의 언어 논리 구조와 감수성을 컴퓨터 공학의 프로그램 언어 감각에 연결할 수 있고, 국문학의 음운, 운율, 반영된 시대상 등을 경영학의 마케팅 배경 요소로 활용할 여지가 충분히 있습니다. 특정 전공이 제공할 학문적 기회와 직무상 잠재력도 전공 선택 사유로 타당합니다. 지양해야 할 선택 이유는 단순히 '끌린다', '기존 전공이 싫다', '취업 기회가 많다' 등입니다. 물론 위와 같은 이유가 근본적으로 사실일 수 있지만, 형식을 보는 자기소개서에는 부합하지 않는 표현 방식이자 내용입니다.

GOOD 2 👍

고등학생 때 기숙사 생활을 시작하며 새로운 환경에 적응해야 했습니다. 다양한 TV 프로그램을 시청하며 외로움을 달랬고, 대중을 위로해 주고 웃음을 제공해 주는 PD를 꿈꾸기 시작했습니다. 그 이후 언론학을 전공하며 변화하는 미디어 환경과 다양한 미디어 관련 업무에 대해 배우며 실생활에서 막대한 영향력을 미치고 있는 미디어에 더욱 매료되었습니다. 장래 희망인 프로듀서는 다양한 경험과 어느 환경에도 적응할 수 있는 유연함이 필요하므로 이론에 집중하고 영화 제작, 다큐멘터리 구성안 제작 등의 실습에 임하며 다양한 감각을 키우고자 노력했습니다. ○○대학교의 신문 방송학과에서 더욱 다양하고 전문적인 지식과 감각을 습득해 융통성을 지닌 다재다능한 인재로 거듭나겠습니다.

GOOD 3 👍

건축학과 영문학을 전공하며 시대적 예술 경향과 인문학을 융합한 지식 체계를 구축했습니다. 사회 커뮤니케이션 현상들에 대한 접근 방식에 따라 결과와 과정에 미치는 양상이 달라진다는 사실도 알았습니다. 이에 따라 건축학과 영문학을 통한 연계 지식뿐만 아니라 신문 방송학의 광범위한 커뮤니케이션 학습을 통해 종합적인 지식 체계를 갖춰 커뮤니케이터로 성장하고자 ○○대학교 신문 방송학과를 지원했습니다. 현대 사회는 다양한 매체를 통해 소통의 범위를 넓히고 있습니다. ○○대학교 신문 방송학과에서 지식 체계의 확장뿐만 아니라 뉴미디어 콘텐츠, 광고, 뉴스 보도 실습 등의 커리큘럼에 따르며 사회의 다양한 분야에 창조적이고 긍정적인 영향을 미칠 수 있도록 노력하겠습니다.

GOOD 4 👍

경영학을 전공하며 시장을 선도하고 있는 리더의 공통점을 분석했습니다. 이를 통해 정상급 경영자들은 전략과 계획을 치밀하게 준비하는 사람이 아니라 순간의 기회를 남보다 빨리 포착해 이를 사회 트렌드에 맞춰 방향을 제시한 사람임을 확인했습니다. 그들은 노력과 실력을 바탕으로 '직관'과 '실천력'을 활용해 성공을 거머쥐었습니다. 이와 같은 능력을 기를 수 있는 학문은 철학이라고 생각합니다. 철학은 인문부터 과학 분야까지 아우르며 학문 연구의 근간으로 자리매김해 왔습니다. 학문을 위한 학문인 철학을 전공하며 끊임없는 의문을 통해 더 큰 세상을 바라볼 수 있는 역량을 갖추겠습니다.

➔ 구성 내용
1. 전적 대학교와 동일 혹은 유사 전공 지원일 경우

① 전공에 대한 흥미

동일 혹은 유사 전공으로 지원하는 만큼 전공에 대한 확신을 보여 주어야 합니다. 학업에 대한 흥미는 진로에 대한 기대감, 적극적인 전공과목 수강 자세 등으로 드러낼 수 있습니다.

② 전적 대학에서의 성취도(장학금, 발표 경험, 적극적 탐구 학습 등)

전적 대학교에서 성적 장학금을 받은 경우에는 상당한 장점으로 작용합니다. 발표, 토론, 프로젝트 수행 등은 적극적인 학습 자세를 간접적으로 입증하므로 적절한 분량으로 소개합니다.

③ 전공을 선택한 특별한 이유

고등학교 때 마음에 품었던 희망 진로와 연계해 설명하거나 인턴, 직장 등의 사회 경험에서 기인한 동기를 밝힙니다.

④ 동일 전공을 학습해 이루고자 하는 바를 소개

전공에 대한 이해도는 전공 지식을 활용한 미래상을 그려 내는 과정을 통해 보여 줄 수 있습니다. 전공 관련 직종을 탐색하거나 본인이 희망하는 전공 관련 진로를 소개합니다.

⑤ 사회적 이슈와 미래상을 결부한 전공 활용도를 보여 주며 관심도를 우회적으로 피력

전공의 활용 방안을 기술하며 발전을 향한 목표 의지를 피력합니다. 예를 들어, 생명 공학 전공자들은 인체 장기의 생산 방안을 연구하겠다는 포부를 다질 수 있습니다.

⑥ 전적 대학교에서 배우며 받은 인상을 압축해 나열

대체로 전적 대학교 교육 환경에 대한 아쉬움이 등장합니다. 이를 과장하거나 지나치게 부정적으로 설명하지 말고 배움에 대한 열의로 연결합니다. 전공 과정 중 크게 흥미를 느낀 과목을 기술해도 적절합니다. 예를 들어, 유기 화학의 복합적인 화학 구조식에 매료돼 무기 화학도 깊이 있게 배우고 싶다는 식의 접근도 가능합니다.

⑦ 지원 대학교에서 수행할 계획 소개

수강하고 싶은 강의 또는 특정 프로젝트 참여 의사를 밝히거나 커리큘럼과 교수 등에 대해 언급합니다.

2. 전적 대학교 전공과 연결점이 없는 전공 지원자일 경우

① 적성에 대해 탐구한 바를 도입부로 활용

학업에 임하는 과정에서 발견한 적성 혹은 목표와 맞지 않는 전적 대학교 전공의 특징을 설명합니다.

② 전적 대학교 전공을 통해 배운 점

2년간 배운 내용을 평가 절하할 이유는 없으므로 전적 대학교 전공에서 배운 점을 소개합니다.

③ 지원 전공과 전적 대학교 전공 간 연결점 탐색

새로운 전공에 활용할 학습 자세와 기본 소양을 언급해 기대감을 높일 수 있습니다.

④ 지원 전공에 대한 관심도

전공 관련 시장 상황, 핵심 트렌드, 해결 과제 등을 기술합니다.

⑤ 사회 이슈와 정책 방향 등을 고려한 선택 전공의 활용 방안 설명

전공 지식으로 해결할 문제 소개, 포부가 담긴 진로 개척 모습 등이 소재입니다.

⑥ 자신의 희망 진로에 대한 소개

전공과 동떨어진 진로는 의미가 없습니다. 희망 진로는 지원 전공과 연결성을 고려해야 합니다.

⑦ 지원 대학교에서 수행할 계획 소개

수강하고 싶은 강의 또는 특정 프로젝트 참여 의사를 밝히거나 커리큘럼과 교수 등에 대해 언급합니다.

➜ **기피 사항**

> **BAD 1** 👎
> 축산학과의 산업 환경이 기술 중심으로 치닫고 있는 까닭에 배움을 실현할 기회가 부족합니다. 현재 취업난이 가중되고 있어 현실적인 이유로 재료 공학을 전공으로 결정했습니다. 유년기부터 만들기를 좋아했기 때문에 기계 공학과에 진학해 잠재력을 발휘하고 싶습니다.

> **BAD 2** 👎
> 전적 대학 전공으로는 취업이 힘들고, 원하는 진로로 발전할 수 있는 바탕도 마련할 수 없습니다. 희망 전공으로 원활히 취업에 성공해 사회 경험을 쌓으며 추후 진로를 모색하겠습니다.

> **BAD 3** 👎
> 해당 전공을 이수하는 친구와 어울리며 배우는 과정을 간접적으로 접할 수 있었습니다. 친구와 함께 해당 전공을 학습하며 공정한 경쟁을 통해 발전하고자 컴퓨터 공학을 선택했습니다.

위의 경우에서 확인할 수 있는 것처럼 원초적 이유와 지엽적 이유를 전공 선택 사유로 기술해서는 안 됩니다. 자신의 기존 전공과 사회적 환경 등을 고려해 전공 선택 과정을 보여 주어야 합니다. 전공 환경 자체를 부정하거나 선택 동기를 친구 혹은 취업에서 찾는 것은 성숙한 모습이 아닙니다. 이와 같은 내용이 개인 사유로서 순수한 일면을 띨 수는 있지만, 자기소개서에서 그와 같은 내용으로 긍정적인 인상을 만들기는 어렵습니다. 장기적인 비전을 염두에 두고 전공 선택 이유를 고려하기 바랍니다.

> **BAD 4** 👎
> 군대에서 진로에 대해 깊이 고민했습니다. 제대 후에도 고민은 지속되었지만, 해답을 얻고자 자신의 적성과 진로를 열정적으로 분석했습니다. 그 결과, 호텔 경영을 원한다는 사실을 발견할 수 있었습니다. 이에 ○○대학교 호텔 경영학과를 전공으로 선택했습니다.

> **BAD 5** 👎
> 전적 대학교 전공은 자연 계열입니다. 하지만 잘할 수 있고, 잘하고 싶은 것이 무엇일지 고민하며 자신을 탐구한 결과, 축구라는 결론을 얻었습니다. 어떤 일이든 축구와 관련되어 있으면 그 일에 몰두했습니다.

> **BAD 6** 👎
> 아직 전공에 대한 확신은 없지만, 흥미를 느끼고 있으므로 충분히 잘할 수 있을 것이라고 생각합니다. 전자 공학을 배우며 확신을 얻고, 더 나은 실력을 갖추는 데 최선을 다하겠습니다.

내용이 없는 무의미한 문장 나열은 전공 선택 이유를 알려 주지 못합니다. 고민한 흔적과 과정이 의미를 띠기 위해서는 전공 선택으로 이어진 '이유'에 대한 물음을 문장 내용으로 답할 수 있어야 합니다.

전공 선택 항목 작성에 앞서 적어도 지원 전공의 특징 정도는 미리 조사할 필요가 있습니다. 전공을 선택한 이유가 명쾌하다면 깊은 인상을 남길 수 있으므로 작성 시 작위적이지 않은 수준에서 일정 부분 이야기의 조합과 생성도 유효한 전략입니다.

▶ 대표 유형
1. 실현하고 싶은 목표 설명형

> **GOOD** 👍
> 의학은 유년기부터 관심을 갖고 있는 분야입니다. 전적 대학교에서는 기계 공학을 전공했습니다. 전공 선택에 대해서는 후회하지 않았지만, 온기를 나누며 타인에게 건강한 삶을 선사할 수 있는 의학 분야에 더 이끌렸습니다. 학교 도서관에서 의학 서적을 보며 흥미를 느꼈고, 책에 있는 그림과 사진들을 보며 호기심도 커졌습니다. 의료 환경에서 의학 지식을 쌓으며 환자와 교감하고 싶어 간호학을 선택했습니다.

전공 선택이 본인의 목표와 밀접한 관계를 보일 경우, 목표 설명형으로 작성할 수 있습니다. 유의할 점은 전공과 맞닿은 진로 선택 계기를 반드시 설명해야 한다는 것입니다. 위의 사례에서는 '온기를 나누며 타인에게 건강한 삶을 선사하고 싶다'는 전공 선택 계기를 언급했습니다.

2. 이전 전공에서 기인한 상향적 학습 추구형

중국어 통번역을 전공하며 단계적 커리큘럼을 통해 중국어의 기본 구조를 익힐 수 있었습니다. 특히, 번역 관련 수업에 집중하며 중국어 원문에 매력을 느꼈고, 이를 한글로 번역하는 과정에도 흥미를 느꼈습니다. 그 과정이 중국의 근본 문화를 깊이 있게 학습하고 싶다는 생각으로 이어져 중어 중문학을 전공으로 선택했습니다.

동일한 전공을 선택할 경우, 전공 과정에 매료된 배경을 설명하고, 우수한 교육 환경에서 더욱 깊이 배우고 싶다는 열망을 소개하는 유형을 선택할 수 있습니다. 유사 전공도 마찬가지입니다.

3. 필요에 의한 선택형

경영학을 전공하며 마케팅과 경영 중심의 수업을 통해 소비자의 니즈와 마케팅의 중요성을 알 수 있었습니다. 이미 존재하는 시장을 다루기보다는 새로운 분야의 산업을 직접 개척해 보고 싶은 열망이 큽니다. 무엇보다 블루오션을 발견해 발전시키는 것이 가치 창출에 유리하다고 생각합니다. 발전 가능성이 무궁무진한 바이오 및 의공학 산업 분야는 고령화 사회를 대비하기 위해 고도화가 필요합니다. 이에 사회와 기업이 요구하는 새로운 기술을 개발할 수 있는 역량을 갖추고자 바이오 메카트로닉스 전공을 선택했습니다.

이전 전공과는 다른 성격의 전공을 선택할 때, 선택의 당위에 초점을 맞춰 기술합니다. 전적 대학교에서 배운 내용을 지원 전공에 접목해 설명하고, 설득력 있는 이유로 타당성을 뒷받침합니다. 위의 사례에서는 '고령화 사회'를 문제로 삼아 의공학 시장 개척의 필요성을 언급했습니다. 경영학은 '시장 개척'에 활용할 수단으로 지원 전공에 연결했습니다.

➤ 사례 집중 탐구

• 사례

BAD 👎

대부분의 사람들이 경영학은 기업에 국한되어 있다고 생각하지만 저는 그렇게 생각하지 않습니다. 경영학은 그것을 필요로 하는 어느 곳이든 적용될 수 있습니다. 그곳은 기업이 될 수도 있고 더 나아가 국가가 될 수도 있으며, 인간의 삶이 될 수도 있습니다. 왜냐하면 이 주체들은 목표를 성취하기 위한 활동을 하기 때문입니다. 이렇게 넓은 범위의 경영학은 가이드 역할을 할 수 있는 매력적인 학문입니다. 요즘 많은 기업들이 해외 진출을 고려합니다. 그러나 해외 진출은 철저한 조사와 분석을 필요로 하기 때문에 그 과정 속에서 어려움들이 발생합니다. 따라서 진학 후 저는 기업의 글로벌화로 인해 발생하는 여러 이슈들에 대해 연구하고 이 이슈들을 국제적인 시각에서 접근할 수 있는 방법들을 공부하고 싶습니다.

▼

SOLUTION

BEFORE 대부분의 사람들이 경영학은 기업에 국한되어 있다고 생각하지만 저는 그렇게 생각하지 않습니다.

HOW 개인적인 생각을 일반적인 생각으로 설정한 오류가 담긴 문장입니다. 독백 형태로 첫 문장을 시작하고 있는데, 이는 자기소개서 형식에 맞지 않습니다. 자기 지칭 어휘 '저는'은 생략해야 하는 어휘입니다.

AFTER (해당 문장 삭제)

BEFORE 경영학은 그것을 필요로 하는 어느 곳이든 적용될 수 있습니다.

HOW 생략한 이전 문장과 수정 전 문장의 내용은 수정 후 문장으로 요약할 수 있습니다. 핵심 어휘는 '폭넓은 학문'입니다. 이를 강조하고자 '기업'과 '일상생활'을 부수 소재로 활용했습니다.

AFTER 경영학은 기업뿐만 아니라 일상생활에도 적용 가능한 폭넓은 학문입니다.

BEFORE 그곳은 기업이 될 수도 있고 더 나아가 국가가 될 수도 있으며, 인간의 삶이 될 수도 있습니다.

HOW 경영학에 대한 원론적 설명을 시도하고 있으나 의미 있는 내용이 아닙니다. 이전 문장에서 이미 '기업'과 '일상생활'을 언급했으므로 내용의 확대를 위해 '국가'를 문두에 배치합니다. 단순 반복과 일반적인 설명은 글의 매력을 떨어뜨릴 수 있기 때문입니다. 핵심 어휘인 '폭넓은 학문'을 뒷받침하는 설명이 필요하므로 국가와 개인의 속성에 맞춰 표현과 내용을 수정합니다.

AFTER 국가의 경영은 거시와 미시 영역이 공존하고, 개인의 삶은 장단기 계획에 따른 시간 경영으로 채워집니다.

BEFORE 왜냐하면 이 주체들은 목표를 성취하기 위한 활동을 하기 때문입니다.

HOW 내용 흐름을 이어가야 하는 구간인데 이유를 설명하며 종결하고 있습니다. 다음 문장과 자연스러운 연결을 위해 '성장'을 핵심 어휘로 삼아 열린 문장으로 수정합니다.

AFTER 어떤 주체든 목표는 성장으로 동일합니다.

BEFORE 이렇게 넓은 범위의 경영학은 가이드 역할을 할 수 있는 매력적인 학문입니다.

HOW 막연히 '가이드 역할'이라는 어휘를 사용해 동떨어진 내용을 경영학의 매력 요소로 포장했습니다. 그럴 듯한 어휘를 맹목적으로 사용하면, 이해할 수 없는 글이 탄생합니다. 이전 문장에서 설명한 내용을 포괄해 경영학이 매력적인 이유를 설명합니다.

AFTER 이처럼 광범위한 응용력을 바탕으로 하는 경영학은 다양한 시장에서 성장을 모색할 수 있는 동력으로 작용하는 까닭에 매력적이라고 생각합니다.

BEFORE 요즘 많은 기업들이 해외 진출을 고려합니다.

HOW 경영학과 연관성 높은 새로운 화제를 제공하는 시도는 적절합니다. '요즘 많은'은 구어체 표현이므로 수정합니다.

AFTER 대다수의 기업이 해외 시장 진출에 매진하고 있습니다.

> **BEFORE** 그러나 해외 진출은 철저한 조사와 분석을 필요로 하기 때문에 그 과정 속에서 어려움들이 발생합니다.
>
> **HOW** '그러나'를 쓰지 않아도 이전 문장과 연결할 수 있습니다. 접속사가 반드시 필요한 상황이 아닐 때는 문장 구조 변화를 통해 접속사를 대체합니다.
>
> **AFTER** 이 과정은 철저한 조사와 분석을 전략의 근간으로 삼습니다.
>
> ----
>
> **BEFORE** 따라서 진학 후 저는 기업의 글로벌화로 인해 발생하는 여러 이슈들에 대해 연구하고 이 이슈들을 국제적인 시각에서 접근할 수 있는 방법들을 공부하고 싶습니다.
>
> **HOW** 해당 문단에서 언급한 사항들을 '글로벌 이슈 연구', '시장 흐름 분석', '해외 진출 방법'으로 집약하며 마무리합니다. 내용의 연결을 고려하며 작성해야 합니다. 수정 전 문장에서는 이전 문장에서 언급한 '해외 진출' 관련 설명을 찾을 수 없습니다. 글을 작성한 후 전체 맥락에서 점검이 필요합니다. '따라서'는 불필요한 접속사이며, 자기 지칭 어휘 '저는'은 적절한 표현이 아닙니다.
>
> **AFTER** ○○대학교 경영학과에서 글로벌 이슈를 연구하고, 넓은 시야로 시장 흐름을 분석하며 해외 진출을 다루는 방법을 익힐 계획입니다.

▼

> **GOOD** 👍
>
> 경영학은 기업뿐만 아니라 일상생활에도 적용 가능한 폭넓은 학문입니다. 국가의 경영은 거시와 미시 영역이 공존하고, 개인의 삶은 장단기 계획에 따른 시간 경영으로 채워집니다. 어떤 주체든 목표는 성장으로 동일합니다. 이처럼 광범위한 응용력을 바탕으로 하는 경영학은 다양한 시장에서 성장을 모색할 수 있는 동력으로 작용하는 까닭에 매력적이라고 생각합니다. 대다수의 기업이 해외 시장 진출에 매진하고 있습니다. 이 과정은 철저한 조사와 분석을 전략의 근간으로 삼습니다. ○○대학교 경영학과에서 글로벌 이슈를 연구하고, 넓은 시야로 시장 흐름을 분석하며 해외 진출을 다루는 방법을 익힐 계획입니다.

• 사례 ❷

BAD

　짧은 중국에서의 여행은 저에게 큰 인상을 남기기에 충분한 곳이었습니다. 한국과 비슷한 듯 다른 중국인의 외모는 거리낌 없이 편안한 마음을 주었고, 상상 이상의 매력적인 음식문화, 너무나도 다른 중국인의 사고방식, 그리고 스케일이 남다른 도시 경관은 크나큰 충격이었지만 지금까지 제일 기억에 남는 것은 상해 최고의 동방명주의 야경은 세계 중심으로 뻗어나가는 중국의 모습이었습니다. 그 모습이 확고한 한중 교류 전문가라는 꿈을 제 마음속에 깊이 심어 주었습니다. 하루가 다르게 급격히 성장하는 중국은 앞으로 10년 후에는 미국과 GDP가 비슷해질 것이라는 관측으로 중국어도 영어와 같이 전 세계적인 언어가 될 것이라는 예상은 중국어의 필요성을 일깨워 주었습니다. 저의 고등학교는 호주에 중국인이 지은 학교로서 매일 중국인 선생님과 수업을 하였고 대학교에서도 중국어 수업이 있었기 때문에 중국어의 대한 호기심과 배우고 싶다는 열망을 계속 돋구웠고 제 인생에서 중국어와 뗄 수 없다는 생각을 하게 되었습니다.

▼

SOLUTION

BEFORE 짧은 중국에서의 여행은 저에게 큰 인상을 남기기에 충분한 곳이었습니다.

HOW 문장의 주체는 작성자이므로 굳이 '저에게'와 같은 표현으로 재차 확인할 필요는 없습니다. '짧은'처럼 구체적이지 않은 기간 표현은 적절하지 않으며, 내용상 기간이 중요하지 않으므로 생략합니다. 5일, 10일 정도의 짧은 기간은 명시하지 않는 편이 내용의 신빙성을 강화하는 데 효과적입니다. 1개월, 3개월 등의 기간은 경험의 깊이를 체감하기에 충분한 시간이자 수긍할 수 있는 객관성도 내포합니다. 이러한 경우에는 기간을 구체적으로 언급해도 무방합니다.

AFTER 중국 여행에서 강렬한 인상을 받았습니다.

BEFORE 한국과 비슷한 듯 다른 중국인의 외모는 거리낌 없이 편안한 마음을 주었고, 상상 이상의 매력적인 음식문화, 너무나도 다른 중국인의 사고방식, 그리고 스케일이 남다른 도시 경관은 크나큰 충격이었지만 지금까지 제일 기억에 남는 것은 상해 최고의 동방명주의 야경은 세계 중심으로 뻗어나가는 중국의 모습이었습니다.

HOW 문장 분절이 필요하므로 세 문장으로 나누어 줍니다. 지나치게 긴 문장으로는 내용 전달도 힘들고, 부정적인 인상도 남깁니다. 수정 전 문장에서 동방명주는 문장 성분으로 주어지만, 동사와 호응하지 않고 있습니다. 수정 후에는 주어에 맞게 종결 동사를 변경합니다. '중국의 모습이었다' 대신 본인이 '인상을 받았다'로 문장을 마무리합니다. 이는 본인과 연관된 표현이 강조 효과가 크기 때문입니다. 수정 전 문장처럼 인상을 받은 것이 '동방명주였다'로 문장을 끝내면, 전혀 중요하지 않은 사항을 강조하는 셈입니다. 능동적 인상과 행위 주체와의 연결성을 고려하며 문장을 기술해야 합니다.

▶ AFTER ◀ 한국과 비슷한 중국인의 외모는 거리낌 없이 중국 환경에 어울릴 수 있는 편안함을 선사했고, 상상 이상의 매력적인 음식 문화에 연이어 감탄했습니다. 독특한 중국인의 사고방식과 스케일이 남다른 도시 경관은 문화적 충격에 가까웠습니다. 상해 동방명주의 야경은 세계 중심으로 뻗어 나가는 중국의 모습을 여과 없이 그려 내고 있어 가장 인상이 깊었습니다.

▶ BEFORE ◀ 그 모습이 확고한 한중 교류 전문가라는 꿈을 제 마음속에 깊이 심어 주었습니다.

▶ HOW ◀ '심어 주었다'는 외부에 영향을 받았음을 의미하며 수동적인 인상을 줍니다. 반면, '마음에 담았다'는 능동적인 모습을 보입니다. 수동과 능동 표현 중 선택이 가능한 상황에서는 능동 표현을 사용합니다. '제 마음속에'도 적절하지 않은 표현입니다. 수정 후 문장에서는 주어인 '저는'을 생략합니다. 글의 흐름과 속도를 위해 이러한 생략은 선택이 아닌, 필수입니다.

▶ AFTER ◀ 이러한 중국의 모습을 보며 한중 교류 전문가라는 꿈을 마음에 담을 수 있었습니다.

▶ BEFORE ◀ 하루가 다르게 급격히 성장하는 중국은 앞으로 10년 후에는 미국과 GDP가 비슷해질 것이라는 관측으로 중국어도 영어와 같이 전 세계적인 언어가 될 것이라는 예상은 중국어의 필요성을 일깨워 주었습니다.

▶ HOW ◀ 문장이 길기 때문에 세 문장으로 나누어 줍니다. '하루가 다르게'는 불필요한 표현입니다. '급격히'라는 표현으로 충분합니다. 이처럼 원활한 내용 전달에 초점을 맞춰 표현을 다듬어 줍니다. 문장이 길 때는 의미 단위로 분절하면, 수정이 한결 쉽습니다.

▶ AFTER ◀ 급격히 성장하고 있는 중국은 10년 후에는 미국과 유사한 수준의 GDP에 이를 것이라는 관측을 자신 있게 내보이고 있습니다. 이는 중국어가 영어처럼 전 세계적 언어 반열에 오를 수 있음을 의미합니다. 중국의 발전 상황을 보고 느끼며, 중국어의 필요성을 실감했습니다.

> **BEFORE** 저의 고등학교는 호주에 중국인이 지은 학교로서 매일 중국인 선생님과 수업을 하였고 대학교에서도 중국어 수업이 있었기 때문에 중국어에 대한 호기심과 배우고 싶다는 열망을 계속 돋구웠고 제 인생에서 중국어와 뗄 수 없다는 생각을 하게 되었습니다.
>
> **HOW** '저의', '제 인생'은 생략해야 하는 자기 지칭 표현입니다. 또한, '돋구웠고'처럼 맞춤법이 틀린 표현은 반드시 수정해야 합니다. 맞춤법은 포털 사이트에서 제공하는 서비스를 통해 쉽게 확인할 수 있습니다. 긴 문장을 분절하고, 내용에 따라 표현을 수정합니다. '중국어와 뗄 수 없다'처럼 은유가 섞인 표현은 지양합니다. 문단 말미이므로 '선택했다'와 같은 직설적인 표현이 뚜렷한 인상을 남기는 데 더 효과적입니다.
>
> **AFTER** 호주에서 중국인이 운영하는 고등학교를 다니며 중국인 선생님의 수업을 들었습니다. 또한, 대학교에서도 중국어 수업을 들으며 중국어에 대한 열정을 키워 왔습니다. ○○대학교에서 중국어를 더욱 깊이 학습하고자 중어 중문학을 선택했습니다.

▼

GOOD 👍

중국 여행에서 강렬한 인상을 받았습니다. 한국과 비슷한 중국인의 외모는 거리낌 없이 중국 환경에 어울릴 수 있는 편안함을 선사했고, 상상 이상의 매력적인 음식 문화에 연이어 감탄했습니다. 독특한 중국인의 사고방식과 스케일이 남다른 도시 경관은 문화적 충격에 가까웠습니다. 상해 동방명주의 야경은 세계 중심으로 뻗어 나가는 중국의 모습을 여과 없이 그려 내고 있어 가장 인상이 깊었습니다. 이러한 중국의 모습을 보며 한중 교류 전문가라는 꿈을 마음에 담을 수 있었습니다. 급격히 성장하고 있는 중국은 10년 후에는 미국과 유사한 수준의 GDP에 이를 것이라는 관측을 자신 있게 내보이고 있습니다. 이는 중국어가 영어처럼 전 세계적 언어 반열에 오를 수 있음을 의미합니다. 중국의 발전 상황을 보고 느끼며, 중국어의 필요성을 실감했습니다. 호주에서 중국인이 운영하는 고등학교를 다니며 중국인 선생님의 수업을 들었습니다. 또한, 대학교에서도 중국어 수업을 들으며 중국어에 대한 열정을 키워 왔습니다. ○○대학교에서 중국어를 더욱 깊이 학습하고자 중어 중문학을 선택했습니다.

• 사례 ❸

　　학생들에게 수학 교육 봉사를 하고 있습니다. 봉사를 하면서 느낀 점은 수험 생활을 하면서 했던 수학과는 너무 달랐습니다. 학생들을 가르치기 위해서는 개념들을 유기적으로 사고를 해야 했습니다. 그렇게 수학을 하다 보니 알고 있었던 것임에도 재밌게 공부를 했습니다. 단지 재밌어서 가고 싶다는 것은 아닙니다. 대학 수학을 독학해 보면서 '내가 수학과를 가면 몰두해서 공부할 수 있겠다.'라는 생각을 하게 되었습니다.

▼

BEFORE 학생들에게 수학 교육 봉사를 하고 있습니다.

HOW 수정 전 문장의 구조를 그대로 활용할 경우, '학생들에게 수학을 가르치는 봉사를 하고 있습니다'가 올바른 표현입니다. '수학 교육'이라는 어휘가 핵심 사항이자 의미 전달에도 용이한 까닭에 이에 맞춰 문장을 수정합니다.

AFTER 학생들을 대상으로 수학 교육 봉사를 수행하고 있습니다.

BEFORE 봉사를 하면서 느낀 점은 수험 생활을 하면서 했던 수학과는 너무 달랐습니다.

HOW 수정 전 문장 구조를 그대로 활용한다면, '봉사를 하면서 느낀 점은 수험 생활을 하면서 했던 수학과는 너무 달랐다는 것입니다'라고 표현해야 올바릅니다. 위 문장에서 '하면서 했던'과 '너무'는 수정이 필요한 표현입니다. 심지어 '하면서'가 두 차례 등장하는데, 이는 반드시 다듬어야 하는 부분입니다. 의미 전달과 표현의 정확성을 높이기 위해 동사와 부사를 변경합니다.

AFTER 봉사를 통해 접한 수학은 수험 생활 중 배웠던 느낌과 상당한 차이를 보였습니다.

BEFORE 학생들을 가르치기 위해서는 개념들을 유기적으로 사고를 해야 했습니다.

HOW '개념을 사고하다'처럼 부적절한 표현은 의미 전달이 가능한 표현으로 수정해야 합니다.

AFTER 학생들에게 해당 내용을 설명하기 위해서는 개념들을 유기적으로 연결하는 연습을 해야 했고, 준비도 필요했습니다.

> **BEFORE** 그렇게 수학을 하다 보니 알고 있었던 것임에도 재밌게 공부를 했습니다.
>
> **HOW** 막연히 '재미있었다'는 설명은 전달하는 바가 지나치게 제한적입니다. '수학 원리'를 중심 어휘로 삼아 재미를 느낀 이유를 추가 기술합니다. 단순한 감상과 느낀 점을 표현하는 데 그쳐서는 안 됩니다. 알맹이 있는 글을 쓰기 위해서는 항상 내용에 유의해야 합니다.
>
> **AFTER** 이러한 과정으로 수학 원리를 탐구하자 이미 알고 있던 내용도 새롭게 다가와 재미있게 수학을 학습할 수 있었습니다.

> **BEFORE** 단지 재밌어서 가고 싶다는 것은 아닙니다.
>
> **HOW** 구어체의 대표적 사례라고 할 수 있는 문장입니다. 작성 시 맞춤법에도 유의하기 바랍니다.
>
> **AFTER** 수학과에 진학을 희망하는 이유는 단순히 재미 때문만은 아닙니다.

> **BEFORE** 대학 수학을 독학해 보면서 '내가 수학과를 가면 몰두해서 공부할 수 있겠다.'라는 생각을 하게 되었습니다.
>
> **HOW** 수정 전 문장에는 독백이 등장합니다. 게다가 마지막 문장임에도 종결 내용이 없습니다. 문어체와 구어체의 혼용으로 인한 부조화를 확인할 수 있는 사례입니다. 마찬가지로 구어체에 가까운 표현인 '해 보면서'는 '하면서'로 변경합니다. 마지막 문장을 추가해 내용을 종결합니다. 문장 수정에 두려움을 느끼지 말고, 적극적으로 추가 및 생략을 반복해야 합니다. 자신의 생각을 독백의 형식으로 간접 표현한 시도 자체가 문장 작성에 대한 두려움을 의미합니다. 자신감을 표출하는 것이 무엇보다 중요합니다.
>
> **AFTER** 대학 수학을 독학하면서 수학과에서 전공 학습에 몰두해 열의를 보이는 모습을 쉽게 떠올릴 수 있었기 때문입니다. ㅇㅇ대학교에서 집중과 몰입으로 재미있게 전공을 학습하겠습니다.

▼

학생들을 대상으로 수학 교육 봉사를 수행하고 있습니다. 봉사를 통해 접한 수학은 수험 생활 중 배웠던 느낌과 상당한 차이를 보였습니다. 학생들에게 해당 내용을 설명하기 위해서는 개념들을 유기적으로 연결하는 연습을 해야 했고, 준비도 필요했습니다. 이러한 과정으로 수학 원리를 탐구하자 이미 알고 있던 내용도 새롭게 다가와 재미있게 수학을 학습할 수 있었습니다. 수학과에 진학을 희망하는 이유는 단순히 재미 때문만은 아닙니다. 대학 수학을 독학하면서 수학과에서 전공 학습에 몰두해 열의를 보이는 모습을 쉽게 떠올릴 수 있었기 때문입니다. ○○대학교에서 집중과 몰입으로 재미있게 전공을 학습하고 싶습니다.

• 사례 ❹

경영과 관련된 토론만큼 재미있는 토론은 없을 것입니다. 경영학의 매력은 경영의 방침에 명확한 해답이 없기 때문에 다수의 의견을 토론을 통해 모아 가장 적합한 방안을 모색하는 것입니다. 전적 대학에서 경영학을 전공할 때마다 강의 시간에 수 많은 학생들끼리 경영 이론에 대해 토의를 하는 것은 큰 희열이었습니다. 사람들과 하나의 주제를 활용해 토론을 벌이는 것을 좋아했기 때문에 같은 경영학과 동급생들과 밤마다 학습한 경영학에 대한 토론을 하는 것을 즐겼습니다. 5~6명의 학생들이 기숙사에 모여서 그 날 학습한 것에 대한 토론을 벌이는 것은 하루하루 큰 기쁨이었습니다.

토론에서 다른 학생들의 생각을 듣는 것은 비좁던 경영에 대한 생각을 크게 넓히는데 크게 일조했습니다. 특히 외국인 동료들의 의견을 들으면서 국제 경영에 대한 비좁았던 지식과 의견이 끊임없이 커지게 되었습니다. 특히 인도나 멕시코 출신의 동료가 자신의 국가의 경영 실패 사례와 성공 사례를 들며 자신들의 주장을 훌륭히 옹호할 때마다 새로운 정보를 듣고 있다는 기쁨에 빠졌습니다. 국제 경영을 전공하고 싶은 만큼 수많은 국가들의 독특한 경영 방침을 들을 때마다 지식이 크게 늘어난다는 것이었고 그 재미에 익숙해져 자칭 토론신으로 부르곤 했습니다.

○○대학교는 경영에 대한 활발한 토론을 만들어 내는 강의가 매우 많다는 것을 확인했습니다. 뉴스에 따르면 경영 이수 과목 '기업 경영 환경 이해와 경제 뉴스 읽기'에서 나타난 토론은 가장 이상적인 토론의 공간을 훌륭하게 만들어 내었습니다. 전적 대학보다 더욱 많은 학생들이 더 넓은 공간에서 더욱 다양한 주제로 토론을 할 수 있다면 그보다 더욱 기쁜 활동이 없습니다. 토론의 공간을 자유롭게 만들어 낼 수 있는 대학에서 경영학은 토론을 좋아하는 학생에게는 가장 적합한 전공이라고 여깁니다. 그러한 이유로 경영학과에 편입하고 싶은 것입니다.

SOLUTION

BEFORE 경영과 관련된 토론만큼 재미있는 토론은 없을 것입니다.

HOW '토론'이 한 문장에 두 번 등장했습니다. 이는 'ㅇㅇ라는 것은 ㅇㅇ하는 것입니다'와 같이 부자연스러운 표현에 해당합니다. 수정 전 문장의 '없을 것'과 다음 문장의 '모색하는 것'에서 볼 수 있듯이 '것'으로 종결하는 문장 구조가 두 차례 연이어 나타났는데, 이러한 방식으로는 신선한 인상을 주기 어렵습니다. 게다가 '토론이 재미있다'가 내용의 전부인 문장이라 완결성도 부족합니다. 부정문으로 시작한 것도 적절한 접근 방식이라고 할 수 없습니다. 토론이 재미있는 이유를 기술하고, 불필요한 표현을 삭제해 의미를 정확하게 전달할 수 있는 표현을 추가합니다.

AFTER 경영을 주제로 토론할 경우, 명확한 해답이 없는 까닭에 흥미로운 주장과 사례를 접하며 시야를 넓힐 수 있습니다.

BEFORE 경영학의 매력은 경영의 방침에 명확한 해답이 없기 때문에 다수의 의견을 토론을 통해 모아 가장 적합한 방안을 모색하는 것입니다.

HOW 문장 내용을 분할하고, 부연 설명 형식으로 수정합니다.

AFTER 또한, 다수의 의견을 수렴해 가장 적합한 방안으로 해결 방안을 모색할 수 있습니다.

BEFORE 전적 대학에서 경영학을 전공할 때마다 강의 시간에 수 많은 학생들끼리 경영 이론에 대해 토의를 하는 것은 큰 희열이었습니다.

HOW 표현의 의미를 반드시 점검해야 합니다. '경영학을 전공할 때마다'라는 표현은 적절하지 않습니다. '학생들끼리'는 구어체 표현입니다. 이는 '학생들과'로 쉽게 수정이 가능합니다.

AFTER 전적 대학교에서 경영학을 전공하며 수많은 학생들과 경영 이론에 대해 토론을 펼치는 과정은 무척 즐거웠습니다.

BEFORE 사람들과 하나의 주제를 활용해 토론을 벌이는 것을 좋아했기 때문에 같은 경영학과 동급생들과 밤마다 학습한 경영학에 대한 토론을 하는 것을 즐겼습니다.

> **HOW** '사람들과 토론하기를 좋아한다'는 내용을 언급할 필요 없이 토론 경험을 직접 언급함으로써 내용의 반복을 피할 수 있습니다. 토론 경험이 토론에 대한 기호를 반영하기 때문입니다. '하나의 주제'에는 양사가 없고, 구어체 표현이 다분합니다. '한 가지 주제'로 표현을 정정해 줍니다. '밤마다'처럼 과장이 섞인 표현은 사용하지 않는 편이 낫습니다. 사실을 보여 주면 판단은 읽는 사람이 합니다. 사실과 그 사실이 의미하는 바를 적시하는 것이 자기소개서 작성의 기본입니다.

> **AFTER** 한 가지 주제에 대해 토론하며 경영학과 동급생들과 주장을 뒷받침하는 사례를 찾고자 늦은 시간까지 학습에 매진했습니다.

> **BEFORE** 5~6명의 학생들이 기숙사에 모여서 그 날 학습한 것에 대한 토론을 벌이는 것은 하루하루 큰 기쁨이었습니다.

> **HOW** 위 문장에서 인원수는 중요한 사항이 아닙니다. 수량의 대략적인 범위가 정확성과 신빙성을 방증하는 경우도 아니므로 5명 혹은 6명이라고 확실한 숫자를 언급해야 합니다. '하루하루 큰 기쁨'은 일기장에나 쓰는 지극히 가벼운 표현입니다. 또한, 특정 행위에 의한 기쁨은 일회성을 내포하고 있어 단순한 감정 표현에 지나지 않습니다. 행위로 인해 얻은 바를 소개해야 유의미한 내용을 확보할 수 있습니다.

> **AFTER** 6명의 학생들이 기숙사에 모여 당일 학습한 내용에 대해 토론하는 과정은 복습의 효과도 있었습니다.

> **BEFORE** 토론에서 다른 학생들의 생각을 듣는 것은 비좁던 경영에 대한 생각을 크게 넓히는데 크게 일조했습니다.

> **HOW** 과거의 상태를 묘사하고자 '비좁다'를 사용했는데, 부정적인 어휘를 활용해 자신의 변화상을 강조할 필요가 있는 부분은 아닙니다. '색다른 시각'이라는 표현으로 대체합니다.

> **AFTER** 토론 중 다른 학생들의 주장을 경청하며 색다른 시각을 체험할 수 있었고, 시야와 인식의 폭을 넓히는 데 도움을 받았습니다.

> **BEFORE** 특히 외국인 동료들의 의견을 들으면서 국제 경영에 대한 비좁았던 지식과 의견이 끊임없이 커지게 되었습니다.

HOW 동일한 어휘 '비좁다'가 반복해 등장했습니다. 지식과 의견이 커질 수는 없습니다. 구어체로는 문제가 없지만, 문어체로는 부자연스럽습니다. '지식을 보충하다', '지식을 확충하다', '지식의 저변을 넓히다', '지식을 확대하다' 등 관련 표현은 무궁무진합니다.

AFTER 특히, 외국인 학생들의 의견을 들으면서 국제 경영에 대한 부족한 지식을 보충할 수 있었습니다.

BEFORE 특히 인도나 멕시코 출신의 동료가 자신의 국가의 경영 실패 사례와 성공 사례를 들며 자신들의 주장을 훌륭히 옹호할 때마다 새로운 정보를 듣고 있다는 기쁨에 빠졌습니다.

HOW '특히'가 연속해 등장하는데, 이러한 경우 작성자의 성의가 느껴지지 않아 부정적인 인상을 남길 우려가 있습니다. '기쁨에 빠졌다'에서 본인의 감정을 드러내고 있습니다. 자기소개서처럼 진지한 글에서는 슬픔과 기쁨이 중요한 사항이 아닙니다. 기쁨과 슬픔을 느낄 만한 행위에서 본인이 얻거나 깨달은 바를 결과로 제시해야 문장이 특정 의미를 띱니다.

AFTER 인도나 멕시코 출신의 학생이 소개하는 국가 경영 실패 사례와 성공 사례를 통해 새로운 정보를 많이 접했습니다.

BEFORE 국제 경영을 전공하고 싶은 만큼 수많은 국가들의 독특한 경영 방침을 들을 때마다 지식이 크게 늘어난다는 것이었고 그 재미에 익숙해져 자칭 토론신으로 부르곤 했습니다.

HOW 이전 문장에서 언급한 외국 학생들의 이야기를 '다양한 국가들'로 연결하며 자연스럽게 문장을 기술했습니다. 이와 같이 접속사를 사용하지 않고 문장을 이어갈 수 있습니다. '토론신'은 자기소개서의 무게감과 도무지 어울리지 않습니다. 간혹 애교의 수단으로 10대가 사용하는 은어나 즉흥적인 합성어를 자기소개서에 활용하는 경우도 있는데, 이는 대단한 착각에서 비롯된 실수입니다. 생략과 삭제를 과감히 적용해야 하는 경우입니다.

AFTER 다양한 국가들의 독특한 경영 방침을 들을 때마다 지식의 총량이 늘어났고, 국제 경영에 대한 감각도 배양할 수 있었습니다.

- **BEFORE** ○○대학교는 경영에 대한 활발한 토론을 만들어 내는 강의가 매우 많다는 것을 확인했습니다.
- **HOW** '토론 강의가 많다는 것을 확인했다'는 '토론 강의가 많다'로 표현해도 사실 여부가 바뀌지 않습니다. 불필요한 표현을 간결하게 수정하는 것이 항상 중요합니다.
- **AFTER** ○○대학교에는 경영 관련 토론 강의가 많습니다.

- **BEFORE** 뉴스에 따르면 경영 이수 과목 '기업 경영 환경 이해와 경제 뉴스 읽기'에서 나타난 토론은 가장 이상적인 토론의 공간을 훌륭하게 만들어 내었습니다.
- **HOW** 문장을 이해하기 어렵다는 것은 자기소개서 문장으로 적합하지 않다는 의미입니다. 핵심 어휘를 중심으로 간략하게 약식 기술한 후, 표현을 보충하는 방식으로 문장을 작성해 보기 바랍니다. 두 번 이상 읽었음에도 대략적으로 밖에 이해할 수 없는 문장은 과감히 삭제하고 다시 작성하는 편이 낫습니다.
- **AFTER** 뉴스에서 접한 '기업 경영 환경 이해와 경제 뉴스 읽기'를 통해 이상적인 토론 모습을 확인할 수 있었습니다.

- **BEFORE** 전적 대학보다 더욱 많은 학생들이 더 넓은 공간에서 더욱 다양한 주제로 토론을 할 수 있다면 그보다 더욱 기쁜 활동이 없습니다.
- **HOW** '기쁨'을 습관적으로 사용하고 있습니다. 문장 표현을 다양하게 구성하는 연습이 필요합니다. 토론이 '왜' 유용한지 부연 설명하며 단순한 감정 표현을 의미 있는 내용으로 변경합니다.
- **AFTER** 많은 학생들과 다양한 주제에 대해 토론하며 양질의 정보를 얻고, 이를 통해 진정한 배움의 과정을 체험할 수 있다고 생각합니다.

- **BEFORE** 토론의 공간을 자유롭게 만들어 낼 수 있는 대학에서 경영학은 토론을 좋아하는 학생에게는 가장 적합한 전공이라고 여깁니다.
- **HOW** 경영학과 토론을 지나치게 작위적으로 연결했고, 본인의 전공 적합성까지 스스로 판단했습니다. 내용의 부자연스러움과 자신의 판단이 담긴 문장이므로 수정이 불가피합니다. 본인의 학습 의지 피력으로 마무리하는 것이 글의 흐름상 더욱 적절합니다.

> **AFTER** 자유로운 토론 문화가 자리매김한 ○○대학교에서 경영학에 대한 토론을 활발히 진행하며 한층 성장하고 싶습니다.

> **BEFORE** 그러한 이유로 경영학과에 편입하고 싶은 것입니다.
>
> **HOW** 전공 선택 이유를 기술하는 항목에서 '편입하고 싶다'로 마무리하는 방식은 유효하지 않습니다. 주체적인 모습을 보여 주는 '선택했다'로 종결 동사를 수정합니다. 구어체 표현은 문어체로 바꿔야 합니다. 'ㅇㅇ하고 싶은 것이다'는 'ㅇㅇ하고 싶다'로 간략하게 변경할 수 있습니다. 항상 늘어지는 표현을 지양하기 바랍니다.
>
> **AFTER** 이에 따라 경영학과를 선택했습니다.

▼

GOOD 👍

　경영을 주제로 토론할 경우, 명확한 해답이 없는 까닭에 흥미로운 주장과 사례를 접하며 시야를 넓힐 수 있습니다. 또한, 다수의 의견을 수렴해 가장 적합한 방안으로 해결 방안을 모색할 수 있습니다. 전적 대학교에서 경영학을 전공하며 수많은 학생들과 경영 이론에 대해 토론을 펼치는 과정은 무척 즐거웠습니다. 한 가지 주제에 대해 토론하며 경영학과 동급생들과 주장을 뒷받침하는 사례를 찾고자 늦은 시간까지 학습에 매진했습니다. 6명의 학생들이 기숙사에 모여 당일 학습한 내용에 대해 토론하는 과정은 복습의 효과도 있었습니다.

　토론 중 다른 학생들의 주장을 경청하며 색다른 시각을 체험할 수 있었고, 시야와 인식의 폭을 넓히는 데 도움을 받았습니다. 특히, 외국인 학생들의 의견을 들으면서 국제 경영에 대한 부족한 지식을 보충할 수 있었습니다. 인도나 멕시코 출신의 학생이 소개하는 국가 경영 실패 사례와 성공 사례를 통해 새로운 정보를 많이 접했습니다. 다양한 국가들의 독특한 경영 방침을 들을 때마다 지식의 총량이 늘어났고, 국제 경영에 대한 감각도 배양할 수 있었습니다.

　○○대학교에는 경영 관련 토론 강의가 많습니다. 뉴스에서 접한 '기업 경영 환경 이해와 경제 뉴스 읽기'를 통해 이상적인 토론 모습을 확인할 수 있었습니다. 많은 학생들과 다양한 주제에 대해 토론하며 양질의 정보를 얻고, 이를 통해 진정한 배움의 과정을 체험할 수 있다고 생각합니다. 자유로운 토론 문화가 자리매김한 ○○대학교에서 경영학에 대한 토론을 활발히 진행하며 한층 성장하고 싶습니다. 이에 따라 경영학과를 선택했습니다.

• 사례 ❺

BAD 👎

20X4학년도 2학기에 ○○대학교로 교류 학생을 가본 경험이 있습니다. 그곳에서 신문 방송학과 교양을 들었을 때 기존 전공과는 다른 실무 위주의 수업을 듣고 흥미를 갖게 되어 신문 방송학과라는 전공에 대해 관심을 갖게 되었습니다. 그 후 신문 방송학과에 대한 많은 조사를 한 결과 진정으로 언론의 역할을 알게 되었습니다. 언론이란 현대 사회에서의 필수불가결한 것으로서 모든 사람들의 눈과 귀의 역할을 하게 되는 것임을 깨달았습니다. 조사를 마치고 난 후 저의 마음 속에는 올바른 언론인이 되어서 사람들에게 올바른 정보를 전하는 사람이 되고자 하는 마음이 더욱 더 굳세어졌습니다. 이전 전공인 중어 중문학을 통해 전세계의 정보를 빠르게 이해하고 보다 더 전문적인 신문 방송학적 지식으로서 내용을 전달하고자 선택하게 되었습니다.

▼

SOLUTION 🖱️

BEFORE 20X4학년도 2학기에 ○○대학교로 교류 학생을 가본 경험이 있습니다.

HOW 2학기라는 구체적 기간 명시는 내용과 관련도가 높지 않으므로 생략합니다. '가본 경험'이란 표현은 기정 사실을 지나칠 정도로 조심스럽게 다루고 있다는 인상을 남깁니다. '과정을 거쳤다', '과정을 경험했다'로 수정하는 편이 사실을 알리는 표현에 더욱 적합합니다.

AFTER 20X4년에 ○○대학교에서 교류 학생 과정을 거쳤습니다.

BEFORE 그곳에서 신문 방송학과 교양을 들었을 때 기존 전공과는 다른 실무 위주의 수업을 듣고 흥미를 갖게 되어 신문 방송학과라는 전공에 대해 관심을 갖게 되었습니다.

HOW 문장 내용이 연결되므로 '그곳에서'라는 표현은 불필요합니다. 핵심은 '신문 방송학', '실무 위주'입니다. '흥미를 갖게'와 '관심을 갖게'가 동일 문장에서 반복되고 있어 수정합니다. 핵심 어휘를 중심으로 표현을 가다듬어야 합니다.

AFTER 신문 방송학과 교양을 수강하며 실무 위주의 커리큘럼에 깊은 인상을 받았고, 이를 계기로 신문 방송학 전공에 관심이 생겼습니다.

BEFORE 그 후 신문 방송학과에 대한 많은 조사를 한 결과 진정으로 언론의 역할을 알게 되었습니다.

▶ HOW   내용이 없는 문장입니다. '전공 관련 조사'가 유일한 핵심 어휘입니다. 다음 문장에 포괄해 작성합니다.

▶ AFTER   (해당 문장 삭제)

▶ BEFORE   언론이란 현대 사회에서의 필수불가결한 것으로서 모든 사람들의 눈과 귀의 역할을 하게 되는 것임을 깨달았습니다.

▶ HOW   상식 수준의 내용을 전공 선택의 계기로 삼고 있습니다. 이러한 경우는 의미 없는 내용의 나열보다는 간결한 작성으로 접근하는 것이 더욱 효과적입니다.

▶ AFTER   관련 전공 지식을 조사하며 언론의 역할을 알 수 있었고, 전 세계가 연결된 현대 사회에서 언론의 영향력이 막대하다는 사실도 확인했습니다.

▶ BEFORE   조사를 마치고 난 후 저의 마음 속에는 올바른 언론인이 되어서 사람들에게 올바른 정보를 전하는 사람이 되고자 하는 마음이 더욱 더 굳세어졌습니다.

▶ HOW   '저의', '더욱 더', '굳세어지다'는 수정이 필요한 표현입니다. 조사 내용과 진로 설정 관계를 문장 내용 중에서는 찾아볼 수 없습니다. '언론 환경 개선의 필요성'을 중점 사항으로 삼아 조사 내용과 결부합니다.

▶ AFTER   다양한 사례를 통해 언론 환경의 개선이 필요함을 파악했고, 올바른 정보를 토대로 더 나은 사회를 만드는 데 일조하는 언론인을 목표로 설정했습니다.

▶ BEFORE   이전 전공인 중어 중문학을 통해 전세계의 정보를 빠르게 이해하고 보다 더 전문적인 신문 방송학적 지식으로서 내용을 전달하고자 선택하게 되었습니다.

▶ HOW   '신문 방송학적 지식'이란 표현이 내용 이해를 어렵게 만듭니다. 이전 전공을 접목한 시도는 상당히 탁월합니다. 수동적인 인상을 남기는 '선택하게 되었다'는 '선택했다'로 바꿔 능동성을 강조합니다.

▶ AFTER   전적 대학교에서 전공한 중어 중문학 지식을 활용해 국외 정보를 빠르게 이해하고, 내용 전달에 전문성을 더하고자 신문 방송학을 선택했습니다.

▼

GOOD 👍

20X4년에 ○○대학교에서 교류 학생 과정을 거쳤습니다. 신문 방송학과 교양을 수강하며 실무 위주의 커리큘럼에 깊은 인상을 받았고, 이를 계기로 신문 방송학 전공에 관심이 생겼습니다. 관련 전공 지식을 조사하며 언론의 역할을 알 수 있었고, 전 세계가 연결된 현대 사회에서 언론의 영향력이 막대하다는 사실도 확인했습니다. 다양한 사례를 통해 언론 환경의 개선이 필요함을 파악했고, 올바른 정보를 토대로 더 나은 사회를 만드는 데 일조하는 언론인을 목표로 설정했습니다. 전적 대학교에서 전공한 중어 중문학 지식을 활용해 국외 정보를 빠르게 이해하고, 내용 전달에 전문성을 더하고자 신문 방송학을 선택했습니다.

• 사례 ❻

BAD 👎

환경 공학을 전공하며 현대 사회에서 인간과 환경 사이에 문제점들을 느끼며 여러 가지 해결방안에 관심을 가지게 되었습니다. 환경 보존, 생태학과 미생물학 실험 중심으로 수업을 이수하며 현대 사회에 인간과 환경 사회에 깊은 관계를 배울 수 있었습니다. 최근 현대 사회에 환경 문제와 인간이 느끼는 피해가 많은 사회 이슈로 떠오르고 있습니다. 환경 보존, 생태학에서 배운 지식을 가지고 현대 사회에 문제점을 빠르게 파악하고 해결 방안에 도움이 되는 전문가로 성장하고자 화학 전공을 선택했습니다. ○○대학교의 우수한 교육 환경의 화학과에서 지식과 능력을 함양하며 열심히 배우고자 합니다.

▼

SOLUTION 🖱

BEFORE 환경 공학을 전공하며 현대 사회에서 인간과 환경 사이에 문제점들을 느끼며 여러 가지 해결방안에 관심을 가지게 되었습니다.

HOW 문제점에 대한 설명이 없어 해당 내용을 삽입합니다. 다음 문장과 자연스럽게 연결할 수 있도록 문장을 나눕니다.

AFTER 환경 공학을 전공하며 인간과 환경의 공존에 대해 관심을 갖기 시작했습니다. 산업 발전에 따른 환경 파괴는 현대 사회가 직면하고 있는 심각한 문제입니다.

BEFORE 환경 보존, 생태학과 미생물학 실험 중심으로 수업을 이수하며 현대 사회에 인간과 환경 사회에 깊은 관계를 배울 수 있었습니다.

- **HOW** 이전 문장에서 언급한 '해결 방안에 대한 고려'와 연결해 문장 종결 동사를 '연구하다'로 수정합니다.
- **AFTER** 환경 보존, 생태학, 미생물학 실험 등의 수업을 집중적으로 이수하며 더 나은 환경을 조성하는 방법에 대해 연구했습니다.

- **BEFORE** 최근 현대 사회에 환경 문제와 인간이 느끼는 피해가 많은 사회 이슈로 떠오르고 있습니다.
- **HOW** '현대 사회', '인간과 환경'이 문장마다 등장하고 있어 조절이 필요합니다. 특정 어휘를 과도하게 반복하는 것은 표현의 다양성을 축소합니다. '사회 이슈'는 '언론의 조명과 대중의 관심'으로 바꿔 쓸 수 있습니다. 이처럼 반복을 우회할 수 있는 표현 방식은 많습니다.
- **AFTER** 각종 피해 사례가 언론의 조명을 받으며 환경 보호에 대한 대중의 관심도 높아지고 있습니다.

- **BEFORE** 환경 보존, 생태학에서 배운 지식을 가지고 현대 사회에 문제점을 빠르게 파악하고 해결 방안에 도움이 되는 전문가로 성장하고자 화학 전공을 선택했습니다.
- **HOW** 이전 전공 지식을 활용한 점은 우수합니다. 불필요한 내용을 정리하고 핵심 내용 위주로 간결하게 문장을 가다듬어야 합니다.
- **AFTER** 이와 같은 상황에서 환경과 생태 지식을 바탕으로 문제 해결을 이끌어 내고자 화학을 전공으로 선택했습니다.

- **BEFORE** ○○대학교의 우수한 교육 환경의 화학과에서 지식과 능력을 함양하며 열심히 배우고자 합니다.
- **HOW** 이전 문장에서 생략한 '전문가'를 마지막 문장에서 활용하며 균형 있게 문단을 마무리합니다. 어휘의 위치 조절만으로도 내용의 단순 반복을 최소화할 수 있습니다.
- **AFTER** ○○대학교의 우수한 교육 환경에서 화학을 심도 있게 배워 전문가로 거듭나겠습니다.

▼

　환경 공학을 전공하며 인간과 환경의 공존에 대해 관심을 갖기 시작했습니다. 산업 발전에 따른 환경 파괴는 현대 사회가 직면하고 있는 심각한 문제입니다. 환경 보존, 생태학, 미생물학 실험 등의 수업을 집중적으로 이수하며 더 나은 환경을 조성하는 방법에 대해 연구했습니다. 각종 피해 사례가 언론의 조명을 받으며 환경 보호에 대한 대중의 관심도 높아지고 있습니다. 이와 같은 상황에서 환경과 생태 지식을 바탕으로 문제 해결을 이끌어 내고자 화학을 전공으로 선택했습니다. ○○대학교의 우수한 교육 환경에서 화학을 심도 있게 배워 전문가로 거듭나겠습니다.

• 사례 ❼

　전 학교에서 시각 디자인과를 전공하며 창의적 능력과 기본적인 마케팅에 대해 배웠습니다. 기업들의 마케팅으로 사람들을 움직이는 힘에 매력을 느꼈고, 이에 경영학에 관심을 가지게 되어 경영학 학사를 공부하였습니다. 이제 정보화, 세계화에 따라 글로벌 진출은 선택이 아니라 필수가 되었기에 단순한 인재가 아닌 글로벌 인재에게 기회가 주어질 것입니다. 이에 따라 시각 디자인과를 통해 배운 독창적으로 생각하는 습관과 더불어 경영학을 더 깊이 있게 배워 글로벌 리더가 되기 위해 경영학 전공을 선택했습니다. 경영학은 학문의 역사가 짧습니다. 이는 아직 개척되지 않은 새로운 영역이 많다는 것이라는 뜻일 수 있습니다. ○○대의 경영학과에서 경영인이 갖추어야할 능력을 배우며 자신만의 새로운 경영을 탐구하겠습니다.

SOLUTION

BEFORE 전 학교에서 시각 디자인과를 전공하며 창의적 능력과 기본적인 마케팅에 대해 배웠습니다.

HOW '전 학교'보다 '전적 대학교'가 더 적절한 표현입니다. 동일한 속성을 병렬해 나열하는 것이 내용과 표현의 통일성을 높입니다. '창의적 능력과 마케팅을 배웠다'에서 창의적 능력과 마케팅은 상호 연결하기 어려운 요소입니다. 이를 '창의력과 마케팅 역량'으로 변환하면 종결 동사와도 어울리고, 통일감도 느낄 수 있습니다.

AFTER 전적 대학교에서 시각 디자인을 전공하며 창의력과 마케팅 역량을 배양했습니다.

BEFORE 기업들의 마케팅으로 사람들을 움직이는 힘에 매력을 느꼈고, 이에 경영학에 관심을 가지게 되어 경영학 학사를 공부하였습니다.

HOW '사람을 움직이는 힘'이 가리키는 내용이 다소 모호하므로 '대중이 반응하는 모습'으로 바꿔 구체화합니다. '경영학에 관심을 가지게 되어 경영학 학사를 공부했다'는 문장에서는 '경영학'이 무의미하게 반복되고 있습니다. 마치 '공부하고 싶어 공부했다', '달리고 싶어 달렸다'처럼 당위에 대한 설명 없이 단순히 자신의 심적 상태를 강조할 때 사용하는 표현과 유사한 구조를 보입니다. 위 문장은 의지를 다지거나 심적 변화를 드러내는 부분이 아닙니다. 전공을 선택한 계기를 설명하는 부분에 해당하므로 이와 같은 표현은 부적절합니다.

AFTER 기업이 주도하는 마케팅에 대중이 반응하는 모습을 보며 마케팅을 포함한 경영학 전반에 매력을 느꼈습니다.

BEFORE 이제 정보화, 세계화에 따라 글로벌 진출은 선택이 아니라 필수가 되었기에 단순한 인재가 아닌 글로벌 인재에게 기회가 주어질 것입니다.

HOW 경영학과 글로벌 인재를 연결할 만한 개연성이 없습니다. 정보화와 세계화를 핵심으로 삼아 글로벌 역량이 필요함을 드러내는 문장으로 가다듬습니다.

AFTER 정보화와 세계화 시대에 힘입어 글로벌 감각을 갖춘 인력에 대한 수요가 빠르게 늘고 있습니다.

BEFORE 이에 따라 시각 디자인과를 통해 배운 독창적으로 생각하는 습관과 더불어 경영학을 더 깊이 있게 배워 글로벌 리더가 되기 위해 경영학 전공을 선택했습니다.

HOW 문두에서 사용한 핵심 어휘 '창의력'을 재차 언급해 내용의 연결성을 강화합니다. 수정 전 문장에서는 이전 문장과 마찬가지로 '경영학'을 남발하고 있습니다. 이와 같은 불필요한 반복은 반드시 줄여야 합니다. 막연히 글로벌 리더가 되겠다는 이야기는 설득력이 부족합니다. 전적 대학교 전공의 특성을 토대로 글로벌 리더로서 이루고 싶은 목표를 삽입해 문장의 완결성을 더합니다.

AFTER 시각 디자인으로 익힌 창의력을 경영학에 접목해 글로벌 시장을 개척하는 리더로 거듭나는 것이 목표입니다.

> **BEFORE** 경영학은 학문의 역사가 짧습니다.

> **HOW** 의견 차이를 빚을 수 있는 표현은 삼갑니다.

> **AFTER** (해당 문장 삭제)

> **BEFORE** 이는 아직 개척되지 않은 새로운 영역이 많다는 것이라는 뜻일 수 있습니다.

> **HOW** 이전 문장과 연결된 내용이므로 전체 수정이 불가피합니다. '새로운 영역'은 배움에 대한 열정의 발판으로 활용할 수 있습니다.

> **AFTER** 경영학은 변화하는 시장에 따라 새로운 영역을 학습 과제로 제시합니다.

> **BEFORE** ○○대의 경영학과에서 경영인이 갖추어야 할 능력을 배우며 자신만의 새로운 경영을 탐구하겠습니다.

> **HOW** 수정 전 문장에 '경영'이 무려 세 차례 등장합니다. 경영학 전공자가 경영을 배우는 것은 지극히 당연합니다. 이는 과도한 반복에 해당합니다. 이전 문장에서 언급한 '새로운 영역'을 다시 사용하며 문장 간 연결성을 높일 수 있도록 수정합니다.

> **AFTER** ○○대학교 경영학과에서 시장을 다룰 수 있는 배움의 기틀을 다지고, 항상 새로운 영역을 탐구하며 발전하겠습니다.

GOOD 👍

전적 대학교에서 시각 디자인을 전공하며 창의력과 마케팅 역량을 배양했습니다. 기업이 주도하는 마케팅에 대중이 반응하는 모습을 보며 마케팅을 포함한 경영학 전반에 매력을 느꼈습니다. 정보화와 세계화 시대에 힘입어 글로벌 감각을 갖춘 인력에 대한 수요가 빠르게 늘고 있습니다. 시각 디자인으로 익힌 창의력을 경영학에 접목해 글로벌 시장을 개척하는 리더로 거듭나는 것이 목표입니다. 경영학은 변화하는 시장에 따라 새로운 영역을 학습 과제로 제시합니다. ○○대학교 경영학과에서 시장을 다룰 수 있는 배움의 기틀을 다지고, 항상 새로운 영역을 탐구하며 발전하겠습니다.

• 사례 ❽

BAD

　현대인들이 가장 오랜 시간을 보내는 공간인 건축물의 안전성은 무척이나 중요합니다. 전문대학에 기계과에 재학하면서 공대생으로써 꼭 필요한 미적분학, 역학, 여러 가지 실무적 이론에 대해 배워볼 수 있었습니다. 그 중 재료 역학과 기계 재료학을 공부하면서는 여러 가지 재료의 성질에 따라 합리적이면서도 경제적으로 안전하게 그 모양과 형상을 설계하고 제작하기 위해 필요한 이론에 대해 습득할 수 있었고, 이를 실제 건축에 적용해 안정성이 높은 건축을 할 때 알맞은 재료선택에 도움을 받을 수 있을 거라 생각합니다. 또한 실제 현장에서 실습을 하며 안전의 중요성을 몸소 체험해 볼 수 있었습니다. 이때 체감한 안전의 중요성을 건축물 설계에 적용해서 세계적으로 인정받을 수 있는 안전한 건축물을 건축 하는 것이 저의 목표입니다.

▼

SOLUTION

BEFORE 현대인들이 가장 오랜 시간을 보내는 공간인 건축물의 안전성은 무척이나 중요합니다.

HOW 핵심 어휘 '건물의 안전성'은 문두부터 문미까지 지속적으로 언급할 것이므로 문장을 분할해 강조합니다.

AFTER 현대인들은 대부분의 시간을 건축물의 공간에서 보냅니다. 이에 따라 건물의 안전성은 무엇보다 중요합니다.

BEFORE 전문대학에 기계과에 재학하면서 공대생으로써 꼭 필요한 미적분학, 역학, 여러 가지 실무적 이론에 대해 배워볼 수 있었습니다.

HOW 대학의 성격 여부는 중요하지 않습니다. 전적 대학교로 수정했습니다. 수강한 내용이 공학 과정을 의미하므로 '공대생으로서'는 불필요한 표현입니다.

AFTER 전적 대학교 기계과에서 미적분학, 역학, 공학 기본 이론 등을 배웠습니다.

BEFORE 그 중 재료 역학과 기계 재료학을 공부하면서는 여러 가지 재료의 성질에 따라 합리적이면서도 경제적으로 안전하게 그 모양과 형상을 설계하고 제작하기 위해 필요한 이론에 대해 습득할 수 있었고, 이를 실제 건축에 적용해 안정성이 높은 건축을 할 때 알맞은 재료선택에 도움을 받을 수 있을 거라 생각합니다.

> **HOW** 문장이 길어 이해하기가 어렵고, 수식 구조가 복잡하므로 문장을 분할합니다. '재료 선택에 도움을 받을 수 있을 것'과 같은 자신의 평가에 기반한 판단은 자기소개서 표현으로 적합하지 않습니다. 해당 내용은 목적으로 연결할 수 있습니다. 재료 선택 능력을 건축 안전성 향상의 유용한 수단으로 활용하겠다는 취지를 언급하며 자기 평가 부분을 대체합니다.

> **AFTER** 특히, 재료 역학과 기계 재료학을 통해 재료의 물성에 따라 합리성과 경제성을 고려하는 형상 설계 및 제작 이론을 익혔습니다. 건축의 안전성은 설계 구조뿐만 아니라 재료의 선택에도 영향을 받습니다. 전적 대학교에서 배운 내용을 활용해 건축 안전성 향상에 기여하고 싶습니다.

> **BEFORE** 또한 실제 현장에서 실습을 하며 안전의 중요성을 몸소 체험해 볼 수 있었습니다.

> **HOW** '몸소'는 체험에 포함된 내용입니다. '실제 현장'과 '실습'도 겹칩니다. 동일한 의미의 어휘는 동일 문장 내에서는 반복하지 않습니다. 접속사 '또한'을 적절히 사용했으나 문맥상 조사 '도'를 활용해도 문장 간 연결이 될 때는 굳이 접속사를 사용할 필요는 없습니다. 위의 경우는 '중요성을'을 '중요성도'로 바꿔 문장 내 '또한'의 역할을 대신합니다.

> **AFTER** 건축 현장에서 실습하며 안전에 대한 중요성도 체감했습니다.

> **BEFORE** 이때 체감한 안전의 중요성을 건축물 설계에 적용해서 세계적으로 인정받을 수 있는 안전한 건축물을 건축 하는 것이 저의 목표입니다.

> **HOW** 자기 지칭 어휘 '저의'는 적절하지 않습니다. 이전 문장에서 소개한 내용이므로 간결하게 핵심만 전달하는 방식으로 표현을 수정합니다.

> **AFTER** 건축물 설계에 지식과 경험을 접목해 안전한 건축을 시행하는 것이 목표입니다.

▼

GOOD 👍

현대인들은 대부분의 시간을 건축물의 공간에서 보냅니다. 이에 따라 건물의 안전성은 무엇보다 중요합니다. 전적 대학교 기계과에서 미적분학, 역학, 공학 기본 이론 등을 배웠습니다. 특히, 재료 역학과 기계 재료학을 통해 재료의 물성에 따라 합리성과 경제성을 고려하는 형상 설계 및 제작 이론을 익혔습니다. 건축의 안전성은 설계 구조뿐만 아니라 재료의 선택에도 영향을 받습니다. 전적 대학교에서 배운 내용을 활용해 건축 안전성 향상에 기여하고 싶습니다. 건축 현장에서 실습하며 안전에 대한 중요성도 체감했습니다. 건축물 설계에 지식과 경험을 접목해 안전한 건축을 시행하는 것이 목표입니다.

• 사례

BAD

처음으로 정역학이라는 과목을 수강하게 되었을 때, 생소한 개념들로 인해 수업도 따라가기 힘들고 했지만 배우면 배울수록 역학의 매력에 빠지게 되었습니다. 전적대 건설 환경 공학과에서 정역학을 배우고 유체의 운동에 대해서 연구하는 학문인 유체 역학과 하중에 대한 고체의 거동을 다루는 재료 역학을 통해서 기계 공학과에 기초가 되는 역학에 흥미를 느끼게 되었고 일상생활에서 조차도 우리가 모르는 역학적인 현상들이 일어난다는 점에서 전적대에서 배우지 않는 열역학도 배우고 싶다는 마음이 생겨서 지원하게 되었습니다. 또한, ○○대학교 기계 공학과에서 권위 있으신 교수님들에게 질 높은 역학 수업을 들으면 전적대 기계 공학과에서 수업을 듣는 것보다는 저의 지식의 수준을 높일 수 있는 최고의 기회라고 생각하여 지원하게 되었습니다.

SOLUTION

BEFORE 처음으로 정역학이라는 과목을 수강하게 되었을 때, 생소한 개념들로 인해 수업도 따라가기 힘들고 했지만 배우면 배울수록 역학의 매력에 빠지게 되었습니다.

HOW '배우면 배울수록' 같은 표현은 구어체에 가깝습니다. 의미 없는 반복으로 행위를 강조하고 있는데, 이는 문장의 목적에 부합하는 내용이 아닙니다. '예습과 복습'을 삽입해 학업 과정에 임하는 성실한 자세를 드러낼 수 있도록 수정합니다.

AFTER 정역학을 수강할 때, 생소한 개념으로 어려움을 느꼈습니다. 초반에는 수업 내용을 이해하기도 힘겨웠지만, 예습과 복습에 충실히 임하자 배움의 기쁨을 만끽할 수 있었습니다.

BEFORE 전적대 건설 환경 공학과에서 정역학을 배우고 유체의 운동에 대해서 연구하는 학문인 유체 역학과 하중에 대한 고체의 거동을 다루는 재료 역학을 통해서 기계 공학과에 기초가 되는 역학에 흥미를 느끼게 되었고 일상생활에서 조차도 우리가 모르는 역학적인 현상들이 일어난다는 점에서 전적대에서 배우지 않는 열역학도 배우고 싶다는 마음이 생겨서 지원하게 되었습니다.

HOW 문장이 길고, 이해하기 어렵습니다. 또한, 수강한 과목의 특징을 굳이 부연 설명할 필요는 없습니다. '열역학'을 수강하고 싶어 편입하는 것으로 오해할 수 있어 문장 구조를 수정하고, 길이 조절을 위해 문장을 분할합니다. '열역학'을 계획으로 전환해 열의를 보여 주는 용도로 활용합니다.

AFTER 전적 대학교 건설 환경 공학과에서 정역학, 유체 역학, 재료 역학 등을 수강하며 역학에 대한 이해도를 높였고, 다양한 기계를 관찰하며 역학을 직접 적용할 수 있는 기계 공학에 관심을 갖기 시작했습니다. 편입 후에는 열역학을 배워 열 현상을 비롯한 자연계 안에서의 에너지 흐름에 대해서도 탐구할 계획입니다.

BEFORE 또한, ○○대학교 기계 공학과에서 권위 있으신 교수님들에게 질 높은 역학 수업을 들으면 전적대 기계 공학과에서 수업을 듣는 것보다는 저의 지식의 수준을 높일 수 있는 최고의 기회라고 생각하여 지원하게 되었습니다.

HOW '최고의 기회', '저의 지식의 수준', '질 높은 역학 수업'은 부적절한 표현입니다. 불필요한 내용으로 문장을 늘이기보다는 마지막 문장인 만큼 간결하게 마무리하는 편이 낫습니다.

AFTER ○○대학교 기계 공학과의 우수한 교육 환경에서 전공 커리큘럼에 따르며 실력을 양성하겠습니다.

GOOD 👍

정역학을 수강할 때, 생소한 개념으로 어려움을 느꼈습니다. 초반에는 수업 내용을 이해하기도 힘겨웠지만, 예습과 복습에 충실히 임하자 배움의 기쁨을 만끽할 수 있었습니다. 전적 대학교 건설 환경 공학과에서 정역학, 유체 역학, 재료 역학 등을 수강하며 역학에 대한 이해도를 높였고, 다양한 기계를 관찰하며 역학을 직접 적용할 수 있는 기계 공학에 관심을 갖기 시작했습니다. 편입 후에는 열역학을 배워 운동과 거동을 종합적으로 다룰 수 있는 감각을 배양할 계획입니다. ○○대학교 기계 공학과의 우수한 교육 환경에서 전공 커리큘럼에 따르며 실력을 양성하겠습니다.

• 사례 ❿

> **BAD** 👎
>
> 컴퓨터 앞에 앉아 자신만의 아이디어로 원하는 프로그램을 실현해 내고 다른 누군가에게 도움을 줄 수 있는 일보다 매력적인 일은 없을 거라고 생각합니다. 컴퓨터학과를 전공하며 뒤늦게 프로그래밍에 입문하였고 처음엔 너무 생소하여 여러 번의 시행착오를 겪어왔습니다. 하지만 결국 오류를 고치고 결과를 얻어 내는 과정을 반복하면서 프로그래밍에 대한 흥미도 깊어졌습니다. 정보화 시대에서 우리 모두는 기술에 의존하는 삶을 살고 있습니다. 그에 따라 이제는 단순히 다른 이를 위해서가 아닌 자신을 위해 컴퓨터 언어를 사용해야 할 때가 올 수도 있다는 생각이 들었습니다. ○○대 컴퓨터 공학과에서 나 자신뿐만 아니라 더 나아가 사회에도 도움이 될 수 있는 유익한 프로그램을 만들어 내는 프로그래머의 길로 나아가고 싶습니다.

▼

SOLUTION 👆

BEFORE 컴퓨터 앞에 앉아 자신만의 아이디어로 원하는 프로그램을 실현해 내고 다른 누군가에게 도움을 줄 수 있는 일보다 매력적인 일은 없을 거라고 생각합니다.

HOW '컴퓨터 앞에 앉아'와 같은 행위 묘사는 핵심과 관련 없는 부수적 표현이며, 구어체로 문장이 변질될 수 있는 원인을 제공합니다. '다른 누군가에게', '매력적인 일은 없을 거라고'에서 구어체를 확인할 수 있습니다. '자신만의 아이디어'는 '창의력'으로 정리하고, 익명에 대한 기여를 '사회 발전에 대한 기여'로 구체화합니다.

AFTER 창의력을 발휘해 컴퓨터 프로그램을 제작하고, 이를 토대로 사회 발전에 기여하는 과정에 매력을 느낍니다.

....

BEFORE 컴퓨터학과를 전공하며 뒤늦게 프로그래밍에 입문하였고 처음엔 너무 생소하여 여러 번의 시행착오를 겪어왔습니다.

HOW 뒤늦게 프로그래밍에 입문한 사실은 중요하지 않습니다. '너무 생소하여'는 불필요한 강조이므로 '너무'를 생략해야 합니다.

AFTER 컴퓨터학을 전공하며 프로그래밍을 배웠고, 생소한 내용을 다루며 시행착오도 겪었습니다.

....

BEFORE 하지만 결국 오류를 고치고 결과를 얻어 내는 과정을 반복하면서 프로그래밍에 대한 흥미도 깊어졌습니다.

- **HOW** '프로그래밍에 대한 흥미'는 이미 이전 문장에서 언급했습니다. 동일 내용을 반복하지 않고자 '실력을 키우다'로 수정합니다.
- **AFTER** 하지만, 오류를 수정하고 해당 결과에 맞춰 프로그램을 다시 제작하며 실력을 키울 수 있었습니다.

- **BEFORE** 정보화 시대에서 우리 모두는 기술에 의존하는 삶을 살고 있습니다.
- **HOW** 다음 문장과 연결할 수 있는 개연성이 없으므로 '의존'을 '변화'로 수정합니다.
- **AFTER** 정보화 시대는 새로운 기술을 창출하며 끊임없이 변화를 선도하고 있습니다.

- **BEFORE** 그에 따라 이제는 단순히 다른 이를 위해서가 아닌 자신을 위해 컴퓨터 언어를 사용해야 할 때가 올 수도 있다는 생각이 들었습니다.
- **HOW** 내용이 모호하고 확신도 없는 까닭에 전체 수정이 불가피합니다. '프로그래밍 능력'을 핵심 어휘로 사용해 이전 문장의 '정보화 시대의 새로운 기술'과 연결합니다.
- **AFTER** 이러한 영향으로 사회뿐만 아니라 개인의 영역에서도 프로그래밍 능력이 필수가 될 것이라고 예상합니다.

- **BEFORE** ○○대 컴퓨터 공학과에서 나 자신뿐만 아니라 더 나아가 사회에도 도움이 될 수 있는 유익한 프로그램을 만들어 내는 프로그래머의 길로 나아가고 싶습니다.
- **HOW** '나 자신뿐만 아니라 더 나아가 사회에도' 부분에서 자기 지칭 어휘가 글의 초점을 흐리고 있습니다. 프로그램과 프로그래머의 반복도 자연스럽지 않습니다. 불필요한 수식으로 길어진 문장보다는 간결한 문장이 더 인상적입니다.
- **AFTER** ○○대학교 컴퓨터 공학과에서 전문 지식을 쌓아 기술 혁신을 이루어 내는 프로그래머로 성장하고 싶습니다.

> **GOOD** 👍
>
> 창의력을 발휘해 컴퓨터 프로그램을 제작하고, 이를 토대로 사회 발전에 기여하는 과정에 매력을 느낍니다. 컴퓨터학을 전공하며 프로그래밍을 배웠고, 생소한 내용을 다루며 시행착오도 겪었습니다. 하지만, 오류를 수정하고 해당 결과에 맞춰 프로그램을 다시 제작하며 실력을 키울 수 있었습니다. 정보화 시대는 새로운 기술을 창출하며 끊임없이 변화를 선도하고 있습니다. 이러한 영향으로 사회뿐만 아니라 개인의 영역에서도 프로그래밍 능력이 필수가 될 것이라고 예상합니다. ○○대학교 컴퓨터 공학과에서 전문 지식을 쌓아 기술 혁신을 이루어 내는 프로그래머로 성장하고 싶습니다.

제 3 전략 ⟩ 편입 후 학업 계획

➤ 작성 방향

이 부분은 지원 학교에 대한 관심을 확인하기 위한 항목이라고 할 수 있습니다. 학업 계획은 학부 과정을 살펴보지 않고는 방향을 잡을 수 없기 때문입니다. 무엇을 배울지 먼저 생각해 보라는 의도가 담긴 항목이므로 가장 쓰기가 쉬우면서도 한편으로는 번거로운 경향을 띱니다. 동일 전공으로 편입할 때는 작성이 상대적으로 수월합니다. 이미 2년간 동일 내용을 배웠기 때문에 큰 맥락에서 방향을 설정할 수 있습니다. 반면, 생소한 전공으로 편입할 때는 사전 지식이 없어 최소한의 조사는 필요합니다. 적어도 지원자로서 해당 전공에 관심이 있다는 정도는 보여 줄 수 있어야 합니다. 전공 기초부터 심화 과정까지 일반적인 사항으로 기본 틀을 잡고, 세부 내용으로 구성을 보충합니다. 새로운 전공 내용을 전적 대학교 전공과 연결할 수 있다면, 내용이 한층 풍성해집니다. 가령, 영어를 전공하며 언어 학습 방법을 익혔고, 이를 중국어 학습에 접목해 학습 효율을 높이겠다는 식도 유효합니다. 배움의 내용은 전공 과정에 국한되지 않습니다. 학업은 포괄적이므로 전공뿐만 아니라 대내외 활동까지 아우르면 더욱 다양한 내용 기술이 가능합니다. 교환 학생, 학술 모임, 동아리, 공모전, 어학연수, 자격증 취득, 인턴 등이 대표적 사례입니다. 배움에 대한 열의가 드러날 수 있도록 작성하는 것이 무엇보다 중요합니다.

➤ 대표 예시

> **GOOD 1** 👍
>
> 2년간 통계학의 전 과정을 이수하기 위해서는 체계적인 학습 전략이 필요합니다. 우선, 수학 기본 지식과 통계 프로그램 사용법을 익히는 데 주력하겠습니다. 또한, 사회 조사 분석가 2급을 취득하기 위해 준비하고, 전공 과정에도 충실히 임할 것입니다. ○○대학교 금융 투자 학회 LIKE에서 금융 지식과 투자 방법을 배우고, 학우들과 정보를 공유하며 전공 역량을 강화하겠습니다. 약국을 운영하고 계신 아버지의 영향으로 제약 프로세스를 접할 수 있었습니다. 바이오 통계 입문 과정을 이수하며 제약 분야에 접목할 수 있는 통계 지식을 습득하겠습니다.

전적 대학교 전공과 관계없는 경우에는 체계적인 접근법으로 계획 내용을 설명해야 합니다. 핵심 사항은 무엇을 배울지 안다는 점을 보이고, 관련 역량을 강화할 수 있도록 어떤 식으로 배움을 이어 갈 것인지를 확신에 찬 어조로 표현하는 것입니다. 개인의 특별한 배경과 경험을 계획 내용에 삽입하는 것도 억지스럽지 않은 선에서는 유용합니다. 전공 관련 동아리 활동, 전공 관련 자격증 취득 등의 내용도 글을 풍성하고 자연스럽게 만드는 글감입니다. 간혹 전공과 완전히 관계없는 운전면허증 취득, 유럽 배낭 여행 등을 쓰는 경우도 있는데, 이는 편입 자기소개서의 목적을 망각했기 때문입니다. 편입을 하지 않아도, 지원 전공을 배우지 않아도 할 수 있는 기본적인 내용은 학업 계획 요건에 맞지 않습니다.

> **GOOD 2** 👍
>
> 경영학을 전공하면서 마케팅 분야에 관심을 갖기 시작했고, 학문적 시야를 넓히고자 미디어 영상 광고 홍보학과를 복수 전공했습니다. 이러한 학문적 흥미와 경험을 활용해 ○○대학교에서 마케팅을 중점적으로 탐구하는 학문 지향형 인재로 성장할 것입니다. 상품이 상향 평준화되면서 기술 혁신만큼 상품을 홍보하고 판매하는 방법도 중요해졌습니다. 이를 위해서는 경쟁사들보다 빠른 판단력과 넓은 시야가 필요하며, 다양한 경험을 통해 통찰력도 키워야 합니다. 다양한 마케팅 관련 지식과 사례들을 학습하면서 실무에 적합한 능력을 배양하고, 교환 학생을 통해 글로벌 감각을 함양하겠습니다.

GOOD 3 👍

　　신문과 방송을 포함해 새로운 형태의 언론 매체가 기술 발전에 힘입어 지속적으로 모습을 드러내고 있습니다. 이와 같은 언론 환경에 대응할 수 있도록 신문 방송학과의 다양한 전공 과목을 균형 있게 수강할 계획입니다. 3학년 과정을 이수하기 위해 1, 2학년 과정을 주도적으로 학습할 것입니다. 교수님의 조언에 따라 학습 계획을 구성하고, 체계적으로 전공 지식을 쌓아가겠습니다. 역사학에도 관심이 많습니다. 신문 방송학과 역사학을 연계해 학습할 수 있는 방법을 탐구하며 지식의 범위를 꾸준히 넓혀갈 것입니다. 아울러, ㅇㅇ대학교 소모임 '아리랑'을 통해 신문 방송학 이론뿐만 아니라 소통 방법도 배우겠습니다.

GOOD 4 👍

　　학업 계획은 단기와 장기로 구분해 수립했습니다. 우선, 전적 대학교에서 익힌 컴퓨터 공학 지식을 복습하며 기본을 다지고, ㅇㅇ대학교에서 기초 부분을 보강하며 실력의 바탕을 마련하겠습니다. 장기 계획은 프로그램 언어의 숙련도를 높여 다양한 프로젝트를 수행하고, 직접 프로그램을 구현하는 것입니다. 이는 상당한 경험과 컴퓨터 전반에 대한 심화 지식이 필요하므로 꾸준히 노력해야 합니다. 실생활에서 문제를 발굴해 내는 관찰력과 프로그램 환경을 구현하는 전문 역량은 ㅇㅇ대학교 수업과 스터디 모임을 통해 발전을 이루어 내겠습니다. 수업과 병행해 프로그래밍 대회에 참가해 경험을 통한 실력 양성에 주력할 것입니다.

➤ 구성 내용

1. 지원 전공에 대한 기본적 이해

① 전공 과정의 큰 틀을 제시하며 3, 4학년 과정을 기술
　해당 전공의 커리큘럼을 참고해 고학년에서 배울 내용을 언급합니다. 지나친 나열은 적절하지 않으므로 핵심 내용 위주로 소개합니다.

② 지엽적인 내용은 생략

③ 대외적으로 인지도가 높은 교수의 수업 수강 계획
　적어도 지원 대학교 내에서 인지도가 높은 교수를 언급해야 효과가 있습니다. 특정 교수가 없을 때는 수강 계획을 단계적으로 기술합니다.

④ 1, 2학년 전공 과정 보충 계획

분량 확보를 위해 가볍게 언급하는 수준의 내용입니다. 방학과 주말을 이용한 독학, 스터디 모임 등이 일반적인 학업 보충 방법입니다.

2. 각종 교내 프로그램 활용 방안

① 교환 학생 프로그램

② 어학연수

③ 교내 동아리 활동

반드시 동아리 활동 목적을 언급해야 합니다. 단순히 특정 동아리에서 활동하겠다는 식으로 이야기를 마무리해서는 해당 내용에 의미를 부여할 수 없습니다. 예를 들어, '협업 능력을 배양하고자 오케스트라 동아리에서 활동할 계획입니다' 라는 식으로 목적을 적시해야 합니다.

④ 학술 모임 참가

3. 자격증 취득

① 전공 관련 자격증 취득 계획

계획의 과도한 나열은 피하고, 핵심 자격증 위주로 기재합니다.

② 전공 무관의 개인 취향이 담긴 자격증 취득 계획은 언급할 필요 없음

수학과 전공자의 스쿠버 다이빙 자격증 취득 계획, 영어 영문학 전공자의 공인중개사 자격증 취득 계획 등은 굳이 자기소개서에 소개할 이유가 없습니다.

③ 지나치게 자격증 취득만 언급하는 것은 부자연스러움

편입 후 계획할 사항이 적지 않습니다. 자격증 취득 계획만 언급해서는 내용의 균형이 맞지 않습니다.

4. 대외 활동 내용

① 공모전은 가장 구체화하기 쉽고 발전 지향적인 소재

공모전은 도전 소재로 다양한 속성을 포괄합니다. 전공과 관련이 없더라도 배움의 기회가 있는 공모전이라면 계획 사항으로 언급할 수 있습니다.

② 기업 인턴 활동 계획

　화장품, 자동차, IT 등의 산업 분야를 명시해야 합니다.

③ 국내외 봉사 활동 계획

④ 군복무 계획은 명시할 필요 없음

　군복무는 학업 계획이 아닌 경우에 해당합니다.

 기피 사항

> **BAD 1** 👎
> 영어 실력은 기본이므로 편입 후 토익과 토플 성적을 올리는 데 최선을 다하겠습니다.

> **BAD 2** 👎
> 토익 900점 이상을 받을 수 있도록 영어 공부에 집중할 것입니다.

공인 영어 시험은 편입과는 전혀 무관합니다. 편입 전에도 영어 성적을 올려야 하는 사정은 동일합니다. 영어 시험도 절대적인 학습 시간이 필요해 현실적인 계획 사안이긴 하나 편입이라는 점을 중심에 놓고 판단할 경우 기재 사항으로 적합성이 부족합니다. 토익과 토플 관련 이야기는 삼가기 바랍니다.

> **BAD 3** 👎
> 아직 운전면허를 취득하지 않았습니다. 편입 후 방학을 이용해 운전면허를 취득할 계획입니다. 아울러, 편입 시험을 준비하느라 미루어 둔 유럽 배낭 여행을 떠날 것입니다. 해외 문화를 통해 견문을 넓히겠습니다.

전공과 무관한 자격증 취득 계획은 지원자의 진의를 의심하게 할 뿐만 아니라 글의 흐름도 완전히 틀어버립니다. 스쿠버 다이빙 자격증 이야기가 자주 등장합니다. 아무래도 정글과 오지에서 출연진들이 끼니를 해결하는 방송 콘텐츠가 학생들에게 영향을 미친 듯합니다. 체육 교육과 지원자라면 해당 자격증 취득이 학업 계획과 연결성이 있으나 국문과나 기계 공학과 지원자들이 난데없이 스쿠버 다이빙 자격증을 언급하면 편입 의도를 의심하지 않을 수 없습니다. 배낭 여행 계획을 언급하는 경우도 많은데, 이는 교환 학생이나 어학연수로 대체할 수 있습니다. 방학 때 여행을 다녀오는 건 학생들의 성장에 당연히 이롭습니다. 하지만, 편입 후 학업 계획과 연결하기에는 지나칠 정도로 일상적이고 편입과도 직접적인 관계가 없으므로 생략하는 것이 낫습니다.

> **BAD 4** 👎
> 3학년 1학기에는 증권투자상담사 자격증을 취득할 계획입니다. 2학기에는 이를 바탕으로 금융자산관리사 자격을 취득하고, 방학 중에는 국제 FRM 시험 준비에 임할 것입니다. 졸업 전까지 CFA 시험 과목을 학습해 졸업과 동시에 국제 자격증을 취득할 수 있도록 만전을 기하겠습니다.

자격증 취득은 건설적인 계획 사항 중 하나입니다. 하지만, 자격증 취득 계획 비중이 지나치게 높으면, 의미 있는 학업 계획으로 다가오지 않습니다. 1~2개 정도의 자격증으로 압축해 언급함으로써 다른 내용과 조화를 이룰 수 있습니다.

> **BAD 5** 👎
> 여름 방학 동안 ○○기획 공모전, ○○ 아시아 공모전, ○○○주최 공모전 등을 준비하고, 8월과 9월에 후회 없는 작품을 출품할 계획입니다. 10월에는 칸 국제광고제 서포터즈로 활동할 것입니다. 11월에는 SM-PRAD 공모전에서 최선을 다해 수상하겠습니다.

공모전은 의미 있는 도전이지만, 과도한 계획 나열과 권역을 넘는 계획의 상세화는 현실성을 떨어뜨립니다. 단순 나열보다는 각 공모전 도전을 통해 얻고자 하는 바를 기술하기 바랍니다. 마케팅 관련 공모전의 경우, 특정 시장의 특징을 파악하는 데 주력하며 시야를 넓히겠다는 의미 부여도 적절합니다.

맥락에 따라 다채로운 내용을 고르게 작성하는 것이 편입 후 학업 계획에 맞는 적절한 기술 전략입니다.

➤ 대표 유형

1. 전공 커리큘럼 집중형

> **GOOD** 👍
>
> 컴퓨터 공학을 전공하며 주어진 문제를 창의적이고 다각적으로 접근하는 방법을 연습했고, 공학적인 사고 능력도 배양했습니다. ○○대학교에서 익힌 학습 능력을 기반으로 자기학과 전자 과목을 수강해 전공과목에 대한 기본 소양을 쌓겠습니다. 더 나아가 신호 및 시스템과 논리 회로 과목을 통해 더욱 깊은 이해를 도모하겠습니다. 그 후 프로젝트와 물리 공학 세미나 수업을 수강하며 현장에서 요구하는 공학도로서의 자질과 능력을 갖추겠습니다. 또한, 컴퓨터 공학을 통해 배양한 공학적 문제 해결 능력을 전자 전기 분야에 접목해 전문가로 성장하겠습니다.

전공 커리큘럼에 따라 시간 순서대로 배움의 과정을 계획했습니다. 입학 후 배울 내용에 대한 이해를 갖췄다면, 이와 같은 유형의 글을 작성할 수 있습니다. 생소한 전공으로 편입할 때는 체계적인 학습 계획을 수립하기 어려울 수 있지만, 정보를 수집하여 위의 사례처럼 균형 있게 작성할 수 있습니다.

2. 진로 목적 연계형

> **GOOD** 👍
>
> 입학 후 통역사가 되기 위해 영어뿐만 아니라 국어에 대한 이해와 탐구에도 주력하겠습니다. 언어에 대한 체계적인 이해는 생각과 지식을 표현하는 데 반드시 필요합니다. 무엇보다 국어에 대한 이해가 뛰어나야 상대방에게 발화의 의미를 정확하게 전달할 수 있습니다. 이에 국문과 복수 전공을 통해 우리말 이해도를 높일 계획입니다. 높은 수준의 언어 능력을 요구하는 통번역 대학원에 입학하기 위해 학기 중에는 교내 프로그램에 적극적으로 참여해 실력을 쌓고, 방학 기간에는 교환 학생 제도를 활용해 영어권 국가에서 원어민들과 소통할 것입니다. 아울러, 영미권 문화를 이해하며 높은 수준의 영어 구사력을 배양하겠습니다.

'통역사'를 목표로 설정하고, 통번역 대학원 입학까지 고려하며 장기적인 안목으로 계획을 세웠습니다. 이렇게 진로가 구체적이고 명확할 경우에는 진로 과정에 맞는 학습 계획을 소개하는 것도 유효합니다. '국문과 복수 전공'은 학습 열의를 극대화하는 도구로 기능하고 있습니다. 목표 실현을 위한 학습 과정을 조사하는 단계가 필요한 유형입니다.

3. 복합 학습 나열형

> **GOOD** 👍
>
> 기계 공학의 기본을 구성하는 기초 및 응용 역학을 수강해 학습 기반을 다지고, 열역학은 심화 과정을 거칠 것입니다. 또한, 수업 내용을 충실히 복습하며 인터넷과 서적을 통해 끊임없이 탐구하겠습니다. 학우들과 함께 과제의 해결 방안을 토의하며 성취감도 키워 나갈 것입니다. 조별 과제는 능동적인 자세로 수행하고, 학업과 병행해 공모전과 대외 활동에도 꾸준히 참여하겠습니다. 아울러, 원서를 빠르게 이해할 수 있는 영어 실력을 배양하겠습니다. 특히, 관심을 갖고 있는 그래핀 분야를 연구하고 싶습니다. 학부 연구생으로서 참여 방도를 모색하고, 참여 시에는 책임감을 갖고 연구에 임하겠습니다.

전공 커리큘럼, 공모전, 대외 활동 등을 구체화하지 않고 복합해 나열했습니다. '그래핀'을 통해 전공 분야에 대한 열의와 관심을 드러내며 문단의 균형을 이루어 냈습니다. 내용을 보다 정리한 표현으로 항목 요건을 충족한 유형에 해당합니다.

➤ 사례 집중 탐구

• **사례 ❶**

> **BAD** 👎
>
> 프랑스어문학과를 편입 후, ○○대학교에서 가르쳐 주는 프랑스의 문학적 지식, 역사, 사회 그리고 문화에 대한 정보를 이해하는 습득력을 기르고 싶습니다. 프랑스어의 기초도 탄탄하게 쌓고, 문법을 숙지하여 프랑스어 구사 능력, 해독 능력을 통해, 기본 문항을 활용한 스페인어 작문법도 배우고 싶습니다. 프랑스어를 한국어로 순차 통역하는 방법과 번역을 위한 기본적 요소와 번역 기법 등을 배워, 그 지식들을 사용해 프랑스어에 관련된 DELF/DALF/TCF 등 다양한 자격증 시험을 따고, 프랑스어 능력시험자격증을 따서 호텔경영사가 되기 위한 꿈에 강점이 될 수 있도록 할 계획입니다. 호텔 쪽은 어느 나라 언어든 특히 영어, 중국어, 일어 등 중요하지만, 프랑스어에 대한 인력의 필요성을 느껴 더욱더 프랑스어에 대한 중요성도 느끼고 프랑스어문학과의 관심이 많이 생겨 ○○대학교에서 많은 지식을 배울 수 있다는 점을 미리 인지하고, 단기간 안에 우수한 교수진들에게서 많은 지식을 쌓기를 기원하는 바입니다.

▼

BEFORE 프랑스어문학과를 편입 후, ○○대학교에서 가르쳐 주는 프랑스의 문학적 지식, 역사, 사회 그리고 문화에 대한 정보를 이해하는 습득력을 기르고 싶습니다.

HOW 표현을 정리하고, 문장을 간결하게 수정합니다. '습득력'보다는 '이해력'이 학습에 따른 결과를 나타내는 표현으로 더욱 적합합니다. '문학적 지식, 역사, 사회 그리고 문화'에서 볼 수 있듯이 어휘 나열 중 '그리고'라는 표현을 쓰는 것은 간결함을 축소합니다. 쉼표(,)로 나열해도 의미를 전달할 수 있습니다.

AFTER 프랑스어문학과에서 프랑스의 문학, 역사, 사회를 집중적으로 학습하며 전반적 이해력을 높이겠습니다.

BEFORE 프랑스어의 기초도 탄탄하게 쌓고, 문법을 숙지하여 프랑스어 구사 능력, 해독 능력을 통해, 기본 문항을 활용한 스페인어 작문법도 배우고 싶습니다.

HOW 어휘부터 분명하게 정리하고 작성해야 합니다. 문학을 읽고 이해하는 과정은 해독이 아닌, 독해입니다. 프랑스어 학업 계획에서 스페인어 작문 학습 계획이 등장하는 것 또한 몹시 부자연스럽습니다. 학구열을 드러내는 방편으로 활용은 가능하나 위치가 적절하지 않습니다. 항상 글의 흐름을 고려하기 바랍니다.

AFTER 프랑스어 기초를 다지며 소통 능력을 강화하고, 다방면의 독해를 통해 프랑스 관련 상식을 습득할 것입니다.

BEFORE 프랑스어를 한국어로 순차 통역하는 방법과 번역을 위한 기본적 요소와 번역 기법 등을 배워, 그 지식들을 사용해 프랑스어에 관련된 DELF/DALF/TCF 등 다양한 자격증 시험을 따고, 프랑스어 능력시험자격증을 따서 호텔경영사가 되기 위한 꿈에 강점이 될 수 있도록 할 계획입니다.

HOW 문장 길이가 지나칠 정도로 깁니다. 한 호흡으로 읽을 수 없는 복합적 문장은 철학 서적이나 번역서에 종종 등장하나 자기소개서에는 전혀 어울리지 않습니다. 문장 분절을 통해 의미 전달에 유의해야 합니다. '자격증을 따다'라는 표현보다 '자격증을 취득하다'가 적합합니다. 호텔 경영사의 목표는 스페인어 학습과도 연결되는 성격을 띠므로, 스페인어 학습 내용 위치를 옮겨 맥락에 맞게 수정합니다.

AFTER 특히, 프랑스어 통역 방법에 관심을 기울이며 올바른 번역 방법을 익히고, 이를 바탕으로 DELF/DALF/TCF 등의 자격증을 취득할 계획입니다. 호텔 경영사를 목표로 프랑스어 실력을 완벽히 가다듬고, 호텔 환경에서 활용도가 높은 스페인어도 추가로 학습하겠습니다.

BEFORE 호텔 쪽은 어느 나라 언어든 특히 영어, 중국어, 일어 등 중요하지만, 프랑스어에 대한 인력의 필요성을 느껴 더욱더 프랑스어에 대한 중요성도 느끼고 프랑스어문학과의 관심이 많이 생겨 ○○대학교에서 많은 지식을 배울 수 있다는 점을 미리 인지하고, 단기간 안에 우수한 교수진들에게서 많은 지식을 쌓기를 기원하는 바입니다.

HOW 프랑스어문학과에 지원하는 상황에서 호텔을 연이어 언급하고 있습니다. 이는 지원자가 진로 선택을 재고할 필요가 있다는 인상을 남길 수 있습니다. 호텔 어휘를 생략하고, 지원 전공 학습에 충실히 임하겠다는 의지를 보이며 문장을 마무리합니다. 문장이 지나치게 길고, 문장 간 내용이 연결되지도 않습니다. 학업 계획 항목인 만큼 지원 동기에 나올 내용은 불필요한 반복이므로 생략합니다. '기원하다'는 대체로 자신에게는 사용하지 않으며, 유사한 어감인 '하고 싶다'를 사용할 수 있습니다.

AFTER 프랑스어문학과의 커리큘럼에 따라 배움에 집중하며 더 나은 수준으로 발전하겠습니다.

GOOD 👍

프랑스어문학과에서 프랑스의 문학, 역사, 사회를 집중적으로 학습하며 전반적 이해력을 높이겠습니다. 프랑스어 기초를 다지며 소통 능력을 강화하고, 다방면의 독해를 통해 프랑스 관련 상식을 습득할 것입니다. 특히, 프랑스어 통역 방법에 관심을 기울이며 올바른 번역 방법을 익히고, 이를 바탕으로 DELF/DALF/TCF 등의 자격증을 취득할 계획입니다. 호텔 경영사를 목표로 프랑스어 실력을 완벽히 가다듬고, 호텔 환경에서 활용도가 높은 스페인어도 추가로 학습하겠습니다. 프랑스어문학과의 커리큘럼에 따라 배움에 집중하며 더 나은 수준으로 발전하겠습니다.

• 사례 ❷

> **BAD** 👎
>
>   고전 문학과 현대 문학을 아우르며 공부할 예정입니다. 특히 고전 문학은 수백 년 전부터 대중의 사랑을 받아왔기 때문에 현 세대에서도 재생산 될 수 있는 매력적인 콘텐츠가 되었습니다. 고전 문학이 재창작 될 수 있는 이유는 대다수의 공감을 살 수 있었기 때문입니다. 고전 문학을 연구하며 공감을 살 수 있었던 이유를 파악해 문학 창작의 원동력으로 삼고 싶습니다. 또한 한국이 가지고 있는 가슴 아픈 역사와 6·25 전쟁과 관련된 문학 작품을 공부하고 싶습니다. 세계인들은 아직 한국에 대해 알지 못하며 오히려 왜곡되어 알고 있습니다. 작품 공부를 토대로 지난 아픈 역사들을 다시 문학 작품으로 만들어 세상에 널리 알리고 싶습니다. 이 바람의 자양분이 되어줄 국문학에도 큰 비중을 두고 공부할 예정입니다.

▼

SOLUTION 👆

BEFORE 고전 문학과 현대 문학을 아우르며 공부할 예정입니다.

HOW '예정'은 이미 주어진 상황에 따르는 듯한 인상을 남길 수 있어 '계획'으로 변경해 능동성을 강조합니다. 고전과 현대 문학을 '아우르는' 것보다는 '연결하는' 행위가 더욱 구체적인 학습 자세를 나타냅니다.

AFTER 고전 문학과 현대 문학을 연결하며 학습할 계획입니다.

BEFORE 특히 고전 문학은 수백 년 전부터 대중의 사랑을 받아왔기 때문에 현 세대에서도 재생산 될 수 있는 매력적인 콘텐츠가 되었습니다.

HOW 불필요한 인과 관계는 어색함을 남길 뿐입니다. '되었습니다'를 사용하지 않고자 문장 구조를 변경합니다. 이처럼 다양한 표현으로 수정이 가능합니다.

AFTER 특히, 고전 문학은 수백 년 전부터 대중의 사랑을 받아 온 작품이고, 현 세대에서도 다각적으로 재생산될 수 있는 매력적인 콘텐츠입니다.

BEFORE 고전 문학이 재창작 될 수 있는 이유는 대다수의 공감을 살 수 있었기 때문입니다.

HOW 인과 관계 문장이 연이어 등장했습니다. 바로 전 문장에서 인과 관계 표현을 다른 표현으로 변경했기 때문에 이번 문장에서는 사용해도 무방합니다. '공감을 사다'라는 표현은 구어체 표현입니다. '공감 요소를 내포하다'로 수정합니다. 일상 대화에서 사용하는 표현을 글로 그대로 옮기는 것은 때때로 부적절한 상황을 초래합니다. 아울러, 띄어쓰기는 기본이므로 반드시 점검해야 합니다.

AFTER 고전 문학이 끊임없이 재창작될 수 있는 이유는 공감 요소를 내포하고 있었기 때문입니다.

BEFORE 고전 문학을 연구하며 공감을 살 수 있었던 이유를 파악해 문학 창작의 원동력으로 삼고 싶습니다.

HOW '공감을 사다'라는 표현을 연속적으로 사용했는데, 동일한 표현을 다음 문장에 바로 사용하는 것은 적절하지 않습니다. 자기소개서 작성 시 다양한 표현을 사용하기 바랍니다.

AFTER 고전 문학을 연구하며 공감을 이끌어 낼 수 있는 핵심 사항을 파악해 문학 창작의 원동력으로 활용하고 싶습니다.

BEFORE 또한 한국이 가지고 있는 가슴 아픈 역사와 6 · 25 전쟁과 관련된 문학 작품을 공부하고 싶습니다.

HOW '싶습니다'가 바로 전 문장에 이어 재차 등장했습니다. 표현의 다양성을 충족하려는 시도가 필요합니다. 수정 전 문장에서 역사와 문학 작품을 공부하고 싶은 이유까지 서술한다면 완결성이 한층 높아집니다. '차별화된 가치 발굴'을 내용에 첨가해 학습 의지와 전공 이해도를 드러낼 수 있도록 수정합니다.

AFTER 또한, 한국의 가슴 아픈 역사와 6 · 25 전쟁 관련 문학 작품을 연구하며 차별화된 가치를 발굴할 것입니다.

BEFORE 세계인들은 아직 한국에 대해 알지 못하며 오히려 왜곡되어 알고 있습니다.

HOW '왜곡되어 알고 있다'라는 표현은 근본적으로 맞지 않습니다. 마치 일본어 문장을 직역한 듯합니다. 문장이 다소 길어지더라도 제대로 내용을 전달하는 편이 낫습니다.

AFTER 세계인들의 한국에 대한 인식은 아직 깊은 수준이 아니며, 심지어 왜곡된 정보로 오해하는 경우도 있습니다.

- **BEFORE** 작품 공부를 토대로 지난 아픈 역사들을 다시 문학 작품으로 만들어 세상에 널리 알리고 싶습니다.
- **HOW** '세상에'라는 표현은 구체성이 전혀 없어 자기소개서의 요건에 부합하지 않습니다. '세계인'으로 수정해 대상의 범주를 구체화합니다. 전 문장에서 '알리다'라는 동사가 이미 등장했으므로, 동일한 동사를 연속적으로 사용하지 않도록 '소개하다'로 변경합니다.
- **AFTER** 작품에 대한 학습을 토대로 한국의 아픈 역사들을 문학 작품으로 표현해 세계인에게 소개하고 싶습니다.

- **BEFORE** 이 바램의 자양분이 되어줄 국문학에도 큰 비중을 두고 공부할 예정입니다.
- **HOW** 문단의 마지막 동사 '예정이다'는 계획의 확고한 느낌을 약화합니다. '하겠습니다'로 종결함으로써 계획의 주체가 지녀야 할 의지를 드러냅니다. 맞춤법 확인은 자신의 자기소개서에 대한 최소한의 관심 표출입니다. '바라다'에서 파생된 명사이므로 '바람'으로 표기합니다. 글을 작성한 후에는 반드시 맞춤법을 점검하기 바랍니다.
- **AFTER** 이 바람의 실현을 위해 국문학에 비중을 두고 학습하겠습니다.

GOOD 👍

　　고전 문학과 현대 문학을 연결하며 학습할 계획입니다. 특히, 고전 문학은 수백 년 전부터 대중의 사랑을 받아 온 작품이고, 현 세대에서도 다각적으로 재생산될 수 있는 매력적인 컨텐츠입니다. 고전 문학이 끊임없이 재창작될 수 있는 이유는 공감 요소를 내포하고 있었기 때문입니다. 고전 문학을 연구하며 공감을 이끌어 낼 수 있는 핵심 사항을 파악해 문학 창작의 원동력으로 활용하고 싶습니다. 또한, 한국의 가슴 아픈 역사와 6·25 전쟁 관련 문학 작품을 연구하며 차별화된 가치를 발굴할 것입니다. 세계인들의 한국에 대한 인식은 아직 깊은 수준이 아니며, 심지어 왜곡된 정보로 오해하는 경우도 있습니다. 작품에 대한 학습을 토대로 한국의 아픈 역사들을 문학 작품으로 표현해 세계인에게 소개하고 싶습니다. 이 바람의 실현을 위해 국문학에 비중을 두고 학습하겠습니다.

• 사례 ❸

BAD 👎

편입하게 되면 바로 군대 문제부터 해결할 생각입니다. 경제학은 여러 가지 수학분야와 그래프를 다루는 학문이므로 이에 관한 거리감을 없애기 위해 군대에서도 틈틈이 경제학의 기본적인 틀인 미시 경제와 거시 경제, 계량 경제, 후생 경제 등을 공부할 것입니다. 복학 하면 군대에서 공부했던 기본 개념을 바탕으로 여러 경제 수업을 들음으로써 실생활에 경제 지식을 응용할 수 있는 능력을 기를 것입니다. 또한 각종 교양 과목도 골고루 들어 창의적인 소양을 증진시킬 것입니다. 졸업생 취업 박람회에도 종종 참석해 취업 정보 등을 탐색하고 유용한 정보들을 공유해 재학생과의 유대감을 높이겠습니다. 경제학과 재학생들보다 2년 늦게 공부를 시작한 만큼 보다 더 부지런하고 열정적인 태도로 모든 수업에 임하겠습니다.

▼

SOLUTION 🖱

BEFORE 편입하게 되면 바로 군대 문제부터 해결할 생각입니다.

HOW 첫 문장부터 기대에 어긋나고 있습니다. 군 복무는 의무 사항이므로 편입 후 바로 이행하겠다는 의사를 내비치지 않아도 무방하며, 편입과도 관련 없는 내용입니다. 학업에 관련된 내용을 언급해야 합니다. 설령 편입 후 바로 군 복무에 임한다 할지라도 이야기 시작점을 복학 후로 설정하고 작성해야 적절합니다.

AFTER (해당 문장 삭제)

....

BEFORE 경제학은 여러 가지 수학분야와 그래프를 다루는 학문이므로 이에 관한 거리감을 없애기 위해 군대에서도 틈틈이 경제학의 기본적인 틀인 미시 경제와 거시 경제, 계량 경제, 후생 경제 등을 공부할 것입니다.

HOW 군대 이야기를 생략하고 학업 계획을 언급합니다. 군대에서 틈틈이 학습한다는 것은 본인의 의지일 뿐 학업 계획과는 관련성이 높지 않습니다. 불필요한 표현은 글의 흐름을 저해합니다.

AFTER ○○대학교에서 미시와 거시 경제, 계량 경제, 후생 경제 등을 포괄적으로 학습할 계획입니다.

....

BEFORE 복학 하면 군대에서 공부했던 기본 개념을 바탕으로 여러 경제 수업을 들음으로써 실생활에 경제 지식을 응용할 수 있는 능력을 기를 것입니다.

- **HOW** 복학 후의 계획도 마찬가지로 편입 내용과 관련을 보이지 않으므로 삭제합니다. 이처럼 방향을 잘못 설정하면 전체적인 글의 흐름이 달라집니다. 지원 전공의 특성을 활용해 학업에 대한 관심을 드러냅니다.
- **AFTER** 실생활에서도 경제 원리를 적용하는 노력을 기울이며 시야를 확장하고, 다양한 과목을 수강하며 경제학 전공 지식을 습득하겠습니다.

- **BEFORE** 또한 각종 교양 과목도 골고루 들어 창의적인 소양을 증진시킬 것입니다.
- **HOW** 단독 문장으로 담아내기에는 내용의 중요도가 높지 않으므로 다음 문장에 통합합니다. 짧은 문장이 긴 문장보다는 이해하기에 용이하나, 의미까지 고려해 문장을 분절해야 보기에도 자연스럽습니다.
- **AFTER** (해당 문장 삭제)

- **BEFORE** 졸업생 취업 박람회에도 종종 참석해 취업 정보 등을 탐색하고 유용한 정보들을 공유해 재학생들과의 유대감을 높이겠습니다.
- **HOW** 취업 박람회 참석은 지극히 부수적인 활동입니다. 취업을 위한 활동이 본인의 능력 계발과 관계가 있어야 합니다. 박람회 참석은 단순한 의지 피력에 지나지 않습니다. 이보다는 자격증 취득이나 공모전 참여가 내용으로 더 적합합니다. 또한, 유용한 정보를 재학생들과 공유해 유대감을 높이는 것이 취업과 연결되지 않으므로 기업 입사를 위해 준비하겠다는 구체적인 내용으로 수정합니다.
- **AFTER** 교양 과목도 고르게 수강하며 창의력을 증진하고, 학과 학생들과 적극적으로 어울리며 기업 입사를 위해 체계적으로 준비할 것입니다.

- **BEFORE** 경제학과 재학생들보다 2년 늦게 공부를 시작한 만큼 보다 더 부지런하고 열정적인 태도로 모든 수업에 임하겠습니다.
- **HOW** 동일한 내용을 반복하거나 편입 요건의 기본적 사실을 재차 언급할 필요는 없습니다. '2년 늦게'와 같은 표현이 빈번하게 나타납니다. 물론 이는 사실이지만, 자기소개서에서는 가치를 부여하기 힘든 표현이므로 생략합니다.
- **AFTER** 성실한 자세로 경제학을 심도 있게 배우겠습니다.

▼

○○대학교에서 미시와 거시 경제, 계량 경제, 후생 경제 등을 포괄적으로 학습할 계획입니다. 실생활에서도 경제 원리를 적용하는 노력을 기울이며 시야를 확장하고, 다양한 과목을 수강하며 경제학 전공 지식을 습득하겠습니다. 교양 과목도 고르게 수강하며 창의력을 증진하고, 학과 학생들과 적극적으로 어울리며 기업 입사를 위해 체계적으로 준비할 것입니다. 성실한 자세로 경제학을 심도 있게 배우겠습니다.

• 사례 ❹

바이오 메카트로닉스 분야에서 최고가 되기 위해서는 우선적으로 생명 과학에 관한 탄탄한 기초가 뒷받침되어야 하기 때문에 제가 1, 2학년 때 배우지 못했던 과목들을 온전히 이수할 것입니다. 일반 생명 과학 기초 지식을 이수한 뒤에는 그것을 사람에게 적용하여 각종 유발되는 생명 현상에서 이탈되어 발생되는 질환을 다양한 생물학적 관점에서 탐구할 수 있는 질병 분석학 분야를 탐구해 보고 싶습니다. 또한 글로벌 기술 개발 기획 공모전에 참가해서 직접 생체 센서를 이용하여 식물 및 동물의 특성을 측정하는 프로그램을 구상하고 설계해 보고 싶습니다. 바이오메카트로닉스 분야에서 요구되는 재료의 특성, 가공, 제작과 설비 및 시스템 구축에 필요한 공작 방법에 대하여 실무적 응용 능력을 기를 수 있는 기회가 될 것입니다.

▼

SOLUTION

BEFORE 바이오 메 카트로닉스 분야에서 최고가 되기 위해서는 우선적으로 생명 과학에 관한 탄탄한 기초가 뒷받침되어야 하기 때문에 제가 1, 2학년 때 배우지 못했던 과목들을 온전히 이수할 것입니다.

HOW '최고가 되기 위해', '온전히 이수할 것'에서 부자연스러움을 확인할 수 있습니다. 유년기에는 흔히 '세상에서 제일 ○○한', '○○가 최고야', '최고로 좋다' 등의 표현을 씁니다. 위의 표현이 틀린 것은 아닙니다. 다만, 자기소개서를 읽는 사람이 해당 표현을 어색하게 느낄 수 있으므로 작성자의 연령에 맞도록 표현을 수정해야 합니다. CI는 구어체에 해당하는 표현이기도 합니다. '최고가 되겠다'는 의지를 구체적으로 기술하는 방법은 존재합니다. 바이오 메카트로닉스의 특정 분야에서 어떠한 기술을 구현하겠다고 주장하면 됩니다. 문장이 길기 때문에 분절하고, 불필요한 인고· 관계를 수정합니다.

AFTER 바이오 메카트로닉스는 생명 과학에 대한 기초 지식이 중요합니다. 1, 2학년 과정을 보충할 수 있도록 전공 서적을 읽고, 관련 강의를 수강하겠습니다.

BEFORE 일반 생명 과학 기초 지식을 이수한 뒤에는 그것을 사람에게 적용하여 각종 유발되는 생명 현상에서 이탈되어 발생되는 질환을 다양한 생물학적 관점에서 탐구할 수 있는 질병 분석학 분야를 탐구해 보고 싶습니다.

HOW 문장이 길고, 의미 전달 여부도 모호합니다. 핵심 사항을 중심으로 정리하는 과정이 필요합니다. 관형구가 많은 문장은 단번에 이해하기 어렵습니다. 논문이나 학술 자료에서는 이러한 표현이 가능하나 자기소개서처럼 간결한 글에는 적절하지 않으므로 주의해야 합니다.

AFTER 일반 생명 과학 지식을 바탕으로 질병 분석학 분야를 깊이 있게 탐구하고 싶습니다.

BEFORE 또한 글로벌 기술 개발 기획 공모전에 참가해서 직접 생체 센서를 이용하여 식물 및 동물의 특성을 측정하는 프로그램을 구상하고 설계해 보고 싶습니다.

HOW '싶습니다' 동사가 전 문장에 이어 또 다시 등장했습니다. 소망을 열거하는 인상을 남겨서는 안 됩니다. '싶습니다' 남발은 강렬한 의지를 내비치는 데 부정적인 영향을 미칠 뿐입니다. 지원 분야에 대한 상세한 정보를 활용한 점은 무척 우수합니다. 대단한 정보를 수집할 필요는 없습니다. 이처럼 학생의 관점에서 수집 가능한 정보를 소재로 활용해도 관심도를 드러낼 수 있기 때문입니다. '또한' 후에 쉼표(,)를 활용하면, 집중 효과를 이끌어 낼 수 있습니다.

AFTER 또한, 글로벌 기술 개발 기획 공모전에서 생체 센서를 이용해 식물 및 동물의 특성을 측정하는 프로그램을 구상하고 설계하겠습니다.

BEFORE 바이오 메카트로닉스 분야에서 요구되는 재료의 특성, 가공, 제작과 설비 및 시스템 구축에 필요한 공작 방법에 대하여 실무적 응용 능력을 기를 수 있는 기회가 될 것입니다.

HOW '기회가 될 것이다'처럼 자신이 판단하는 태도는 온당치 않습니다. 의지를 투영한 표현이 보다 적절합니다. 이에 '강화할 것이다'로 수정합니다. '실무적 응용 능력'에서 볼 수 있듯이 'ㅇㅇ적' 표현은 무한에 가까운 조합을 이루어 낼 수 있습니다. '적'을 생략하고도 표현이 어색하지 않다면, 쓰지 않는 것이 옳습니다.

AFTER 이를 통해 바이오 메카트로닉스 분야에 활용할 수 있는 가공, 제작, 설비, 시스템 구축 등의 경험을 쌓으며 실무 역량을 강화할 것입니다.

GOOD 👍

바이오 메카트로닉스는 생명 과학에 대한 기초 지식이 중요합니다. 1, 2학년 과정을 보충할 수 있도록 전공 서적을 읽고, 관련 강의를 수강하겠습니다. 일반 생명 과학 지식을 바탕으로 질병 분석학 분야를 깊이 있게 탐구하고 싶습니다. 또한, 글로벌 기술 개발 기획 공모전에서 생체 센서를 이용해 식물 및 동물의 특성을 측정하는 프로그램을 구상하고 설계하겠습니다. 이를 통해 바이오 메카트로닉스 분야에 활용할 수 있는 가공, 제작, 설비, 시스템 구축 등의 경험을 쌓으며 실무 역량을 강화할 것입니다.

• 사례

BAD 👎

편입 준비를 하면서 편입 후에 새로운 전공을 가지게 된다면 어떤 식으로 공부를 하는 것이 좋을까 생각을 하곤 했습니다. 편입 후 1, 2학년 과정을 3학년 과정과 동시에 수강하다 보면 공부방법이나 내용 측면에서 궁금증이 생길 것이라고 예상합니다. 그럴 때는 교수님께 직접 메일을 드리는 등 적극적인 자세로 문제를 해결해 나갈 것입니다. 또한 심리학과 관련된 대외 활동에 참여하고 싶습니다. 2학년 때 공강을 이용해 학생 식당에서 봉사 활동 후 식권을 받아 취약 계층 학우들에게 전달하는 '끼니나눔'이라는 대학생 연합 봉사단에서 활동한 적이 있습니다. 편입 후에는 좀 더 다양한 봉사 활동을 통해 주변에서 일어나는 일들에 대해 시야를 넓혀 나가고 심리학과에서 배우는 심리학 이론에 실제를 접목시켜 깊이 있는 공부를 하고 싶습니다.

SOLUTION

BEFORE 편입 준비를 하면서 편입 후에 새로운 전공을 가지게 된다면 어떤 식으로 공부를 하는 것이 좋을까 생각을 하곤 했습니다.

HOW 이러한 고민을 학생들이 먼저 해 보도록 자기소개서 학업 계획 항목이 있는 것입니다. 일기장에 쓰듯 본인의 상념과 독백을 서술하는 것은 상황에 맞지 않습니다. 학업 계획과 연결되는 속성이 전혀 없고, 불필요한 내용이라 생략하는 것이 마땅합니다.

AFTER (해당 문장 삭제)

> **BEFORE** 편입 후 1, 2학년 과정을 3학년 과정과 동시에 수강하다 보면 공부방법이나 내용 측면에서 궁금증이 생길 것이라고 예상합니다.

> **HOW** 편입 지원자들에게 동등하게 적용되는 사항은 굳이 길게 언급할 필요는 없습니다. 1, 2학년 과정을 학습해야 하는 상황 설명은 간략할수록 본인에게 이롭습니다. 이에 핵심 사항으로 정리합니다.

> **AFTER** 편입 후 3학년 과정을 이수하기 위해서는 1, 2학년 과정에 대한 학습이 필요합니다.

> **BEFORE** 그럴 때는 교수님께 직접 메일을 드리는 등 적극적인 자세로 문제를 해결해 나갈 것입니다.

> **HOW** 교수님께 메일을 보내는 것은 그 자체로 특정한 의미를 띠지는 않습니다. 메일 보내기의 다음 단계에 초점을 맞춰 기술하면 불필요한 설명을 줄일 수 있습니다. 위의 문장에서 교수님께 메일 보내기의 목적은 학습 방향 설정에 대한 도움을 얻기 위함입니다. 교수님께 조언을 구하고, 이를 토대로 학습 방향을 설정한다는 내용으로 수정합니다.

> **AFTER** 교수님의 조언을 토대로 보충 학습 계획을 수립해 정규 과정과 병행할 계획입니다.

> **BEFORE** 또한 심리학과 관련된 대외 활동에 참여하고 싶습니다.

> **HOW** 행위만 서술하는 데 그치지 말고, 활동의 목적을 추가해야 합니다. 대외 활동에 참여하고 싶다는 내용만으로는 생각의 깊이가 느껴지지 않습니다. 행위와 목적을 아우를 수 있도록 작성해야 합니다.

> **AFTER** 교내 활동에도 참여해 심리학 관련 경험을 쌓을 것입니다.

> **BEFORE** 2학년 때 공강을 이용해 학생 식당에서 봉사 활동 후 식권을 받아 취약 계층 학우들에게 전달하는 '끼니나눔'이라는 대학생 연합 봉사단에서 활동한 적이 있습니다.

> **HOW** 자신의 경험을 소재로 삼으면 다음 문장으로 내용을 연결해 원활한 흐름을 만들어 낼 수 있습니다. 활동했던 단체나 동아리의 명칭을 반드시 기술할 필요는 없지만, 신빙성을 더하는 취지로 언급해도 좋습니다. '활동한 적이 있다'는 '활동했다'로 수정하며 사실을 적시하는 데 적합한 표현 방식을 적용합니다.

> **AFTER** 2학년 때 공강 시간을 이용해 학생 식당에서 봉사를 수행한 후 보상으로 받는 식권을 취약 계층 학우들에게 전달하는 '끼니나눔' 대학생 연합 봉사단에서 활동했습니다.

BEFORE 편입 후에는 좀 더 다양한 봉사 활동을 통해 주변에서 일어나는 일들에 대해 시야를 넓혀 나가고 심리학과에서 배우는 심리학 이론에 실제를 접목시켜 깊이 있는 공부를 하고 싶습니다.

HOW 이전 문장의 경험 소개를 소재로 삼아 내용을 자연스럽게 연결합니다. 접속사를 남발하며 억지스럽게 문장을 연결하는 것은 읽는 사람에게 불편한 느낌을 줍니다. 내용이 이어질 때 문장 간 연결이 가장 자연스럽습니다. 학습 의지를 피력하고자 마지막 동사인 '싶습니다'를 '기울이겠습니다'로 변경합니다.

AFTER ○○대학교에서도 다양한 봉사 활동에 참여해 시야를 넓히고, 심리학 이론에 현상을 접목함으로써 깊이 있는 전공 이해에 심혈을 기울이겠습니다.

GOOD 👍

편입 후 3학년 과정을 이수하기 위해서는 1, 2학년 과정에 대한 학습이 필요합니다. 교수님의 조언을 토대로 보충 학습 계획을 수립해 정규 과정과 병행할 계획입니다. 교내 활동에도 참여해 심리학 관련 경험을 쌓을 것입니다. 2학년 때 공강 시간을 이용해 학생 식당에서 봉사를 수행한 후 보상으로 받는 식권을 취약 계층 학우들에게 전달하는 '끼니나눔' 대학생 연합 봉사단에서 활동했습니다. ○○대학교에서도 다양한 봉사 활동에 참여해 시야를 넓히고, 심리학 이론에 현상을 접목함으로써 깊이 있는 전공 이해에 심혈을 기울이겠습니다.

• 사례 ❻

BAD 👎

첫째, 편입 후 4+2 제도를 적극 활용해서 해외 대학에서 영어에 대한 학문적 견해를 넓힐 것입니다. 저는 과 내에 높은 성적을 받아 영국에서 공부하는 해외 연수 경비를 지원 받고 싶습니다. 전적대에서는 종교적 차이 때문에 해외로 나가 공부하는 것이 불가능했지만 이번 기회를 통해 해외에서 자연스럽게 일상생활부터 영어에 매진할 수 있는 시간을 가질 것입니다.

둘째, 저는 영미 문학을 깊게 공부하고 싶습니다. 특히 저는 전공 중에 '드라마를 통한 영어 실습' 수업을 꼭 듣고 싶습니다. 전적대에서 연극을 하면서 배웠던 감성과 색다른 경험이 많은 도움이 되었습니다. 이 수업을 통해 다른 많은 희곡들을 공부하면서 영국의 정서와 역사를 배우고 싶습니다.

SOLUTION

BEFORE 첫째, 편입 후 4+2 제도를 적극 활용해서 해외 대학에서 영어에 대한 학문적 견해를 넓힐 것입니다.

HOW '첫째, 둘째, …' 식의 문장 분할은 논리를 강조하거나 순차적 내용을 서술할 때는 유용하지만, 형식에 얽매여 불필요한 표현을 쓰게 될 수 있으므로 자기소개서에는 적합하지 않습니다. '4+2 제도'는 글감으로 무척 유용합니다. 학업 계획의 틀을 제시할 수 있기 때문입니다. 이처럼 지원 대학교의 특색을 학업 계획으로 활용해 보기 바랍니다.

AFTER 편입 후 '4+2 제도'를 활용해 해외 대학에서 영어와 문학을 깊이 있게 학습할 계획입니다.

BEFORE 저는 과 내에 높은 성적을 받아 영국에서 공부하는 해외 연수 경비를 지원 받고 싶습니다.

HOW 우선 '저는'은 생략하고, 내용을 정리합니다. '높은 성적을 받는다'를 굳이 서술할 이유는 없습니다. '학점 관리'라는 어휘에 포괄할 수 있고, 이를 통해 문장을 간결하게 다듬을 수 있습니다. 자신의 동작과 과정을 서술하기에 앞서 관련 어휘로 해당 내용을 담아내는 시도가 필요합니다. 위의 경우, '학점 관리 집중'이 합당한 어휘 선택입니다.

AFTER 또한, 학점 관리에 집중해 해외 연수 경비를 지원받을 것입니다.

BEFORE 전적대에서는 종교적 차이 때문에 해외로 나가 공부하는 것이 불가능했지만 이번 기회를 통해 해외에서 자연스럽게 일상생활부터 영어에 매진할 수 있는 시간을 가질 것입니다.

HOW 종교적 차이로 해외에서 공부할 수 없는 경우가 한국 대학교 환경에 해당되는지 의문이 듭니다. 설령 사실일지라도 지원자가 처한 상황이 극복 불가한 경우는 아니므로 오해를 일으키지 않도록 생략합니다. 종교적 차이 관련 내용을 구체적으로 적시해도 학업 계획과 큰 관련이 없으므로 생략이 최상의 해법이라고 생각합니다.

AFTER (해당 문장 삭제)

BEFORE 둘째, 저는 영미 문학을 깊게 공부하고 싶습니다.

HOW '첫째'로 시작하는 첫 문장을 수정했으므로 '둘째'로 시작하는 위 문장도 수정해야 합니다. '영미 문학'을 선택한 점은 지원 전공과도 맥락이 일치해 아주 적절합니다. '저는'이 또 등장합니다. '저는'을 한 번이라도 쓴 지원자는 후속 문장에서 자신을 지칭하는 표현을 반복해서 사용합니다. 아예 사용하지 않아야 하는 이유입니다.

AFTER 학부 과정으로 영미 문학을 집중적으로 배우겠습니다.

BEFORE 특히 저는 전공 중에 '드라마를 통한 영어 실습' 수업을 꼭 듣고 싶습니다.

HOW '싶습니다'가 연이어 등장해 이전 문장을 '배우겠습니다'로 수정하고, 이번 문장에서는 '싶습니다'를 그대로 사용합니다. 연속해서 동일한 동사로 마무리하지 않도록 주의하기 바랍니다. '드라마를 통한 영어 실습'을 선택한 점은 좋습니다. 이에 덧붙여 드라마의 속성인 '트렌드'를 언급하며 학습 목적을 명시합니다.

AFTER 특히, 드라마를 통한 영어 실습 강의를 수강하며 실용적인 영어 표현과 최신 트렌드를 접하고 싶습니다.

BEFORE 전적대에서 연극을 하면서 배웠던 감성과 색다른 경험이 많은 도움이 되었습니다.

HOW 후속 문장으로 포괄해도 되는 내용입니다. 짧은 문장이 이해가 쉽지만, 흐름을 끊는 경향도 보입니다. 해당 문장의 전과 후를 고려해 길이를 조절할 수 있습니다.

AFTER (해당 문장 삭제)

BEFORE 이 수업을 통해 다른 많은 희곡들을 공부하면서 영국의 정서와 역사를 배우고 싶습니다.

HOW 이전 문장과 통합해 내용의 연결성을 높입니다. 연극 활동과 영미 희곡은 공유하는 요소가 많습니다. 단순히 문장을 분절하는 것보다 이와 같이 내용 연결을 고려해 표현함으로써 자연스러움을 더할 수 있습니다.

AFTER 전적 대학교에서 연극 활동을 통해 익힌 경험을 토대로 영미 희곡을 학습하며 영국의 역사와 문화를 배울 것입니다.

GOOD 👍

편입 후 '4+2 제도'를 활용해 해외 대학에서 영어와 문학을 깊이 있게 학습할 계획입니다. 또한, 학점 관리에 집중해 해외 연수 경비를 지원받을 것입니다. 학부 과정으로 영미 문학을 집중적으로 배우겠습니다. 특히, 드라마를 통한 영어 실습 강의를 수강하며 실용적인 영어 표현과 최신 트렌드를 접하고 싶습니다. 전적 대학교에서 연극 활동을 통해 익힌 경험을 토대로 영미 희곡을 학습하며 영국의 역사와 문화를 배울 것입니다.

• 사례

BAD 👎

교내에서 정말 하고픈 것이 너무 많아 정신을 똑바로 차려야 할 것 같습니다. 건축가는 혼자 하는 직업이 아니기 때문에 건축과 관련된 동아리에 들어가거나 선후배 간의 끈끈한 정도 쌓고 느끼면서 인간관계를 넓히고 싶습니다. 교외에서는 국내에 있는 전시장을 찾아다니며 더 많은 것을 배우러 다닐 예정입니다. 책에서 봤던 좋아하는 건축가들의 작품들이나 다양한 인테리어, 신축 건물들을 보러 다닐 것입니다. 스케치나 사진 찍는 것을 많이 해서 다 남기고 싶습니다. 건축 재료에도 궁금증이 많아서 쓰임새를 자세히 알고 싶어서 현장이랑 자재상에도 갈 것입니다. 가장 중요한 Revit, CAD, MAX 등 설계 프로그램들과 렌더링 연습을 많이 하려고 합니다. 어느 정도 감각이 돌아오면 공모전이나 각종 자격증도 딸 예정입니다.

SOLUTION 🖱

BEFORE 교내에서 정말 하고픈 것이 너무 많아 정신을 똑바로 차려야 할 것 같습니다.

HOW 구어체 표현과 불필요한 내용이 고르게 드러난 문장입니다. '정말 하고픈', '정신을 똑바로 차려야' 등은 자기소개서 표현으로 적절하지 않습니다. 이처럼 목적과 형식에 맞지 않은 표현은 글의 무게감을 떨어뜨릴 뿐입니다.

AFTER (해당 문장 삭제)

BEFORE 건축가는 혼자 하는 직업이 아니기 때문에 건축과 관련된 동아리에 들어가거나 선후배 간의 끈끈한 정도 쌓고 느끼면서 인간관계를 넓히고 싶습니다.

- **HOW** 동아리와 인간관계 확장 관련 내용이 학업 계획의 초반을 차지했습니다. 학업 관련 내용부터 기술하는 것이 흐름에 맞습니다. 동아리는 다양성을 확충하는 수단으로써 학업을 보완하는 역할을 합니다. 수강할 과목을 나열하는 구체적인 접근법이 아니더라도 학업에 집중하는 모습을 보여 주는 문장이 필요합니다.
- **AFTER** 건축은 독자 활동이 아닌, 협동을 통한 창조 활동입니다. 학업 과정에 충실히 임하며 협력할 수 있는 실력을 갖출 것입니다.

- **BEFORE** 교외에서는 국내에 있는 전시장을 찾아다니며 더 많은 것을 배우러 다닐 예정입니다.
- **HOW** 표현과 내용이 일치하는지 점검해야 합니다. 동아리 관련 내용을 중간 위치로 옮겼고, '전공 지식'을 핵심 어휘로 추가해 학업 연관성을 높였습니다. 적합한 어휘를 선택해 문단의 구조를 잡는 방식도 유용합니다.
- **AFTER** 또한, 건축 관련 동아리에서 정보를 공유하며 전공 지식을 습득하겠습니다. 교외 활동으로는 전시장을 탐방하며 견문을 넓힐 계획입니다.

- **BEFORE** 책에서 봤던 좋아하는 건축가들의 작품들이나 다양한 인테리어, 신축 건물들을 보러 다닐 것입니다.
- **HOW** 위 문장 이후에 등장하는 내용을 정리해 한 문장으로 가다듬도록 합니다. 중요하지 않은 내용을 완결된 문장으로 기술해 흐름을 끊는 것보다는 생략하거나 관련 내용으로 포괄하는 편이 낫습니다. 건축 전공에 부합하는 용어 사용과 활동 계획이 자연스럽게 어울립니다.
- **AFTER** 특히, 서적으로 접한 건축물과 작품을 직접 관찰하고, 다양한 인테리어와 건축 재료 지식도 접할 것입니다.

- **BEFORE** 스케치나 사진 찍는 것을 많이 해서 다 남기고 싶습니다.
- **HOW** 해당 내용은 이전 문장으로 포괄합니다. '다 남기고 싶다'의 목적과 이유에 대한 설명 없이는 굳이 독립 문장으로 기술할 가치가 없습니다.
- **AFTER** (해당 문장 삭제)

- **BEFORE** 건축 재료에도 궁금증이 많아서 쓰임새를 자세히 알고 싶어서 현장이랑 자재상에도 갈 것입니다.

> **HOW** 마찬가지로 위의 내용이 건축 전공자에게는 당연한 과정이라 독립 문장으로 기술할 사항은 아닙니다. 전공자로서 반드시 알아야 할 사항인데 궁금증이 많아 해당 내용을 알고자 노력한다고 언급하는 것은 불필요한 내용 나열에 지나지 않습니다.

> **AFTER** (해당 문장 삭제)

> **BEFORE** 가장 중요한 Revit, CAD, MAX 등 설계 프로그램들과 렌더링 연습을 많이 하려고 합니다.

> **HOW** '하려고 하다', '하도록 하겠다'처럼 '하다'를 반복적으로 사용하는 표현은 구어체로 적당합니다. 문어체를 사용할 때는 정확한 인상을 주는 방식을 활용해야 합니다. '노력을 기울이겠다'는 '하려고 하다'보다 더 강단 있는 느낌이 납니다. 설계 프로그램에 대한 관심은 열의를 보이는 데 효과적이며, 학습 의지도 엿볼 수 있는 부분입니다.

> **AFTER** 아울러, Revit, CAD, MAX 등의 설계 프로그램을 연습하고, 숙달을 위해 많은 노력을 기울이겠습니다.

> **BEFORE** 어느 정도 감각이 돌아오면 공모전이나 각종 자격증도 딸 예정입니다.

> **HOW** '어느 정도 감각이 돌아오면'이 의미하는 바는 알 수 있지만, 대략적인 느낌으로 계획을 설정하고 있는 인상을 줍니다. '자격증을 따다'보다 '자격증을 취득하다'가 더 적절한 표현입니다. 공모전에 도전하는 목적과 자격증 취득의 목적까지 첨가해야 한 문장으로서 완결성을 띱니다. '공모전으로 실무 경험을 쌓고, 자격증으로 전문성을 함양한다'는 문장을 통해 목적을 보여 주며 뚜렷한 학업 의지를 드러냅니다.

> **AFTER** 공모전에 도전해 실무와 유사한 경험을 쌓고, 자격증도 취득하며 전문성을 마련할 것입니다.

▼

GOOD 👍

건축은 독자 활동이 아닌, 협동을 통한 창조 활동입니다. 학업 과정에 충실히 임하며 협력할 수 있는 실력을 갖출 것입니다. 또한, 건축 관련 동아리에서 정보를 공유하며 전공 지식을 습득하겠습니다. 교외 활동으로는 전시장을 탐방하며 견문을 넓힐 계획입니다. 특히, 서적으로 접한 건축물과 작품을 직접 관찰하고, 다양한 인테리어와 건축 재료 지식도 접할 것입니다. 아울러, Revit, CAD, MAX 등의 설계 프로그램을 연습하고, 숙달을 위해 많은 노력을 기울이겠습니다. 공모전에 도전해 실무와 유사한 경험을 쌓고, 자격증도 취득하며 전문성을 마련할 것입니다.

• 사례 ❽

BAD 👎

　신문을 비롯한 언론 매체들은 우리 일상생활에 곳곳에 깊게 자리 잡아 있기 때문에 그에 관한 학문 역시 활용 범위가 다양하다고 알고 있습니다. 그래서 저는 큰 신문 방송학이라는 테두리 속에서 다양한 전공과목을 수강함으로써 견문을 넓혀갈 것입니다. 그리고 3학년으로 편입하는 만큼, 전공 심화를 이해하기에 부족한 1, 2학년의 전공과목 역시 필요한 부분에 있어서 담당 교수님과 상담 후에 전반적인 지식들을 습득해 갈 것입니다. 특히 역사학에서도 관심이 많기 때문에 이 부분과 전공을 어떻게 연계하고 활용할 수 있는지를 공부해 보고 싶습니다. 또한 신문 방송학과의 주요 목적인 '소통'을 배우는 과정에 있어서는 알아본 바, ○○대학교 소모임인 'liveIT'를 통해 단순히 이론만을 학습하는 것이 아닌 적용을 해 나갈 생각입니다.

▼

SOLUTION

BEFORE 신문을 비롯한 언론 매체들은 우리 일상생활에 곳곳에 깊게 자리 잡아 있기 때문에 그에 관한 학문 역시 활용 범위가 다양하다고 알고 있습니다.

HOW '알고 있습니다'는 사실에 대한 우회적 표현에 지나지 않습니다. 주체인 자신이 일반적인 사실을 알고 있다는 점은 전혀 중요하지 않습니다. '언론 매체'를 주어로 수정하고, 자신과 관련 없는 일반적인 사실은 '드러내고 있습니다'로 수정해 사실을 그대로 적시합니다.

AFTER 신문과 방송을 포함해 새로운 형태의 언론 매체가 기술 발전에 힘입어 지속적으로 모습을 드러내고 있습니다.

....

BEFORE 그래서 저는 큰 신문 방송학이라는 테두리 속에서 다양한 전공과목을 수강함으로써 견문을 넓혀갈 것입니다.

HOW '그래서 저는'은 접속사와 자기 지칭 어휘가 동시에 등장한 구문입니다. 생략 후, 문장 표현을 수정합니다. 어휘 선택과 흐름은 적절합니다.

AFTER 이와 같은 언론 환경에 대응할 수 있도록 신문 방송학과의 다양한 전공과목을 균형 있게 수강할 계획입니다.

BEFORE 그리고 3학년으로 편입하는 만큼, 전공 심화를 이해하기에 부족한 1, 2학년의 전공 과목 역시 필요한 부분에 있어서 담당 교수님과 상담 후에 전반적인 지식들을 습득해 갈 것입니다.

HOW '그리고'는 이전 문장에서 '그래서'를 썼기 때문에 등장한 접속사라고 할 수 있습니다. 접속사를 삭제해도 내용이 문장을 자연스럽게 연결합니다. '필요한 부분에 있어서'는 구어체입니다. 내용이 없는 표현이므로 생략하는 것이 적절합니다.

AFTER 3학년 과정을 이수하기 위해 1, 2학년 과정을 주도적으로 학습할 것입니다. 교수님의 조언에 따라 학습 계획을 구성하고, 체계적으로 전공 지식을 쌓아 가겠습니다.

BEFORE 특히 사회학에서도 관심이 많기 때문에 이 부분과 전공을 어떻게 연계하고 활용할 수 있는지를 공부해 보고 싶습니다.

HOW 화제 전환을 위해 짧은 문장으로 소재를 다룹니다. 문장 길이를 조절하는 것은 호흡 조절과 유사합니다. 접속사를 사용하지 않아도 되는 이유입니다.

AFTER 사회학에도 관심이 많습니다. 신문 방송학과 사회학을 연계해 학습할 수 있는 방법도 탐구하며 지식의 범위를 꾸준히 넓혀갈 것입니다.

BEFORE 또한 신문 방송학과의 주요 목적인 '소통'을 배우는 과정에 있어서는 알아본 바, ○○대학교 소모임인 'liveIT'를 통해 단순히 이론만을 학습하는 것이 아닌 적용을 해 나갈 생각입니다.

HOW '과정에 있어서는 알아본 바' 구문이 구어체라는 사실은 확연합니다. 이러한 표현은 반드시 생략합니다. '소통을 배우고 싶어 알아봤더니 마침 소통 관련 소모임이 있음을 확인했다. 그 소모임에서 소통을 배우겠다.'라는 느낌과 유사한 문장입니다. 불필요한 인과 관계 서술로 반복만 늘어놓은 격입니다. 지원자들이 '특정 내용을 알아봤다'라는 표현을 쓰는 이유는 지원 학교에 관심을 갖고 있음을 보여 주고자 함입니다. 의도 노출은 적절한 전략이나 반복적 표현은 부적절합니다. '소모임에서 소통을 배우겠다.'라고 기술하면, 기본 내용의 전제를 통해 반복을 피하며 지원자의 관심까지 드러낼 수 있습니다.

AFTER 아울러, ○○대학교 소모임 'liveIT'를 통해 신문 방송학 이론뿐만 아니라 소통 방법도 배우겠습니다.

GOOD 👍

　신문과 방송을 포함해 새로운 형태의 언론 매체가 기술 발전에 힘입어 지속적으로 모습을 드러내고 있습니다. 이와 같은 언론 환경에 대응할 수 있도록 신문 방송학과의 다양한 전공과목을 균형 있게 수강할 계획입니다. 3학년 과정을 이수하기 위해 1, 2학년 과정을 주도적으로 학습할 것입니다. 교수님의 조언에 따라 학습 계획을 구성하고, 체계적으로 전공 지식을 쌓아가겠습니다. 사회학에도 관심이 많습니다. 신문 방송학과 사회학을 연계해 학습할 수 있는 방법도 탐구하며 지식의 범위를 꾸준히 넓혀갈 것입니다. 아울러, ○○대학교 소모임 'liveIT'를 통해 신문 방송학 이론뿐만 아니라 소통 방법도 배우겠습니다.

• 사례

BAD 👎

　전문 지식을 기르기 위한 전공 공부를 최우선으로 삼을 것입니다. 예습과 복습, 적극적으로 학업에 임하겠다는 열정을 통하여 학업에 집중하고 싶습니다. 또한 특수 교사로서의 자질을 기르는 데에는 현장 경험도 중요하다고 생각합니다. 특수 교육 기관의 자원봉사를 통하여 어떤 환경과 교육이 이루어지는지 알아 갈 것입니다. 나아가 다른 학생들과 전문적인 지식 공유를 통하여 함께 의지하고 소통하여 임용 시험을 준비하고 싶습니다. 보육 교사로 종사하면서 사람들에게 편재되어 있는 장애인에 대한 잘못된 사회 인식이 점차 긍정적으로 변화하는 것을 보았습니다. 뜻이 맞는 친구들과 함께 장애인은 나와 틀리며, 무조건 도와줘야 하는 불쌍한 존재로 생각하는 잘못된 사회적 인식을 변화시킬 수 있는 캠페인을 진행해 보고 싶습니다.

SOLUTION

BEFORE 전문 지식을 기르기 위한 전공 공부를 최우선으로 삼을 것입니다.

HOW '지식을 기르다'는 자주 실수하는 표현 중 하나입니다. '전문 역량'은 지식을 기반으로 도달하는 상위 수준입니다. 진중한 인상을 더하도록 어휘를 수정합니다.

AFTER 전문 역량을 갖추기 위해 전공 학습에 전념할 것입니다.

BEFORE 예습과 복습, 적극적으로 학업에 임하겠다는 열정을 통하여 학업에 집중하고 싶습니다.

> **HOW** 쉼표(,)로 연결한 내용이 서로 어울리지 않습니다. 동일한 맥락으로 수정한다면, '철저한 예습과 복습, 학업에 대한 열정을 통해'와 같이 바꿀 수 있습니다. 구조가 유사해야 연결되는 모습이 자연스럽습니다. 이는 관형어와 명사의 조합으로 구문의 구조를 통일한 경우에 해당합니다. 학업에 집중하는 행위는 본인의 의지로 결정할 수 있는 사항입니다. '집중하고 싶다'라는 표현은 반드시 이행해야 하는 상황과는 어울리지 않습니다.

> **AFTER** 항상 예습과 복습을 반복하며 기초를 다지겠습니다.

> **BEFORE** 또한 특수 교사로서의 자질을 기르는 데에는 현장 경험도 중요하다고 생각합니다.

> **HOW** 독립 문장으로서의 가치가 없습니다. 이어지는 문장에서 간략하게 포함할 수 있는 내용이므로 글의 부드러운 연결을 위해 생략합니다.

> **AFTER** (해당 문장 삭제)

> **BEFORE** 특수 교육 기관의 자원봉사를 통하여 어떤 환경과 교육이 이루어지는지 알아 갈 것입니다.

> **HOW** '특수 교육 기관 봉사'가 앞서 언급했던 현장 경험에 해당하는 내용입니다. 생략한 이전 문장 내용을 반복 없이 포괄합니다.

> **AFTER** 특수 교육 기관에서 봉사하며 교육 환경과 방법을 확인할 계획입니다.

> **BEFORE** 나아가 다른 학생들과 전문적인 지식 공유를 통하여 함께 의지하고 소통하여 임용 시험을 준비하고 싶습니다.

> **HOW** '더 나아가'가 맞는 표현입니다. 핵심 어휘는 '임용 시험'이므로 의지와 소통으로 학습하는 과정을 묘사하기보다는 단도직입적인 모습을 보이는 편이 더 강렬한 인상을 남깁니다.

> **AFTER** 아울러, 학우들과 전문 지식을 공유하며 임용 시험을 준비하겠습니다.

> **BEFORE** 보육 교사로 종사하면서 사람들에게 편재되어 있는 장애인에 대한 잘못된 사회 인식이 점차 긍정적으로 변화하는 것을 보았습니다.

- **HOW** 경험에 바탕을 둔 통찰은 최상의 소재입니다. 일반적인 내용일지라도 경험으로 얻은 지혜와 문제의식을 지원 전공과 연결해 설명할 수 있다면, 이는 더할 나위 없는 접근 방식입니다.
- **AFTER** 보육 교사로 근무하며 장애인에 대한 사회의 그릇된 인식이 점진적으로 개선되고 있음을 체감할 수 있었습니다.

- **BEFORE** 뜻이 맞는 친구들과 함께 장애인은 나와 틀리며, 무조건 도와줘야 하는 불쌍한 존재로 생각하는 잘못된 사회적 인식을 변화시킬 수 있는 캠페인을 진행해 보고 싶습니다.
- **HOW** 구술하는 듯한 표현은 삼가야 합니다. '나와 틀리며, 무조건 도와줘야 하는'은 문어체로 정리할 수 있습니다. '불쌍한'은 자기소개서의 무게감과 어울리지 않는 어휘입니다. '사회적 약자'라고 변경할 수 있습니다. 캠페인 진행은 본인의 의지만으로 할 수 있는 일이 아니므로 위의 문장에서는 '싶습니다'가 적절합니다.
- **AFTER** 많은 사람들이 장애인에 대한 인식을 개선할 수 있도록 직접 캠페인을 진행해 보고 싶습니다.

GOOD 👍

전문 역량을 갖추기 위해 전공 학습에 전념할 것입니다. 항상 예습과 복습을 반복하며 기초를 다지겠습니다. 특수 교육 기관에서 봉사하며 교육 환경과 방법을 확인할 계획입니다. 아울러, 학우들과 전문 지식을 공유하며 임용 시험을 준비하겠습니다. 보육 교사로 근무하며 장애인에 대한 사회의 그릇된 인식이 점진적으로 개선되고 있음을 체감할 수 있었습니다. 많은 사람들이 장애인에 대한 인식을 개선할 수 있도록 직접 캠페인을 진행해 보고 싶습니다.

• 사례 ⑩

BAD

　입학 후 제 학업 계획은 두 가지로 이루어져 있습니다. 첫 번째는 전공 지식의 구축입니다. 제가 듣지 못했던 전공 수업과 함께 3학년 수업을 따라가는 데 가장 중점을 두겠습니다. 도시 공학 입문과 교통학 개론 같은 핵심 과목을 중심으로 이론 과정을 확산해 나가겠습니다. 두 번째는 적극성 함양입니다. 거침없는 행동을 강조하는 도시 공학과에서 적극적이고 건설적인 자세가 그 무엇보다 중요하다고 생각합니다. 그렇기 때문에 입학 후 새로운 동기들과 친분을 쌓고 동아리에 가입 하는 등 도전을 두려워하지 않고 당당히 맞서는 자세를 가지겠습니다. 그리고 도시 공학과만의 도시 영상제와 해외 도시 비교 연구 답사 등 많은 제도에 참여하여 도시 공학과에 알맞은 열의를 보이겠습니다.

▼

SOLUTION

BEFORE 입학 후 제 학업 계획은 두 가지로 이루어져 있습니다.

HOW 학업 계획의 구성에 대한 불필요한 설명입니다. 말하고 싶은 두 가지가 구체적이지도 않고, 내용도 없습니다. 이러한 경우는 생략합니다.

AFTER (해당 문장 삭제)

BEFORE 첫 번째는 전공 지식의 구축입니다.

HOW 핵심 어휘는 '전공 지식'입니다. 서수 구조로 문단을 나누면 내용 기술이 형식에 얽매이는 현상을 마주할 수 있습니다. 분량이 많은 글을 쓸 경우, 소개할 이야기가 없어 내용을 형식에 기대어 채워야 할 경우, 주장에 대한 논거를 제시할 경우 등에는 서수 구조로 접근해도 유용합니다. 자기소개서는 이러한 경우에 해당하지 않으므로 서수 구조를 사용하지 않습니다.

AFTER 입학 후 전공 지식을 쌓는 데 집중하겠습니다.

BEFORE 제가 듣지 못했던 전공 수업과 함께 3학년 수업을 따라가는 데 가장 중점을 두겠습니다.

HOW '제가'로 문장을 시작하면 구어체 인상을 줍니다. 지양해야 하는 표현입니다. 이전 문장의 마무리 동사 형태로 '하겠습니다'를 썼으므로 이어지는 문장에서는 다른 동사로 마무리하는 것이 한층 다채롭습니다. 아울러, 다음 문장과 연결될 수 있도록 '기본 지식'의 필요성을 언급합니다.

`AFTER` 3학년 과정을 이해하기 위해서는 기본 지식이 필요합니다.

`BEFORE` 도시 공학 입문과 교통학 개론 같은 핵심 과목을 중심으로 이론 과정을 확산해 나가겠습니다.

`HOW` 수강할 기본 과목에 'ㅇㅇ 같은' 등의 비교형 표현은 자연스럽지 않습니다. 이 부분을 '도시 공학 입문, 교통학 개론 등의 핵심 과목을'로 수정해야 합니다. '이론 과정을 확산하다'도 자연스럽지 못한 표현이므로 수정합니다.

`AFTER` 도시 공학 입문, 교통학 개론 등의 핵심 과목을 수강하며 이론의 배경과 개념을 익히겠습니다.

`BEFORE` 두 번째는 적극성 함양입니다.

`HOW` 서수로 순서를 나눠 내용을 소개하는 글의 구조는 문단 초반에 이미 수정했습니다.

`AFTER` (해당 문장 삭제)

`BEFORE` 거침없는 행동을 강조하는 도시 공학과에서 적극적이고 건설적인 자세가 그 무엇보다 중요하다고 생각합니다.

`HOW` '거침없는 행동을 강조한다'는 내용은 도시 공학과가 지향하는 바와 일치한다고 장담할 수 없습니다. 오해의 소지가 있는 부분은 생략합니다. '탐구 자세'와 '협업 능력'은 학습 과정에 유용한 소양입니다. 이는 대부분의 전공 학업 계획과도 잘 어울립니다.

`AFTER` 도시 공학을 현실에 적용하기 위해서는 적극적인 탐구 자세와 협업 능력을 갖춰야 합니다.

`BEFORE` 그렇기 때문에 입학 후 새로운 동기들과 친분을 쌓고 동아리에 가입 하는 등 도전을 두려워하지 않고 당당히 맞서는 자세를 가지겠습니다.

`HOW` '동아리에 가입하는 등'이 의미하는 바가 없습니다. 교내 동아리에서 사회 현상을 분석한다는 내용으로 수정합니다. 목적과 수단을 구체적으로 기술해야 글의 신뢰도가 향상됩니다. '동기들과 친분을 쌓는다'에 대한 목적을 제시하지 않고 있습니다. '학우들과 어울리며 다양한 의견을 나눈다'로 수정해 목적과 수단을 명료하게 나타냅니다.

> **AFTER** 학우들과 어울리며 다양한 의견을 나누고, 교내 동아리를 통해 사회 현상을 분석하며 전공 지식을 보완할 것입니다.

> **BEFORE** 그리고 도시 공학과만의 도시 영상제와 해외 도시 비교 연구 답사 등 많은 제도에 참여하여 도시 공학과에 알맞은 열의를 보이겠습니다.
>
> **HOW** '그리고'는 단순 나열의 인상이 강한 접속사입니다. 확실한 문장 분절을 위해 쉼표(,)를 쓸 수 있도록 '아울러'로 변경합니다. '도시 공학과에 알맞은 열의를' 구문에서 작성자가 의도한 바는 이해할 수 있으나 '알맞다'의 기준은 주관적이므로 모호한 표현입니다. 마지막 문장으로 인상을 간결하게 정리하고자 '하겠습니다' 형태로 수정합니다. '도시 영상제', '해외 도시 비교 연구 답사'는 소재로 우수합니다.
>
> **AFTER** 아울러, 도시 영상제, 해외 도시 비교 연구 답사 등에 참여해 시야를 넓히겠습니다.

GOOD 👍

입학 후 전공 지식을 쌓는 데 집중하겠습니다. 3학년 과정을 이해하기 위해서는 기본 지식이 필요합니다. 도시 공학 입문, 교통학 개론 등의 핵심 과목을 수강하며 이론의 배경과 개념을 익히겠습니다. 도시 공학을 현실에 적용하기 위해서는 적극적인 탐구 자세와 협업 능력을 갖춰야 합니다. 학우들과 어울리며 다양한 의견을 나누고, 교내 동아리를 통해 사회 현상을 분석하며 전공 지식을 보완할 것입니다. 아울러, 도시 영상제, 해외 도시 비교 연구 답사 등에 참여해 시야를 넓히겠습니다.

• 사례 ⓫

BAD 👎

3학년으로 편입한 후, 전공 공부를 주로 하여 다른 부수적인 공부를 병행할 계획입니다. 1, 2학년 때 완벽히 학습하지 못했던 유기 화학, 분광학을 추가적으로 공부할 생각입니다. 전공 기초 과목이 잘 이해되어야 그 후의 과정도 수월하게 학습할 수 있습니다. 편입 수학을 공부하면서 심도 있게 배운 공학 수학이 전공 수업을 듣는데 도움이 될 것이라고 생각합니다. 전공 이외에도, 글로벌 시대에 맞춰 영어, 중국어를 공부할 계획입니다. 영어는 스피킹을 위주로 공부해서 이론적인 부분보다 부족했던 부분을 채울 것입니다. 중, 고등학생 때 배웠던 기초를 바탕으로 심화된 과정의 중국어도 공부할 계획입니다. 공학을 전공하지만 언어에 대해 능통하다면 조금 더 폭넓은 범위에서 역량을 발휘할 수 있다고 생각합니다.

SOLUTION

BEFORE 3학년으로 편입한 후, 전공 공부를 주로 하여 다른 부수적인 공부를 병행할 계획입니다.

HOW 표현이 모호합니다. 전달하고 싶은 내용은 '전공을 주된 학습 대상으로 삼고 연관 부문은 부수적으로 학습하겠다'입니다. '주로 하여'가 만들 수 있는 오해를 피하고자 문장 구조를 바꿉니다. '3학년 편입 후' 구문은 모든 편입 지원자에게 해당하는 공통 사항이므로 불필요합니다. 물론 분량을 채울 수 없을 때는 불필요한 구문도 문장 연결 용도로 사용할 수 있습니다.

AFTER 전공 과정에 집중하며 역량을 강화할 수 있는 분야의 학습도 병행할 계획입니다.

BEFORE 1, 2학년 때 완벽히 학습하지 못했던 유기 화학, 분광학을 추가적으로 공부할 생각입니다.

HOW '1, 2학년 과정 추가 학습'도 모든 편입 지원자에게는 해당하는 공통 사항이므로 표현을 바꿔 기술합니다. 수강을 희망하는 과목을 언급한 것은 무척 적절합니다.

AFTER 유기 화학과 분광학 강의를 수강하며 부족한 지식을 보충하고, 기초 과정을 복습하며 고학년 과정을 준비할 것입니다.

BEFORE 전공 기초 과목이 잘 이해되어야 그 후의 과정도 수월하게 학습할 수 있습니다.

HOW 이전 문장에서 포괄하고 있는 내용이고, 상식을 불필요하게 언급하고 있어 생략합니다.

AFTER (해당 문장 삭제)

BEFORE 편입 수학을 공부하면서 심도 있게 배운 공학 수학이 전공 수업을 듣는데 도움이 될 것이라고 생각합니다.

HOW 동일한 사항을 발전 지향적으로 연출하는 노력이 필요합니다. 편입 준비 과정에서 수학을 배우는 것은 당연하므로 '편입 수학'과 같은 표현은 쓰지 않는 편이 낫습니다. 또한, '도움이 될 것이라고 생각한다'처럼 자신에 대한 평가와 판단이 담긴 표현은 배제해야 합니다.

◀ AFTER ▶ 아울러, 공학 수학 지식을 전공 과정에 연결하며 개념 이해에 힘쓰겠습니다.

◀ BEFORE ▶ 전공 이외에도, 글로벌 시대에 맞춰 영어, 중국어를 공부할 계획입니다.

◀ HOW ▶ 화제 전환에 앞서 문장 연결 용도로 일반적 내용을 기술한 문장을 배치합니다.

◀ AFTER ▶ 기술 이해와 소통을 위해서는 외국어 실력이 중요합니다.

◀ BEFORE ▶ 영어는 스피킹을 위주로 공부해서 이론적인 부분보다 부족했던 부분을 채울 것입니다.

◀ HOW ▶ 이전 문장에서 구조를 변경했으므로 그에 맞는 내용을 삽입합니다. '스피킹'은 '회화'로 바꿔야 합니다. 고유 명사 외에는 영어 어휘를 한국어로 변환해 사용하는 것이 표현의 통일성을 높입니다.

◀ AFTER ▶ 글로벌 환경에 맞춰 영어와 중국어도 학습할 계획입니다.

◀ BEFORE ▶ 중, 고등학생 때 배웠던 기초를 바탕으로 심화된 과정의 중국어도 공부할 계획입니다.

◀ HOW ▶ '심화된'은 수동 표현의 남발을 경계해야 하는 이유를 보여 줍니다. 중국어를 중·고등학교 때 배운 사실은 중요하지 않습니다. '기초를 바탕으로'라는 표현으로 불필요한 내용을 대체할 수 있습니다.

◀ AFTER ▶ 영어는 회화 실력을 키우고, 중국어는 기초를 바탕으로 실력을 쌓을 것입니다.

◀ BEFORE ▶ 공학을 전공하지만 언어에 대해 능통하다면 조금 더 폭넓은 범위에서 역량을 발휘할 수 있다고 생각합니다.

◀ HOW ▶ 언어 학습에 대한 부연 설명은 이미 이전 문장에서 언급한 내용입니다. 일반적 사실은 문장 연결 용도, 환기 용도로 사용합니다.

◀ AFTER ▶ 끊임없이 자기 계발에 주력하며 역량을 강화하겠습니다.

▼

GOOD 👍

전공 과정에 집중하며 역량을 강화할 수 있는 분야의 학습도 병행할 계획입니다. 유기 화학과 분광학 강의를 수강하며 부족한 지식을 보충하고, 기초 과정을 복습하며 고학년 과정을 준비할 것입니다. 아울러, 공학 수학 지식을 전공 과정에 연결하며 개념 이해에 힘쓰겠습니다. 기술 이해와 소통을 위해서는 외국어 실력이 중요합니다. 글로벌 환경에 맞춰 영어와 중국어도 학습할 계획입니다. 영어는 회화 실력을 키우고, 중국어는 기초를 바탕으로 실력을 쌓을 것입니다. 끊임없이 자기 계발에 주력하며 역량을 강화하겠습니다.

• 사례

BAD 👎

편입학 후 중국어 회화 수업을 통해 원어민들과 일상생활에서 원활하게 소통할 수 있도록 중국어 회화 능력을 집중적으로 계발할 것입니다. 중국어로 된 자료를 능숙하게 다루기 위해 중어 강독을 수강하여 작문, 독해 능력을 강화할 것이며, 또한 시사문 강독 수업을 통해 중국 신문, 잡지의 기사와 논설을 내용에 따라 분류하고 강독함으로써 중국 시사문에 대한 독해력을 증진시키고 나아가 중국의 정치, 경제, 행정 및 사회 등에 관련된 지식을 습득하여 중국의 현황을 심층적으로 이해하겠습니다. 그 이후에는 중국 명시 감상 과목을 통해 역대의 시가 작품을 분석하여 그 속에 스며든 중국의 사상과 전통을 파악하고 그것을 기반으로 하여 중국의 문화를 효과적으로 이해하고 소통할 능력을 배양하여 인문학적 소양을 쌓겠습니다.

▼

SOLUTION

BEFORE 편입학 후 중국어 회화 수업을 통해 원어민들과 일상생활에서 원활하게 소통할 수 있도록 중국어 회화 능력을 집중적으로 계발할 것입니다.

HOW 표현의 반복이 많아 정리합니다. 간결성은 문장이 갖춰야 할 기본 요소입니다.

AFTER 중국어 회화 수업에 집중해 원어민과 소통할 수 있는 실력을 갖출 계획입니다.

BEFORE 중국어로 된 자료를 능숙하게 다루기 위해 중어 강독을 수강하여 작문, 독해 능력을 강화할 것이며, 또한 시사문 강독 수업을 통해 중국 신문, 잡지의 기사와 논설을 내용에 따라 분류하고 강독함으로써 중국 시사문에 대한 독해력을 증진시키고 나아가 중국의 정치, 경제, 행정 및 사회 등에 관련된 지식을 습득하여 중국의 현황을 심층적으로 이해하겠습니다.

> **HOW** 한 문장으로 연결하기에는 내용이 많습니다. 문장 분할을 통해 적절한 호흡 단위를 유지하며 내용을 효과적으로 전달할 수 있습니다.

> **AFTER** 중국어를 능숙하게 독해하고 생각을 기술할 수 있도록 강독과 작문 수업을 수강하고, 시사문 강독 수업을 통해 중국 신문과 잡지의 기사 및 논설을 접하며 최신 정보를 습득하겠습니다. 또한, 시사에 관심을 갖고 중국의 정치, 경제, 행정 등의 현상을 아우르며 문화와 사회를 이해하는 데 주력하겠습니다.

> **BEFORE** 그 이후에는 중국 명시 감상 과목을 통해 역대의 시가 작품을 분석하여 그 속에 스며든 중국의 사상과 전통을 파악하고 그것을 기반으로 하여 중국의 문화를 효과적으로 이해하고 소통할 능력을 배양하여 인문학적 소양을 쌓겠습니다.

> **HOW** 이전 문장처럼 내용 분할이 필요합니다. 지시 대명사가 포함된 '그 이후', '그 속에', '그것을' 등의 표현은 문장 분할로 생략할 수 있습니다. 지시 대명사를 남발하고 있어 표현이 자연스럽지 않습니다. 지시 대명사가 의미하는 바를 정확히 기술하는 편이 낫습니다. 전공에 부합하는 어휘 사용은 계획의 구체성을 뒷받침하는 효과가 있습니다. 위의 사례는 표현은 부적절하나 어휘 사용은 뛰어납니다.

> **AFTER** 중국 명시 감상 과목으로 시가 작품을 분석하고, 중국 고유 정서를 파악하는 기회를 마련해 꾸준히 중국 사상과 전통에 대한 지식을 쌓아 나갈 것입니다. 학습 내용을 바탕으로 중국 문화와 인문학을 연결하며 소통 능력도 배양하겠습니다.

▼

GOOD 👍

중국어 회화 수업에 집중해 원어민과 소통할 수 있는 실력을 갖출 계획입니다. 중국어를 능숙하게 독해하고 생각을 기술할 수 있도록 강독과 작문 수업을 수강하고, 시사문 강독 수업을 통해 중국 신문과 잡지의 기사 및 논설을 접하며 최신 정보를 습득하겠습니다. 또한, 시사에 관심을 갖고 중국의 정치, 경제, 행정 등의 현상을 아우르며 문화와 사회를 이해하는 데 주력하겠습니다. 중국 명시 감상 과목으로 시가 작품을 분석하고, 중국 고유 정서를 파악하는 기회를 마련해 꾸준히 중국 사상과 전통에 대한 지식을 쌓아 나갈 것입니다. 학습 내용을 바탕으로 중국 문화와 인문학을 연결하며 소통 능력도 배양하겠습니다.

• 사례 ⑬

> **BAD**
>
> 201△년 ○○대학교 화학과에 입학한 후엔 유기 화학과 분석 화학 공부에 매진할 것입니다. 전공에 대한 애착이 크고, 고등학생 때부터 틈틈이 해오던 화장품 성분 공부를 할 때 학교에서 배운 지식을 활용하고 싶기 때문입니다. 좋은 환경에서 체계적인 이론과 실험을 통해 부족한 점을 채우고 장점을 살려 학교에 적응하도록 노력하겠습니다. 화장품 연구원이 되기 위해서는 창의력 또한 매우 중요하다고 생각합니다. 창의력을 증진시키기 위해 화장품에 대한 다양한 아이디어를 항상 메모해 두고 이를 수정하여 코리아나의 신상품 공모전에 참가할 것입니다. 교외 활동에 더불어 교내의 교환 학생 프로그램에 지원하고 싶습니다. 교환 학생으로 선발되기 위해 학기 중에 학점 관리 뿐만 아니라 TOEFL, IELTS 공부를 게을리하지 않겠습니다.

SOLUTION

BEFORE 201△년 ○○대학교 화학과에 입학한 후엔 유기 화학과 분석 화학 공부에 매진할 것입니다.

HOW 대학 명칭은 반복해 언급할 필요가 없습니다. 학업 계획 항목에서는 지원 동기를 바탕으로 입학 후의 상황을 소개합니다. 지원 동기에서 이미 지원 대학교를 언급했으므로 이와 같은 내용은 간결성을 훼손합니다.

AFTER 화학과에서 유기 화학과 분석 화학 학습에 매진하겠습니다.

BEFORE 전공에 대한 애착이 크고, 고등학생 때부터 틈틈이 해오던 화장품 성분 공부를 할 때 학교에서 배운 지식을 활용하고 싶기 때문입니다.

HOW '전공에 대한 애착이 크다'처럼 당연한 내용을 직접 언급하기보다는 그렇게 판단할 수 있는 본인의 경험과 현상을 소개하는 것이 더 타당합니다. 모호한 표현은 이해할 수 있는 내용으로 수정하기 바랍니다. 핵심 어휘 '화장품 성분'을 중심으로 문장 구조를 재설정합니다.

AFTER 화장품 성분을 전문적으로 분석할 수 있는 역량을 마련하기 위해 기초 지식에 집중할 것입니다.

BEFORE 좋은 환경에서 체계적인 이론과 실험을 통해 부족한 점을 채우고 장점을 살려 학교에 적응하도록 노력하겠습니다.

HOW '좋다'는 자기소개서에서 사용하기에는 표현의 주관성이 과도합니다. 학습 환경의 좋고 나쁨은 객관적 판단에 따릅니다. '좋다', '싫다', '나쁘다'라는 표현은 객관적 평가가 가능한 대상과는 어울리지 않습니다. '우수하다'가 적절합니다. 수정 전 문장에서 '장점을 살리다'가 등장했는데, 장점이 무엇인지도 알 수 없는 상황에서 이와 같이 기술하는 것은 적절하지 않습니다. 자기소개서는 성의와 열의를 보여 주는 것이 중요합니다. 빠트린 내용을 보충할 수 있도록 재차 확인하는 과정이 반드시 필요합니다.

AFTER 화학 이론을 체계적으로 배우고, 우수한 환경에서 실험에 적극적으로 임하며 실력을 키우겠습니다.

BEFORE 화장품 연구원이 되기 위해서는 창의력 또한 매우 중요하다고 생각합니다.

HOW '창의력 또한 매우'는 구어체의 전형이므로 문어체로 수정합니다.

AFTER 화장품 연구원에게는 창의력이 중요하다고 생각합니다.

BEFORE 창의력을 증진시키기 위해 화장품에 대한 다양한 아이디어를 항상 메모해 두고 이를 수정하여 코리아나의 신상품 공모전에 참가할 것입니다.

HOW 위의 내용에서는 공모전이 핵심 사항입니다. 기업명을 서술한다고 구체화를 이루는 상황이 아닙니다. 특정 성격의 공모전에 참가해 목표한 바를 이루겠다는 내용 설명에 초점을 맞춰야 합니다.

AFTER 새로 출시된 화장품을 분석해 메모하고, 다양한 아이디어를 바탕으로 화장품 공모전에 참여해 경험을 쌓을 계획입니다.

BEFORE 교외 활동에 더불어 교내의 교환 학생 프로그램에 지원하고 싶습니다.

HOW 교환 학생 프로그램에 참여하려는 이유와 목적을 설명함으로써 계획의 체계성을 강화할 수 있습니다.

AFTER 아울러, 교환 학생을 통해 넓은 안목을 갖추며 해외 시장의 흐름도 파악하겠습니다.

| BEFORE | 교환 학생으로 선발되기 위해 학기 중에 학점 관리 뿐만 아니라 TOEFL, IELTS 공부를 게을리하지 않겠습니다.

| HOW | 영어 시험은 대부분의 학생들이 응시합니다. TOEIC, TOEFL 등의 성적 향상 계획은 자기소개서에서 언급하지 말아야 합니다. 이는 '영어 학습'으로 포괄해 표현할 수 있습니다.

| AFTER | 학점 관리와 영어 학습에 심혈을 기울이며 항상 성실히 학습하겠습니다.

▼

GOOD 👍

　화학과에서 유기 화학과 분석 화학 학습에 매진하겠습니다. 화장품 성분을 전문적으로 분석할 수 있는 역량을 마련하기 위해 기초 지식에 집중할 것입니다. 화학 이론을 체계적으로 배우고, 우수한 환경에서 실험에 적극적으로 임하며 실력을 키우겠습니다. 화장품 연구원에게는 창의력이 중요하다고 생각합니다. 새로 출시된 화장품을 분석해 메모하고, 다양한 아이디어를 바탕으로 화장품 공모전에 참여해 경험을 쌓을 계획입니다. 아울러, 교환 학생을 통해 넓은 안목을 갖추며 해외 시장의 흐름도 파악하겠습니다. 학점 관리와 영어 학습에 심혈을 기울이며 항상 성실히 학습하겠습니다.

제 4 전략 / 졸업 후 진로 계획

▶ 작성 방향

전공이 제공하는 사회적 발달 기회는 대학원 진학까지 염두에 둔 학문적 진로와 취업으로 이어지는 현실적 진로로 구성됩니다. 양자 중 어떤 선택을 하든 졸업 후 진로로 타당성을 띱니다. 학문 분야로의 진로는 학사 과정에 연결해 학습하고 싶은 심화 영역을 언급하며 장기적 학업 계획과 추후 전문가로서의 모습을 그려 내는 것이 효과적입니다. 취업으로의 진로는 전공과 맞닿은 직무 사례를 살펴보고, 이에 맞춰 기술합니다. 이 부분은 주변 인물 탐색과 인터넷 검색이 효과적이며, 해당 전공을 통해 구현하고 싶은 본인의 미래 모습을 보여 주는 데 주력합니다. 대학교 3학년 때 진로를 확정하기는 쉽지 않습니다. 졸업 후 진로는 확실성에 근거해 계획할 수는 없으므로 본인이 희망하는 미래 모습을 현실에 입각해 상상하며 자신 있게 소개합니다. 설령 졸업 후 진로를 변경한다고 할지라도 자기소개서를 근거로 학교 관계자가 지원자를 추궁할 가능성은 결단코 없습니다. 미래를 그려 보는 데 부담을 느끼지 말고, 현실성을 고려해 소신껏 작성하기 바랍니다.

▶ 대표 예시

> **GOOD 1** 👍
>
> 경영학의 마케팅과 재무 관리 분야를 집중적으로 학습해 졸업 후 MD로 성장할 계획입니다. 소비자와 소통하는 환경이 자리매김한 까닭에 MD의 트렌드 판단력과 상품 회전율에 대한 전문성이 더욱 각별히 요구되는 상황입니다. 상품의 변화 속도에 적응하고, 이를 뒷받침할 수 있는 경영 감각과 지식으로 시장에 접근해 해당 분야를 선도하는 MD로 자리매김하겠습니다. 마케팅 강의에서 다룬 사례를 다각도로 융합해 새로움에 대응하고, 다수의 팀원과 호흡을 맞추며 익힌 소통 자세를 업무에 연결해 함께 성장할 수 있도록 노력하겠습니다.

졸업 후 진로 계획은 전공에 맞춰 큰 틀을 설정할 수 있습니다. 전공의 특징을 충분히 파악한 후, 직무와 학계의 속성으로 연결합니다. 진로를 완전히 결정한 상태가 아닐지라도 전공이 제공하는 미래상으로 계획을 구체화하는 게 면접 시에도 유리합니다. 상식의 선을 넘지 않는 내용으로 기술한다면, 그것만으로도 충분한 항목입니다.

> **GOOD 2** 👍
>
> 심화 연구 과정을 접하기 위해 대학원에 진학할 계획입니다. 대학원에서 전문적인 분야를 심도 있게 학습하며 연구 프로그램을 이수하고, 실험과 실습을 거듭하며 Sensor Reading System 관련 공학 지식을 쌓아 가겠습니다. 기계 공학의 시스템 엔지니어링이 제조 기술에 미치는 영향을 확인하고자 첨단 기술 분야 연구에 주력할 것입니다. 학부와 석사 과정에서 글로벌 감각과 지식을 준비하고, 이를 토대로 시스템 엔지니어로 성장할 수 있는 역량을 마련하겠습니다. 아울러, 박사 과정에 지원해 배움의 즐거움과 성취감을 만끽하며 전문가로 성장하겠습니다.

> **GOOD 3** 👍
>
> 졸업 후에도 ○○대학교에서 석박사 연계 과정을 통해 박사 과정까지 심도 있는 연구를 진행하고 싶습니다. 플라스마에 대한 물리, 화학적 연구를 통해 다양한 특성을 이해하고, 열전도 부분을 집중적으로 연구하며 유기 반응, 촉매, 전자 기기 등에서 플라스마를 재료로 사용할 수 있는 방안을 탐색하겠습니다. 또한, 실생활에 혁신 기술을 적용 및 보급할 수 있도록 경제성과 효율성을 높이는 연구에도 적극적인 자세로 임할 것입니다. 이러한 연구를 진행하며 플라스마 연구 학회에 주기적으로 참여하고, 다수의 연구원들과 경험을 공유하면서 현대 과학의 발전과 삶의 질적 향상에 이바지하고 싶습니다.

❯ 구성 내용

1. 구체적인 진로 방향 소개

① 현재 관심을 갖고 있는 분야를 더욱 연구하기 위한 대학원 진학

대학원 석사, 박사 과정 진학 계획은 높은 학구열을 드러내는 용도로 활용할 수 있습니다. 지원 전공과 동일하거나 연결성이 있는 전공을 선택해야 합니다. 예를 들어, 중어 중문학 지원자가 대학원 진학으로 수학과를 계획하면, 전공 선택이 신중하지 못하다는 인상을 줍니다. 전공이 다르더라도 설득력이 있는 경우도 많습니다. 통계학과 편입 지원자의 경영 대학원 진학 계획은 타당성이 높습니다. 이처럼 전공 분야의 관련성에 유의하며 기술해야 합니다.

② 명망 있는 해외 대학에서의 관련 전공 학습 계획

③ 특수 자격증, 전문 자격증 등을 취득해 관련 분야 전문가로 성장하겠다는 포부

④ 관련 분야 취업

　실무 능력 배양, 해외 지사 근무, 도전 과제, 기업의 규모를 키우는 장기적 비전 등을 소개합니다. 해당 분야의 전문가로 성장하겠다는 포부와 창업 계획을 추가해도 적합합니다.

⑤ 고시 준비 계획과 행정가, 외교관, 검사, 판사, 변호사 등 그에 따른 진로 설명
⑥ 로스쿨, MBA, 의학 대학원 등 지원 전공 연계 진로 개척
⑦ 외국어 학습

　지나치게 많은 외국어 학습 계획은 현실성을 훼손합니다. 영어 학습을 중심으로 삼아 계획하는 것이 타당합니다.

➤ 기피 사항

졸업 후 계획이 현 시점에서는 지나치게 아득할 수 있습니다. 그렇더라도 졸업 후 진로는 해당 전공을 선택한 이유까지 포괄하는 연결성을 띠므로 일반적인 내용일지라도 분명히 설명하는 접근법이 필요합니다.

> **BAD 1** 👎
> 아직 정하지 않았지만, 해당 전공을 활용해 경력을 쌓고 점진적으로 발전 방향을 모색하겠습니다.

전공을 선택하는 이유와 졸업 후 진로는 불가분의 관계입니다. 지원에 앞서 미리 전공 활용 방안을 생각해 보라는 취지로 졸업 후 계획을 묻고 있으므로 그에 맞는 내용을 소개해야 합니다. '아직 모른다'는 답변은 '전공 선택 이유도 특별하지 않다'와 같은 의미로 비칠 수 있습니다. 피상적인 내용일지라도 전공과 연결된 진로를 계획하고 있음을 보여 줘야 합니다.

> **BAD 2** 👎
> 공무원 시험을 준비할 계획입니다. 관련 전공 지식을 실무에 접목할 수 있도록 시험에 매진하고 싶습니다.

지원 전공과 공무원 시험이 전형 특성상 관계가 없는 경우가 많습니다. 무작정 공무원 시험을 준비하겠다는 식으로 계획을 소개하는 것보다는 공무원이 되고 싶은 이유와 지원 전공의 활용 방안을 연결해 설명하는 접근 방식이 필요합니다.

> **BAD 3** 👎
> 취업난을 뚫은 후, 기업에서 영어와 외국어, 전문 자격증을 준비하며 보다 발전하는 데 초점을 맞추겠습니다.

졸업 후 진로 계획을 작성할 때에는 지원 전공과 연계한 발전 모습을 소개하는 것이 편입 지원 상황과 어울립니다. 구체적인 목표 설정 없이 단순히 취업해 조직에서 성장하겠다는 내용은 편입하지 않더라도 가능한 사항입니다. 이러한 부분을 고려하며 반드시 편입해야 함을 우회적으로 드러내기 바랍니다.

자기소개서를 솔직하게 쓰는 것과 생각 없이 쓰는 것은 동일하지 않습니다. 위의 사례는 현실에 국한된 졸업 후의 미래상이므로 전혀 매력적이지 않습니다. 설령 위와 같은 진로가 현실의 반영일지라도, 자기소개서라는 형식에는 결코 부합하지 않으므로 관련 전공과 연결해 작성하려는 노력이 필요합니다.

▶ 대표 유형
1. 취업에 이은 목표 기술형

> **GOOD** 👍
> 중국어와 실무 능력을 학습해 중국 전문 지식을 숙지한 후 중국 분야 여행사에서 근무할 계획입니다. 현재 세계는 중국 시장의 성장에 힘입어 관광업이 급부상하고 있습니다. 중국 여행객들의 수요에 대응하기 위해 중국 문화, 경제, 정치 등을 분석하고, 만족도를 높이는 마케팅으로 관광 상품을 개발할 것입니다. 또한, 중국 분야 여행사에서 쌓은 경력을 기반으로 중국뿐만 아니라 세계 시장을 아우르는 여행사를 설립하는 것이 최종 목표입니다.

지원 전공을 활용해 경력을 쌓고, 이를 최종 목표에 연결하는 유형입니다. 맥락의 중추는 전공입니다. 지원 전공 '중국어'를 취업부터 창업까지 연결하며 이상적인 진로 계획을 수립했습니다. 목표 실현이 극단적으로 불가능한 사례가 아니라면 의욕과 열의가 담긴 내용으로 충분합니다.

2. 학문에 이은 목표 기술형

임상 심리사가 되고자 대학원에 진학할 계획입니다. 대학원에서 전문 자격증을 취득해 관련 분야 전문가로 성장하겠습니다. 상담 심리와 임상 심리를 깊이 있게 학습하고, 다양한 학문과 융합을 시도하며 연계 연구를 수행할 것입니다. 또한, 명망 있는 해외 대학교에서 박사 과정을 밟으며 글로벌 역량도 배양하겠습니다. 그 이후 병원에서 근무하며 치료와 연구를 담당하고, 현장 경험을 토대로 집필과 강연 활동에도 임할 것입니다. 외국어 실력은 학문을 연구하는 데 반드시 필요하므로 업무와 병행해 꾸준히 학습하겠습니다. 폭넓은 연구 활동으로 근본적인 치료 방향을 제시하는 임상 심리사로 성장해 더 나은 의료 환경을 조성하겠습니다.

대학원 진학은 편입에 도전할 정도로 학업에 대한 열의가 강한 지원자에게 어울리는 방안입니다. 대학원에서 배우고 싶은 내용을 소개하고, 이를 활용해 최종 목표를 실현하겠다는 의욕적인 모습을 보여 주는 것으로 문단을 마무리합니다.

❯ 사례 집중 탐구

• 사례 ❶

대학 졸업 이후에는 ○○대학교 경제대학원에 진학하여 국제 경제학에 더 자세히 연구하며 석사과정을 이수할 것입니다. 석사과정을 통해 전문성을 쌓은 후 국제협력기구에 입사해 개발도상국의 지속가능한 소액대출 모델 개발을 위해 노력할 것입니다. 현장에서 직접 근무하며 그 나라의 문화와 경제제도에 대해서도 공부하고 싶습니다. 소액대출 제도가 실제로 개발도상국의 상인에게 도움을 주기 위해서는 올바른 금융제도도 중요하지만 그 나라에 대한 전반적인 이해와 필요를 파악하는 것이 국제개발 협력의 전문가로서 중요한 소질이라고 생각합니다. 공정한 소액대출 제도와 실효성 있는 제도를 통해 단순 원조를 통해 단기적으로 도움을 받는 것이 아니라 금융제도를 통해 자립을 도와 개발도상국의 빈곤 해결에 기여하고 싶습니다.

SOLUTION

BEFORE 대학 졸업 이후에는 ○○대학교 경제대학원에 진학하여 국제 경제학에 더 자세히 연구하며 석사과정을 이수할 것입니다.

HOW 학구열은 편입의 기본 요건입니다. 석사 과정까지 계획하는 자세가 상황과 어울립니다. 설령 진학 후 진로가 바뀌더라도, 이러한 변경은 계획의 속성 중 하나이므로 괘념치 않아도 됩니다. '더 자세히'는 비교를 내포한 대략적인 표현이라 간결한 느낌을 전달할 수 있도록 '더'는 생략하는 편이 낫습니다.

AFTER 대학 졸업 이후에는 ○○대학교 경제 대학원에 진학해 국제 경제학을 자세히 연구하며 석사 과정을 이수하겠습니다.

BEFORE 석사과정을 통해 전문성을 쌓은 후 국제협력기구에 입사해 개발도상국의 지속가능한 소액대출 모델 개발을 위해 노력할 것입니다.

HOW '소액 대출 모델'처럼 본인이 관심을 갖고 있는 분야의 어휘를 토대로 내용을 기술하는 것도 전략입니다. '학습을 도구로 삼아 목표를 실현하겠다'는 주장을 부각시키고자 '전문성을 쌓은 후'와 같은 시간 순서에 따른 서술 대신 '석사 과정에서 쌓은 전문성'을 활용하는 방식으로 표현을 수정합니다.

AFTER 석사 과정에서 쌓은 전문성을 바탕으로 국제 협력 기구에 입사해 개발 도상국의 지속 가능한 소액 대출 모델 개발을 목표로 업무에 전념할 것입니다.

BEFORE 현장에서 직접 근무하며 그 나라의 문화와 경제제도에 대해서도 공부하고 싶습니다.

HOW 단순히 공부하겠다는 선언보다는 어떤 목표를 갖고 어떻게 학습하겠다는 것인지 설명해야 합니다. 이를 위해서 최소한의 정보는 필요합니다. 검색을 통해 지원하는 전공 분야의 방향을 살펴보기 바랍니다.

AFTER 아울러, 현장에서 근무하며 해당 국가의 문화와 경제 제도를 체감해 모델 개발의 적합도를 높이겠습니다.

BEFORE 소액대출 제도가 실제로 개발도상국의 상인에게 도움을 주기 위해서는 올바른 금융제도도 중요하지만 그 나라에 대한 전반적인 이해와 필요를 파악하는 것이 국제 개발 협력의 전문가로서 중요한 소질이라고 생각합니다.

- **HOW** 쉼표(,)를 생략하면, 문장을 자연스럽게 읽기가 곤란합니다. 다소 긴 문장을 기술할 때는 쉼표의 활용도가 높습니다. 물론 남발하는 건 생략하는 것만 못합니다. 지원자가 학습을 원하는 분야에 대한 지식을 충분히 갖춘 상태라 문장 내용이 풍성합니다. '국제 개발 협력의 전문가'보다는 '국제 개발 협력 분야의 전문가'가 더 정확한 표현입니다.

- **AFTER** 소액 대출 제도가 실제로 개발 도상국의 상인에게 도움을 주기 위해서는 올바른 금융 제도 확립도 중요하지만, 해당 국가에 대한 전반적인 이해와 수요의 양상을 파악하는 것이 국제 개발 협력 분야 전문가로 성장하는 데 필요한 소양이라고 생각합니다.

- **BEFORE** 공정한 소액대출 제도와 실효성 있는 제도를 통해 단순 원조를 통해 단기적으로 도움을 받는 것이 아니라 금융제도를 통해 자립을 도와 개발도상국의 빈곤 해결에 기여하고 싶습니다.

- **HOW** '단기적'과 대응하는 '장기적' 내용이 없어 균형을 맞추기 위해 표현을 추가합니다. 수정 전 문장에서 '도움을 받는 것'처럼 주체가 혼동되는 표현은 삼가야 합니다. 이는 다시 읽어 보면 쉽게 수정할 수 있는 사항입니다.

- **AFTER** 공정한 소액 대출 제도와 실효성 있는 제도 수립을 통해 단순 원조를 통한 단기적 구제 방식에서 벗어나 완고한 금융 제도가 개발 도상국의 빈곤 해결에 기여하는 장기적 구조를 만들고 싶습니다.

GOOD 👍

대학 졸업 이후에는 ○○대학교 경제 대학원에 진학해 국제 경제학을 자세히 연구하며 석사 과정을 이수하겠습니다. 석사 과정에서 쌓은 전문성을 바탕으로 국제 협력 기구에 입사해 개발 도상국의 지속 가능한 소액 대출 모델 개발을 목표로 업무에 전념할 것입니다. 아울러, 현장에서 근무하며 해당 국가의 문화와 경제 제도를 직접 체감해 모델 개발의 적합도를 높이겠습니다. 소액 대출 제도가 실제로 개발 도상국의 상인에게 도움을 주기 위해서는 올바른 금융 제도 확립도 중요하지만, 해당 국가에 대한 전반적인 이해와 수요의 양상을 파악하는 것이 국제 개발 협력 분야 전문가로 성장하는 데 필요한 소양이라고 생각합니다. 공정한 소액 대출 제도와 실효성 있는 제도 수립을 통해 단순 원조를 통한 단기적 구제 방식에서 벗어나 완고한 금융 제도가 개발 도상국의 빈곤 해결에 기여하는 장기적 구조를 만들고 싶습니다.

• 사례 ❷

BAD 👎

졸업 후 방송사로 진출하고 싶습니다. 방송은 대중의 마음을 가장 신속하고 정확하게 반영한다고 생각합니다. 게다가 사회적 반향을 매우 손쉬우면서도 크게 일으킬 수 있기도 합니다. 방송은 사회적 파급력을 일으킬 수 있는 문학 작품을 만들고 싶다는 저의 꿈과 일치하는 직업입니다. 최근 인터넷 매체를 통해 한국 방송이 널리 퍼지며 한국 방송물은 세계인이 모두 즐길 수 있는 작품이 되었으며 한국 문화를 많이 알리게 된 계기가 되었습니다. ○○대학교에서 배운 한국 문학과 문화를 기반으로 왜곡된 한국 역사를 바로 잡을 수 있는 콘텐츠를 만들어 올바른 역사를 세계인들에게 알리고 싶습니다. 그뿐만 아니라 인터넷에 잘못된 정보가 범람하여 혼란스러워하는 한국 청소년들을 위한 쉽고 재미있는 역사 교육 콘텐츠를 만들고 싶습니다.

SOLUTION

BEFORE 졸업 후 방송사로 진출하고 싶습니다.

HOW 진로에 대한 확고함을 보여 주기 위해 '싶습니다'를 '하겠습니다'로 변경합니다. 첫 문장부터 '싶다'라는 희망이 담긴 표현을 쓰는 것은 진취적인 기상을 축소할 뿐입니다. '○○하겠다'는 의지가 투영된 표현이므로 첫 문장 혹은 마지막 문장에 배치하는 것이 적절합니다.

AFTER 졸업 후 방송 분야로 진출하겠습니다.

BEFORE 방송은 대중의 마음을 가장 신속하고 정확하게 반영한다고 생각합니다.

HOW 방송과 방송 매체는 의미상으로 차이를 보입니다. 의미의 구체적인 분획은 목표에 대한 관심을 반영하므로 내용이 상세할수록 지원자에게 유리하게 작용합니다. 방송 매체의 기본 속성을 서술하면서 '○○라고 생각합니다'라는 개인 의견을 피력할 때 주로 쓰는 표현을 사용했습니다. '○○라고 생각합니다' 표현은 경우에 따라 필요하지만, 사실을 기술할 때는 자신감을 반감하는 영향도 동반하므로 글의 성격에 맞게 사용해야 합니다.

AFTER 방송 매체는 대중의 마음을 가장 신속하고 정확하게 반영합니다.

BEFORE 게다가 사회적 반향을 매우 손쉬우면서도 크게 일으킬 수 있기도 합니다.

HOW 정리가 가능한 표현은 위의 경우처럼 수정함으로써 사고의 흔적을 보여 줄 수 있습니다. '매우', '너무' 등의 부사보다는 '무척', '상당히' 등이 문어체 느낌을 한층 더 자아냅니다.

AFTER 게다가 사회적 반향을 일으키는 범위와 속도가 월등히 뛰어납니다.

BEFORE 방송은 사회적 파급력을 일으킬 수 있는 문학 작품을 만들고 싶다는 저의 꿈과 일치하는 직업입니다.

HOW '꿈'은 막연한 내용을 목표로 둔갑시킬 수 있는 효과적인 어휘지만, 문어체로 작성할 때는 구체적으로 해당 내용을 기술할 필요가 있어 자주 쓰지는 않습니다. 대체가 가능할 경우에는 위의 경우처럼 '의지'로 바꾸는 것도 유효합니다. 유사한 어휘로 '목표', '지향점' 등도 있습니다. 문장 내용상 생략이 어려운 경우이므로 부득이 '제 의지'라고 수정하며 자신을 지칭하는 표현을 사용합니다.

AFTER 사회에 영향을 미칠 수 있는 문학 작품을 만들겠다는 제 의지와 방송은 속성 면에서 일치함을 보입니다.

BEFORE 최근 인터넷 매체를 통해 한국 방송이 널리 퍼지며 한국 방송물은 세계인이 모두 즐길 수 있는 작품이 되었으며 한국 문화를 많이 알리게 된 계기가 되었습니다.

HOW 수정 전 문장에서는 '되었다' 동사가 연이어 두 차례 등장합니다. 결코 올바른 표현법이 아닙니다. 두 문장으로 나눠 동사를 변경하고, 의미 전달에 원활함도 더합니다. 자신의 계획을 설명할 때 진로 분야의 현 상황을 기술하는 것은 관심도를 보여 주는 효과를 가져옵니다. 아울러, 분량 조절의 수단으로도 유용한 전략입니다.

AFTER 최근 인터넷을 통해 한국 방송이 세계에 널리 퍼지며 한국 방송 콘텐츠는 세계인이 함께 즐길 수 있는 작품으로 거듭났습니다. 이를 통해 한국 문화를 많이 알렸고, 관심도 유발했다고 생각합니다.

BEFORE ○○대학교에서 배운 한국 문학과 문화를 기반으로 왜곡된 한국 역사를 바로 잡을 수 있는 콘텐츠를 만들어 올바른 역사를 세계인들에게 알리고 싶습니다.

HOW 의미를 파악한 후 해당 내용을 기술할 때 더 나은 표현이 탄생합니다. '문학과 문화를 기반으로'는 수단의 속성을 건너뛴 표현입니다. '문학과 문화에 대한 이해를 기반으로'가 적절한 표현입니다.

AFTER ○○대학교에서 배운 한국 문학과 문화에 대한 이해를 기반으로 왜곡된 한국 역사를 바로잡을 수 있는 콘텐츠를 만들어 올바른 역사를 세계인들에게 알리고 싶습니다.

BEFORE 그뿐만 아니라 인터넷에 잘못된 정보가 범람하여 혼란스러워하는 한국 청소년들을 위한 쉽고 재미있는 역사 교육 콘텐츠를 만들고 싶습니다.

HOW 정보는 무생물이라 범람의 능동적 주체가 될 수 없습니다. '정보의 범람'이 적절한 표현입니다. '싶습니다' 대신 '목표입니다'로 수정해 자신감을 강조합니다. 적절한 표현이라는 전제 아래 동사의 다양성을 확보할수록 글의 매력은 증가합니다.

AFTER 이와 함께 인터넷에 만연한 잘못된 역사 정보로 혼란을 겪고 있는 한국 청소년들을 위해 쉽고 재미있는 역사 교육 콘텐츠를 제작하는 것이 목표입니다.

▼

GOOD 👍

　졸업 후 방송 분야로 진출하겠습니다. 방송 매체는 대중의 마음을 가장 신속하고 정확하게 반영합니다. 게다가 사회적 반향을 일으키는 범위와 속도가 월등히 뛰어납니다. 사회에 영향을 미칠 수 있는 문학 작품을 만들겠다는 제 의지와 방송은 속성 면에서 일치함을 보입니다. 최근 인터넷을 통해 한국 방송이 세계에 널리 퍼지며 한국 방송 콘텐츠는 세계인이 함께 즐길 수 있는 작품으로 거듭났습니다. 이를 통해 한국 문화를 많이 알렸고, 관심도 유발했다고 생각합니다. ○○대학교에서 배운 한국 문학과 문화에 대한 이해를 기반으로 왜곡된 한국 역사를 바로잡을 수 있는 콘텐츠를 만들어 올바른 역사를 세계인들에게 알리고 싶습니다. 이와 함께 인터넷에 만연한 잘못된 역사 정보로 혼란을 겪고 있는 한국 청소년들을 위해 쉽고 재미있는 역사 교육 콘텐츠를 제작하는 것이 목표입니다.

• 사례 ❸

BAD 👎

　최근 많은 중국인들이 한국에 여행을 오고 한류 열풍으로 인해서 한국에 대한 관심이 커지고 있습니다. 하지만 많은 한국 관광 가이드가 조선족으로 이루어져 잘못된 한국 문화나 역사를 알려 주는 경우가 많다고 들었습니다. 그래서 전공을 통해 배운 중국어를 살리고 한국사에 대한 자세한 공부를 해서 조선족 가이드로 인해 잘못된 관광 정보를 바로잡는 일을 하고 싶습니다. 더 나아가 제가 처음 중국어의 특징을 모르고 중국인에 대해 오해를 한 것 같이 한국인에게 잘못 인식되고 있는 중국인들에 대한 사실도 바로 잡는 일을 하고 싶습니다. 중국 교환 학생들과의 교류를 통해 배운 것을 토대로 중국과 한국이 서로의 문화를 이해하고 포용할 수 있도록 문화를 전달하는 징검다리 역할을 하고 싶습니다.

▼

SOLUTION

BEFORE 최근 많은 중국인들이 한국에 여행을 오고 한류 열풍으로 인해서 한국에 대한 관심이 커지고 있습니다.

HOW 읽는 사람의 지루함을 고려해 '한류 열풍'과 같은 식상한 표현을 생략합니다. 첫 문장부터 지루한 인상을 주면, 후속 내용이 평가 절하될 우려가 있기 때문입니다. 주관적인 사람의 인지 능력과 감정까지 정확하게 다룰 수는 없지만, 천편일률적인 표현을 지양함으로써 이와 같은 불이익은 피할 수 있습니다. 산업 및 문화 용어는 트렌디한 성격을 지닙니다. 적합한 표현일지라도 집중적으로 빈번하게 활용되면, 그 가치가 퇴색될 우려가 있습니다.

AFTER 중국인들의 한국 문화에 대한 관심이 나날이 커지고 있습니다.

BEFORE 하지만 많은 한국 관광 가이드가 조선족으로 이루어져 잘못된 한국 문화나 역사를 알려 주는 경우가 많다고 들었습니다.

HOW 오해를 줄 수 있는 표현을 수정합니다. 조선족과 관광 가이드의 범주를 명확히 나눠 문제의식을 드러냅니다. 소재 선택은 우수합니다.

AFTER 이러한 영향으로 중국 관광객이 늘어났지만, 조선족 출신 관광 가이드가 한국 문화와 역사를 잘못 안내하는 경우가 빈번해 개선이 필요한 상황입니다.

BEFORE 그래서 전공을 통해 배운 중국어를 살리고 한국사에 대한 자세한 공부를 해서 조선족 가이드로 인해 잘못된 관광 정보를 바로잡는 일을 하고 싶습니다.

HOW '그래서', '그리고' 등의 접속사는 자기소개서에서 굳이 쓸 이유가 없습니다. 이와 같은 접속사가 문장을 자연스럽게 연결하는 데는 효과적이나, 불필요한 부연 설명으로 이어질 수밖에 없는 구조를 띠기 때문입니다. 한국사를 소재로 삼은 것은 자연스럽습니다. 학업과도 연관되므로 효과가 탁월합니다. '잘못된 관광 정보를 바로잡는'은 '올바른 정보 제공'으로 정리가 가능합니다. 이러한 수정은 문어체에 의해 정돈된 느낌을 만들어 냅니다.

> **AFTER** 한국사를 학습해 중국인 관광객들에게 올바른 정보를 제공하는 역할을 수행할 계획입니다.

> **BEFORE** 더 나아가 제가 처음 중국어의 특징을 모르고 중국인에 대해 오해를 한 것 같이 한국인에게 잘못 인식되고 있는 중국인들에 대한 사실도 바로잡는 일을 하고 싶습니다.

> **HOW** '싶습니다'가 두 문장에 걸쳐 연속적으로 마무리 동사 역할을 하고 있습니다. 동사를 변경해 문장의 신선함을 높입니다. 상황을 구체적으로 설명할 필요가 없는 내용입니다. 누구나 알고 있는 내용이므로 '중국인에 대한 편견'으로 압축해 정리합니다.

> **AFTER** 또한, 한국인의 중국인에 대한 편견을 바로잡는 데 이바지하겠습니다.

> **BEFORE** 중국 교환 학생들과의 교류를 통해 배운 것을 토대로 중국과 한국이 서로의 문화를 이해하고 포용할 수 있도록 문화를 전달하는 징검다리 역할을 하고 싶습니다.

> **HOW** '싶습니다'가 세 번째로 등장했습니다. 이렇게 단순한 마무리는 올바르지 않습니다. '교류'의 취지와 내용이 명확한 까닭에 표현만 가다듬어도 문장 간 연결이 자연스럽게 이뤄집니다.

> **AFTER** 중국 학생들과 교류하며 배운 내용을 토대로 한국과 중국이 상호 이해하고 포용할 수 있는 환경을 조성하는 데 최선을 다할 것입니다.

▼

GOOD 👍

중국인들의 한국 문화에 대한 관심이 나날이 커지고 있습니다. 이러한 영향으로 중국 관광객이 늘어났지만, 조선족 출신 관광 가이드가 한국 문화와 역사를 잘못 안내하는 경우가 빈번해 개선이 필요한 상황입니다. 한국사를 학습해 중국인 관광객들에게 올바른 정보를 제공하는 역할을 수행할 계획입니다. 또한, 한국인의 중국인에 대한 편견을 바로잡는 데 이바지하겠습니다. 중국 학생들과 교류하며 배운 내용을 토대로 한국과 중국이 상호 이해하고 포용할 수 있는 환경을 조성하는 데 최선을 다할 것입니다.

• 사례 ❹

> **BAD** 👎
>
> 학부 졸업 후 편입을 한 만큼 부족한 것을 더 공부할 계획으로, 동일 계열 대학원에 진학해 이탈리아어의 심도 있는 학습과, 학부에서 배운 이탈리아 전반에 대한 이해를 대학원 과정을 통해 높은 수준으로 끌어올릴 것입니다. 또한 영화 배급사와 영화사, 엔터테인먼트 계열의 취업을 통해 더 많은 이탈리아 영화의 국내 유입을 도모하며, 이탈리아 예술 문화의 전문성을 확대할 것입니다. ㅇㅇ대학교의 인재상인 전인적 품성, 창의적 지성, 사회적 기여를 바탕으로 글로벌 시대에 걸맞는 전문성과 글로벌 역량을 키울 것입니다. 제 꿈은 이탈리아 예술 문화에 대한 '철학적임, 지루함, 고요함'이라는 대중들의 편견을 깨 낼 수 있는 역량 있는 문화 예술 경영인이 되는 것입니다.

▼

SOLUTION 👆

BEFORE 학부 졸업 후 편입을 한 만큼 부족한 것을 더 공부할 계획으로, 동일 계열 대학원에 진학해 이탈리아어의 심도 있는 학습과, 학부에서 배운 이탈리아 전반에 대한 이해를 대학원 과정을 통해 높은 수준으로 끌어올릴 것입니다.

HOW 쉼표(,) 사용이 적합하지 않습니다. 문장 분절을 통해 이와 같은 문제점을 해결합니다. 대학원 진학은 졸업 후 계획으로 가장 연결성이 높습니다. 편입과 대학원 진학은 학구열의 측면에서 동일 선상에 있다고 할 수 있기 때문입니다.

AFTER 졸업 후 이탈리아어를 더욱 전문적으로 배우고자 대학원에 진학하겠습니다. 이탈리아어의 표현과 작문 실력을 가다듬으며 전문 영역에서 대화를 이끌어 갈 수 있는 역량을 갖출 것입니다. 또한, 문화, 영화에 대해 숙고하며 종합 지식을 쌓겠습니다.

BEFORE 또한 영화 배급사와 영화사, 엔터테인먼트 계열의 취업을 통해 더 많은 이탈리아 영화의 국내 유입을 도모하며, 이탈리아 예술 문화의 전문성을 확대할 것입니다.

HOW 목적이 불분명한 내용입니다. 위의 내용에서 이탈리아 예술 문화의 전문성을 확대하는 주체는 이탈리아 예술계입니다. 배급사들은 이를 소개하는 역할을 맡습니다. 전달하고 싶은 내용이 정확하게 표현되었는지 작성 후 확인 과정을 반드시 거쳐야 합니다. 영화 배급사, 영화사, 엔터테인먼트 등의 선택지 나열에서 조사 '와'는 어울리지 않습니다. 전체 선택이 아닌 경우에는 '혹은', '또는'을 활용하기 바랍니다.

AFTER 대학원 과정을 마친 후, 영화 배급사 혹은 영화사에 입사해 이탈리아 영화를 국내 시장에 소개할 수 있는 기회를 마련할 것입니다.

BEFORE ○○대학교의 인재상인 전인적 품성, 창의적 지성, 사회적 기여를 바탕으로 글로벌 시대에 걸맞는 전문성과 글로벌 역량을 키울 것입니다.

HOW '걸맞은'을 '걸맞는'으로 쓰는 경우가 적지 않습니다. 띄어쓰기, 맞춤법 확인은 기본입니다. 지원 학교의 특색을 삽입하는 것은 적절한 방법입니다. 하지만, 이보다 더 적합한 내용이 있을 때는 굳이 지원 동기에 언급한 학교 관련 내용을 재차 언급할 이유는 없습니다. '글로벌 감각'을 핵심으로 삼아 본인의 미래 활동상을 그리도록 수정했습니다.

AFTER 글로벌 감각을 바탕으로 이탈리아와 한국의 문화 교류에 이바지하고, 이탈리아 문화 예술에 대한 일반인의 편견을 극복하는 데 필요한 안내를 제공하겠습니다.

BEFORE 제 꿈은 이탈리아 예술 문화에 대한 '철학적임, 지루함, 고요함'이라는 대중들의 편견을 깨 낼 수 있는 역량 있는 문화 예술 경영인이 되는 것입니다.

HOW '제 꿈은'이라는 표현은 '목표'로 바꿔 표현할 수 있습니다. 자신을 지칭하는 단어는 삼가야 합니다. 대상에 대한 주관적 인상은 자칫 오해를 일으킬 수 있으므로 위의 내용에서 '지루함, 고요함'은 삭제합니다. 해당 내용을 읽는 사람이 전혀 동의할 수 없을 수도 있기 때문에 굳이 위험을 감수할 필요는 없습니다. 대체 표현은 무궁무진합니다.

AFTER 다양한 경험을 쌓아 문화 예술 경영인으로 거듭나는 것이 목표입니다.

GOOD 👍

졸업 후 이탈리아어를 더욱 전문적으로 배우고자 대학원에 진학하겠습니다. 이탈리아어의 표현과 작문 실력을 가다듬으며 전문 영역에서 대화를 이끌어 갈 수 있는 역량을 갖출 것입니다. 또한, 문화, 영화에 대해 숙고하며 종합 지식을 쌓겠습니다. 대학원 과정을 마친 후, 영화 배급사 혹은 영화사에 입사해 이탈리아 영화를 국내 시장에 소개할 수 있는 기회를 마련할 것입니다. 아울러, 글로벌 감각을 바탕으로 이탈리아와 한국의 문화 교류에 이바지하고, 이탈리아 문화 예술에 대한 일반인의 편견을 극복하는 데 필요한 안내를 제공하겠습니다. 다양한 경험을 쌓아 문화 예술 경영인으로 거듭나는 것이 목표입니다.

• 사례 ❺

> **BAD**
>
> 요즘 아이들의 중국어 교육에 매진되어 모국어 교육이 소홀시 되는 것을 보았습니다. 저는 졸업 후, 중국어를 가르치는 모든 미디어나 콘텐츠를 만드는 연구원에 들어가, 교육방향과 알맞은 정보를 제공하고 싶습니다. 중국어 교육 연구원이 되기 위해 먼저 회화에 무리가 없는 사람이 될 것 입니다. 또, 심리학이나, 아동학 등 가르치는 데에 있어 필요한 전공 수업을 들어, 가르치는 데 무리가 없게 할 것입니다. 기회가 된다면 다른 전공의 수업을 들어, 연계된 방향으로 지식을 더해 통섭형 인재가 되는 것이 저의 최종 목표입니다.

SOLUTION

BEFORE 요즘 아이들의 중국어 교육에 매진되어 모국어 교육이 소홀시 되는 것을 보았습니다.

HOW '매진되어', '소홀시'는 적절한 표현이 아닙니다. 대상을 분명하게 언급해야 이해가 가능합니다. 저학년 학생들을 주어로 정하고, 이에 맞춰 표현을 수정합니다. 중국어 조기 교육은 사회의 일반적인 현상이므로 '보았다'라는 경험에 의거한 표현보다는 '경향을 보인다'가 더욱 적합합니다.

AFTER 저학년 학생들은 중국어 교육에 중점을 두며 한국어 교육에 소홀한 경향을 보입니다.

BEFORE 저는 졸업 후, 중국어를 가르치는 모든 미디어나 콘텐츠를 만드는 연구원에 들어가, 교육방향과 알맞은 정보를 제공하고 싶습니다.

HOW 문장의 첫 어절에 해당하는 '저는'은 생략해야 하는 표현이고, 쉼표(,)의 위치도 문장 흐름을 끊어 버리고 있어 수정이 불가피합니다. 첫 문장에서 문제를 제기했고, 그에 따른 해결 방안을 제시해야 하는데 수정 전 문장은 그러한 내용 없이 곧장 목표로 건너뛰었습니다. '올바른 중국어 교육'을 해결 수단으로 언급하고, 목표를 다음 문장에 기술합니다.

AFTER 올바른 중국어 교육을 통해 이와 같은 현상이 균형을 찾도록 이바지하고 싶습니다.

BEFORE 중국어 교육 연구원이 되기 위해 먼저 회화에 무리가 없는 사람이 될 것입니다.

HOW 내용 흐름에 맞춰 '연구원'의 목표를 언급하고, '회화 능력'을 핵심 내용으로 삼아 그에 맞는 문장을 추가합니다. '회화에 무리가 없는 사람'을 목표로 설정하기에는 다소 보편적 느낌이 강합니다. 학생 신분인 만큼 중국어 연습에 힘쓰겠다는 의지 피력이 회화 능력에만 제한을 두는 표현보다는 발전 지향적으로 보입니다.

AFTER 이에 졸업 후 중국어 교육 미디어와 콘텐츠를 다루는 연구원이 되는 것이 목표입니다. 중국어 교육 연구원이 되기 위해서는 회화 능력이 중요하므로 꾸준히 연습할 계획입니다.

BEFORE 또, 심리학이나, 아동학 등 가르치는 데에 있어 필요한 전공 수업을 들어, 가르치는데 무리가 없게 할 것입니다.

HOW 지원자가 습관처럼 사용하는 '무리 없게'는 노력은 하되 아주 잘하지는 않아도 괜찮다는 인상을 줍니다. '또'는 문어체 형태인 '또한'으로 변경해야 합니다. '심리학이나, 아동학 등'은 말하듯 나열한 흔적이 뚜렷합니다. 이는 '심리학, 아동학 등'과 동일한 내용입니다. 자기소개서는 지원자의 인상을 결정하는 중요한 수단이므로 작은 차이일지라도 빠짐없이 점검해야 합니다.

AFTER 또한, 심리학, 아동학 등을 수강하며 교육에 필요한 지식과 감각을 갖출 것입니다.

BEFORE 기회가 된다면 다른 전공의 수업을 들어, 연계된 방향으로 지식을 더해 통섭형 인재가 되는 것이 저의 최종 목표입니다.

HOW '기회가 된다면'은 현실을 감안한 표현이지만, 자기소개서에서 이러한 현실 타협의 자세는 불필요합니다. 편입에 도전하는 지원자로서 최선을 다하겠다는 의지를 피력하며 어떻게든 제대로 배우겠다는 모습을 읽는 사람들에게 전달해야 합니다. 이미 '연구원의 목표'를 이전 문장에서 기술했으므로 동일한 어휘 사용을 피하고, '중국어 교육 정책'을 중심어로 문장을 수정합니다.

AFTER 중국어 교육 정책을 개선할 수 있는 다양한 경험도 쌓으며 시야를 넓히겠습니다.

▼

GOOD 👍

저학년 학생들은 중국어 교육에 중점을 두며 한국어 교육에 소홀한 경향을 보입니다. 올바른 중국어 교육을 통해 이와 같은 현상이 균형을 찾도록 이바지하고 싶습니다. 이에 졸업 후 중국어 교육 미디어와 콘텐츠를 다루는 연구원이 되는 것이 목표입니다. 중국어 정책 연구원이 되기 위해서는 회화 능력이 중요하므로 꾸준히 연습할 계획입니다. 또한, 심리학, 아동학 등을 수강하며 교육에 필요한 지식과 감각을 갖출 것입니다. 중국어 교육 정책을 개선할 수 있는 다양한 경험도 쌓으며 시야를 넓히겠습니다.

• 사례 ❻

BAD 👎

　○○대학교 식품영양학과를 졸업한 후 바로 ○○대학원 경영학과에 지원해 더 공부할 예정입니다. 무작정 계획만 가지고 사업을 시작하기엔 현실적으로 자금이나 실무 능력이 부족하기 때문에 그런 점을 보완하기 위해 대학원에서 공부하는 기간 동안 식품 분야의 기업에 취직함으로써 실질적인 실무를 몸으로 익히고 대학교와 대학원에서, 그리고 전 대학에서 배운 모든 지식들을 적절히 접목시켜서 저만의 독창적인 브랜드를 설립하려고 합니다. 요리를 공부한 이래로 거의 서양 식재료를 다루고 양식 스타일의 요리법을 공부했는데, 한국의 각 지방에 흔히 접해 볼 수 없지만 알려지지 않은 좋은 식재료가 많다고 알고 있습니다. 여러 지방을 여행하고 그런 재료를 찾아 양식과 한식을 접목해 양식의 대중화와 한국 전통 식재료의 진귀함을 알릴 수 있는 브랜드를 만드는 것이 저의 최종 목표입니다.

▼

SOLUTION 👆

BEFORE ○○대학교 식품영양학과를 졸업한 후 바로 ○○대학원 경영학과에 지원해 더 공부할 예정입니다.

HOW 지원 대학교 명칭을 재차 언급할 필요는 없습니다. '더 공부할 예정이다'보다는 '전문 역량을 배양하다'가 대학원 진학의 목적을 뚜렷이 나타내는 표현입니다.

AFTER 학부 과정을 마친 후, ○○대학원 경영학과에 진학해 전문 역량을 배양할 계획입니다.

BEFORE 무작정 계획만 가지고 사업을 시작하기엔 현실적으로 자금이나 실무 능력이 부족하기 때문에 그런 점을 보완하기 위해 대학원에서 공부하는 기간 동안 식품 분야의 기업에 취직함으로써 실질적인 실무를 몸으로 익히고 대학교와 대학원에서, 그리고 전 대학에서 배운 모든 지식들을 적절히 접목시켜서 저만의 독창적인 브랜드를 설립하려고 합니다.

HOW 한 문장으로 지나치게 많은 내용을 기술했습니다. 이러한 문장은 읽는 사람에게 부담감을 주며, 호흡 단위가 불명확해 내용 파악도 어렵습니다. 이에 세 문장으로 나눕니다. '실질적인 실무'는 내용 중복이라 간략한 표현으로 가다듬습니다. '대학교와 대학원에서, 그리고 전 대학에서'는 과도한 반복과 구어체 표현이 드러난 구문이므로 생략합니다.

AFTER 식품 산업은 이론과 실무의 접목을 통해 실력을 발휘할 수 있는 분야입니다. 대학원을 졸업한 뒤에는 식품 분야의 기업에 입사해 실무 경력을 쌓고, 브랜드와 시장 전략 등을 꼼꼼히 배울 것입니다. 그 이후, 독창적인 개인 브랜드의 식품 사업을 시작하겠습니다.

BEFORE 요리를 공부한 이래로 거의 서양 식재료를 다루고 양식 스타일의 요리법을 공부했는데, 한국의 각 지방에 흔히 접해 볼 수 없지만 알려지지 않은 좋은 식재료가 많다고 알고 있습니다.

HOW 동떨어진 내용을 한 문장으로 연결해 부자연스럽습니다. '서양 식재료를 다뤄 봤다'와 '한국의 지방에는 뛰어난 식재료가 있다'는 구문은 어휘만 동일할 뿐 흐름상으로는 연결성이 전혀 없습니다. 핵심은 '한국의 식재료'이므로 불필요한 내용을 정리해 단일한 흐름을 만듭니다.

AFTER 한국에는 각 지방에서만 접할 수 있는 양질의 식재료가 많습니다.

BEFORE 여러 지방을 여행하고 그런 재료를 찾아 양식과 한식을 접목해 양식의 대중화와 한국 전통 식재료의 진귀함을 알릴 수 있는 브랜드를 만드는 것이 저의 최종 목표입니다.

HOW '여러 지방' 대신 '국내 지방'으로 표현하며 범주를 구체화합니다. 마찬가지로 '그런 재료' 대신 '새로운 식재료'라고 대상을 확실히 언급합니다. 수정 전 문장의 '양식의 대중화와 한국 전통 식재료의 진귀함을 알릴 수 있는' 구문은 동사 '알리다'가 '양식의 대중화'에 호응하지 않습니다. 양식의 대중화를 알릴 수는 없기 때문입니다. 지원자들이 간혹 이와 같은 표현의 실수를 저지르는데 점검을 통해 쉽게 발견할 수 있습니다. 내용의 적절한 병렬을 위해 '대중성'과 '독창성'으로 어휘를 수정합니다.

AFTER 국내 지방을 여행하며 새로운 식재료를 찾아내고, 이를 양식과 한식에 접목해 대중성과 독창성을 갖춘 식품 브랜드를 만들겠습니다.

▼

GOOD 👍

학부 과정을 마친 후, ○○대학원 경영학과에 진학해 전문 역량을 배양할 계획입니다. 식품 산업은 이론과 실무의 접목을 통해 실력을 발휘할 수 있는 분야입니다. 대학원을 졸업한 뒤에는 식품 분야의 기업에 입사해 실무 경력을 쌓고, 브랜드와 시장 전략 등을 꼼꼼히 배울 것입니다. 그 이후, 독창적인 개인 브랜드의 식품 사업을 시작하겠습니다. 한국에는 각 지방에서만 접할 수 있는 양질의 식재료가 많습니다. 국내 지방을 여행하며 새로운 식재료를 찾아내고, 이를 양식과 한식에 접목해 대중성과 독창성을 갖춘 식품 브랜드를 만들겠습니다.

BAD 👎

짧게나마 해외여행을 떠나고 싶습니다. 그동안 공부만 하였기 때문에 책으로만 보던 해외 건축들을 나라별로 문화, 기후에 따른 다양한 양식과 각각 장단점, 차이점도 알고 싶습니다. 국내에 돌아오면 건축 쪽으로 취직을 하되 건축 대학원에 진학을 해서 공부를 하면서 취직과 공부를 병행하고 싶습니다. 제가 여러 가지로 부족한 면이 많지만 위로 교수님들에게 배우고 제자들에게 가르쳐서 문제점을 찾고 연구하는 교수가 되고 싶습니다. 지금까지 연구한 것으로 제 이름을 건 설계 프로젝트를 하고 싶습니다. 뭐든지 일단 도전을 해 보고 나서 후회 없는 일을 할 것입니다. 물론 성공만 한다면 물론 좋겠지만 실패도 많이 겪어서 꺾기기도 해 봐야 하고 그걸 극복도 해 보고 싶습니다.

▼

SOLUTION

BEFORE 짧게나마 해외여행을 떠나고 싶습니다.

HOW 가벼운 내용은 계획에 포함하지 않습니다. 졸업 후 계획을 '여행'으로 시작하면, 지원자가 현실감이 부족하다는 인상을 줍니다. 해당 문장은 삭제하고, 이러한 내용은 여행의 속성을 지닌 해외 건축물 탐방으로 대체할 수 있습니다.

AFTER (해당 문장 삭제)

BEFORE 그동안 공부만 하였기 때문에 책으로만 보던 해외 건축들을 나라별로 문화, 기후에 따른 다양한 양식과 각각 장단점, 차이점도 알고 싶습니다.

> **HOW** 내용과 표현 정리가 필요한 문장입니다. '그동안 공부만 하였기 때문에'는 무의미한 표현입니다. 지원자의 마음은 이해하지만, 글에서 이처럼 표현해서는 안 됩니다. 개인 신변 관련 회고가 졸업 후 계획과 연결되는지 고려하기 바랍니다.

> **AFTER** 졸업 후 해외 건축물을 현지에서 관찰하며 문화와 기후에 따른 양식의 차이점을 분석하겠습니다.

> **BEFORE** 국내에 돌아오면 건축 쪽으로 취직을 하되 건축 대학원에 진학을 해서 공부를 하면서 취직과 공부를 병행하고 싶습니다.

> **HOW** 학업에 집중하겠다는 의지를 피력하는 방법으로 대학원을 선택한 점은 좋습니다. '국내에 돌아오면'은 대학원 진학의 선후 관계를 설명할 개연성을 지닌 내용이 아니므로 생략이 타당합니다.

> **AFTER** 아울러, 건축 대학원에 진학해 전문 역량을 강화하며 배움의 깊이를 더할 것입니다.

> **BEFORE** 제가 여러 가지로 부족한 면이 많지만 위로 교수님들에게 배우고 제자들에게 가르쳐서 문제점을 찾고 연구하는 교수가 되고 싶습니다.

> **HOW** 글의 흐름상 다음 단계의 계획이 등장해야 합니다. 대학원 졸업 후 실무 경력을 쌓는다는 계획이 연결성이 높아 내용 전반을 수정합니다. '제가 여러 가지로 부족한 면이 많지만'은 내용과 하등의 관계가 없습니다. 이는 구어체이며, 자신을 지칭하는 어휘는 자기소개서에 부적절합니다.

> **AFTER** 그 이후, 건축 분야에서 실무 경력을 쌓을 계획입니다.

> **BEFORE** 지금까지 연구한 것으로 제 이름을 건 설계 프로젝트를 하고 싶습니다.

> **HOW** '제 이름을 건'처럼 외형에 집착한 유아적 표현은 편입 자기소개서에 어울리지 않습니다. 구체적으로 어떤 내용의 프로젝트를 주도해 실력을 인정받겠다는 목표 지향적인 표현이 적절합니다.

> **AFTER** 설계 프로젝트를 주도하는 것이 목표입니다.

BEFORE 뭐든지 일단 도전을 해 보고 나서 후회 없는 일을 할 것입니다.

HOW 내용도 없고 글의 형식도 맞지 않습니다. 구체적인 계획 수립이 주안점인 항목에서 무엇이든 도전해 보고 후회하지 않겠다는 문장은 성의 없는 인상을 만들어 냅니다. 점검을 통해 이와 같은 표현을 반드시 삭제하기 바랍니다.

AFTER (해당 문장 삭제)

BEFORE 물론 성공만 한다면 물론 좋겠지만 실패도 많이 겪어봐서 꺾기기도 해 봐야 하고 그걸 극복도 해 보고 싶습니다.

HOW '물론 성공만 한다면 물론 좋겠지만', '많이 겪어봐서 꺾기기도 해보고' 등의 표현은 반드시 수정해야 합니다. 타인에게 자신을 소개하는 글이라는 것에 유의하며 작성합니다. 본인이 하고 싶은 이야기는 '성공 사례'에 이르는 과정을 통해 실력을 쌓겠다는 것입니다. 이전 문장에서 추려 낸 '프로젝트 주도'와 '가르치는 활동'을 첨가해 복합적인 내용으로 수정합니다. 분량을 채우겠다고 생각 없이 말하듯 글을 쓸 바에는 차라리 짧더라도 문어체 문장만 기술하는 편이 더 효과적입니다.

AFTER 성공 사례를 살펴보며 정확한 업무 수행으로 프로젝트를 완수하고, 이 경험을 건축학과 학생들에게 전달하고 싶습니다.

▼

GOOD 👍

졸업 후 해외 건축물을 현지에서 관찰하며 문화와 기후에 따른 양식의 차이점을 분석하겠습니다. 아울러, 건축 대학원에 진학해 전문 역량을 강화하며 배움의 깊이를 더할 것입니다. 그 이후, 건축 분야에서 실무 경력을 쌓을 계획입니다. 설계 프로젝트를 주도하는 것이 목표입니다. 성공 사례를 살펴보며 정확한 업무 수행으로 프로젝트를 완수하고, 이 경험을 건축학과 학생들에게 전달하고 싶습니다.

• 사례 ❽

BAD 👎

　편입 후 2년이라는 기간만 대학교에서 보내게 되는데 이 기간만으로 사회에 나갔을 때 남들과 다른 경쟁력을 갖추기에는 조금 짧다고 생각됩니다. 그래서 졸업 후에는 대학원에 진학하여 좀 더 전문적인 지식을 배우고 싶습니다. 특히 ○○대학원의 전자 공학과가 산학 협력 체계로 연계되어서 휴대폰과 특화된 연구하는 것을 보았습니다. 저 또한 이 방향으로 진로를 정하고 싶다는 생각을 가지고 있고 아직 배운 적이 없지만 휴대폰이라는 매체가 하루가 다르게 변화하고 발전하는 것을 보며 저도 심도 있는 지식을 갖춰야 한다고 생각합니다. 커리큘럼에 적혀 있는 것처럼 대학원 졸업 후엔 대기업에 입사하여 사회가 원하는 인재가 되어 실생활에 유용하고 도움이 되는 제품들을 만드는 데 이바지하고 싶습니다.

▼

SOLUTION 🖱

BEFORE 편입 후 2년이라는 기간만 대학교에서 보내게 되는데 이 기간만으로 사회에 나갔을 때 남들과 다른 경쟁력을 갖추기에는 조금 짧다고 생각됩니다.

HOW 구어체를 문어체로 수정합니다.

AFTER 2년의 학부 과정만으로 폭넓은 전자 분야를 전문 수준으로 이해하기는 어렵다고 생각합니다.

BEFORE 그래서 졸업 후에는 대학원에 진학하여 좀 더 전문적인 지식을 배우고 싶습니다.

HOW '그래서 졸업 후'라는 표현은 이전 문장의 내용과 연결해 '이에'로 축약합니다. 자기소개서에서는 '그리고', '그래서' 등의 접속사를 쓰지 않아도 충분히 문장 간 연결이 가능합니다. 접속사를 한 번 사용하면 의식하지 못하고 계속 사용할 우려가 있으므로 아예 사용하지 않는 것이 남발을 예방하는 조치입니다.

AFTER 이에 대학원에 진학해 심화 지식을 익히며 연구에 주력할 계획입니다.

BEFORE 특히 ○○대학원의 전자 공학과가 산학 협력 체계로 연계되어서 휴대폰과 특화된 연구하는 것을 보았습니다.

HOW 현상 그대로의 사실에 자신의 경험을 억지로 더해 표현할 필요는 없습니다. ○○대학원의 휴대폰 특화 연구는 사실이며, 본인이 이를 목격한 것은 전혀 의미 있는 경험이 아닙니다. 불필요한 경험 내용을 제외하고 '연구를 진행하고 있다'로 수정합니다.

AFTER ○○대학원의 전자 공학과는 산업과 연계해 휴대폰 관련 특화 연구를 진행하고 있습니다.

BEFORE 저 또한 이 방향으로 진로를 정하고 싶다는 생각을 가지고 있고 아직 배운 적이 없지만 휴대폰이라는 매체가 하루가 다르게 변화하고 발전하는 것을 보며 저도 심도 있는 지식을 갖춰야 한다고 생각합니다.

HOW '저 또한 이 방향으로'는 구어체입니다. 말할 때는 상관없으나 글로는 이와 같이 쓰지 않습니다. '저도 심도 있는 지식을'에서 다시 한 번 자기 지칭 표현이 나타났습니다. 이처럼 한 번 쓰기 시작하면 쉽게 반복할 수 있으므로 유의합니다.

AFTER 대학원에서 학부 지식을 바탕으로 휴대폰 관련 기술을 연구하며 전문가로 성장하고 싶습니다.

BEFORE 커리큘럼에 적혀 있는 것처럼 대학원 졸업 후엔 대기업에 입사하여 사회가 원하는 인재가 되어 실생활에 유용하고 도움이 되는 제품들을 만드는 데 이바지하고 싶습니다.

HOW 구체적인 목표가 글의 초점을 정확히 잡아 글의 완결성을 높입니다. '커리큘럼에 적혀 있는 것처럼'은 모호한 내용입니다. 이러한 경우에는 해당 내용을 적시해 주어야 합니다.

AFTER 졸업 후, 대기업에 입사해 실생활에 유용한 제품들을 생산하는 데 이바지할 것입니다.

▼

GOOD 👍

2년의 학부 과정만으로 폭넓은 전자 분야를 전문 수준으로 이해하기는 어렵다고 생각합니다. 이에 대학원에 진학해 심화 지식을 익히며 연구에 주력할 계획입니다. ○○대학원의 전자 공학과는 산업과 연계해 휴대폰 관련 특화 연구를 진행하고 있습니다. 대학원에서 학부 지식을 바탕으로 휴대폰 관련 기술을 연구하며 전문가로 성장하고 싶습니다. 졸업 후, 대기업에 입사해 실생활에 유용한 제품들을 생산하는 데 이바지할 것입니다.

• 사례 ❾

BAD

　예전뿐만 아니라 지금에서는 더더욱 커뮤니케이션의 역할은 중요해지고 있고 그 활용 범위가 전 세계적으로 넓어지고 있다는 것을 알고 있습니다. 그래서 저는 저만의 "이해심과 진정성"으로 경쟁력을 갖추어 나가려 합니다. 편입을 준비하며 1년간 방송사에서 실습 생활을 하면서 언론이라는 것이 얼마나 사회에 큰 영향을 미치는지 알았고, 따라서 그에 따른 올바른 역할이 더 중요하다는 것을 알게 되었습니다. 저는 이 부분을 제 경쟁력을 통해 사회에 순영향을 미칠 수 있는 인재가 되고 싶습니다. 3학년으로 편입하는 저에게는 학교를 다니는 건 고작 2년이기 때문에 더 깊은 배움을 위해서 대학원 진학까지도 고려를 하고 있습니다. 좀 더 구체적인 진로는 이 다짐과 열의를 가지고 전공을 배우면서 정해도 늦지 않다고 생각합니다.

SOLUTION

BEFORE 예전뿐만 아니라 지금에서는 더더욱 커뮤니케이션의 역할은 중요해지고 있고 그 활용 범위가 전 세계적으로 넓어지고 있다는 것을 알고 있습니다.

HOW '더더욱'은 문장 내부에서 위치도 적절하지 않고, 표현도 구어체에 해당합니다. '예전뿐만 아니라 지금에서는'도 어색한 표현이며, 이를 '현대'로 간추릴 수 있습니다.

AFTER 실시간 정보 교류가 가능한 현대 사회에서 커뮤니케이션의 역할은 중요성을 띠고 있습니다. 또한, 그 영역이 전 세계를 포괄하므로 영향력은 더욱 강력해졌습니다.

BEFORE 그래서 저는 저만의 "이해심과 진정성"으로 경쟁력을 갖추어 나가려합니다.

HOW '그래서 저는'은 지양해야 할 대표 표현인 접속사와 자기 지칭 어휘가 동시에 등장한 사례입니다. 바로 삭제하고, 문장 연결을 위해 수정합니다.

AFTER 이러한 환경에 대응해 이해심과 진정성을 경쟁력으로 준비할 계획입니다.

BEFORE 편입을 준비하며 1년간 방송사에서 실습 생활을 하면서 언론이라는 것이 얼마나 사회에 큰 영향을 미치는지 알았고, 따라서 그에 따른 올바른 역할이 더 중요하다는 것을 알게 되었습니다.

HOW 방송사 실습이 핵심 사항이므로 문장 앞부분으로 위치를 옮깁니다. 또한, '편입을 준비하며'는 필요한 표현이라고 할 수 없습니다. 문장 길이를 조절해 두 부분으로 나눕니다. 중요한 내용이므로 독립 문장으로 작성해야 합니다.

AFTER 1년간 방송사에서 실습하며 언론의 사회적 영향력을 체감했습니다. 이를 통해 올바른 언론의 역할이 중요함을 알 수 있었습니다.

BEFORE 저는 이 부분을 제 경쟁력을 통해 사회에 순영향을 미칠 수 있는 인재가 되고 싶습니다.

HOW '저는'이 다시 등장했습니다. 구체적인 미래 계획이 아니라 막연한 내용이므로 생략이 타당합니다.

AFTER (해당 문장 삭제)

BEFORE 3학년으로 편입하는 저에게는 학교를 다니는 건 고작 2년이기 때문에 더 깊은 배움을 위해서 대학원 진학까지도 고려를 하고 있습니다.

HOW 막연한 '인재'보다는 '언론인'을 구체적인 목표로 설정하고, 편입 지원자들의 동일한 학업 조건 설명은 생략합니다. 경험이 아주 없어 도저히 항목의 분량을 채울 수 없을 때는 동일한 조건일지라도 기술할 수 있으나 위의 지원자처럼 경험이 풍부할 때는 굳이 식상한 내용을 쓸 이유는 없습니다.

AFTER 책임감을 갖춘 언론인으로 성장하기 위해서는 학부 과정에 이은 대학원 과정이 필요하다고 생각합니다.

BEFORE 좀 더 구체적인 진로는 이 다짐과 열의를 가지고 전공을 배우면서 정해도 늦지 않다고 생각합니다.

HOW 구체적인 진로를 자기소개서에서 미리 밝히고, 편입 후 천천히 생각하며 바꿔도 무방합니다. 확고한 목표를 지닌 학생이 매력적으로 분류되는 건 당연합니다. 고등학생이 대학에 입학할 때는 전공 선택을 잘못할 수 있지만, 편입 지원자가 전공 관련 진로를 결정하지 않고 편입에 도전하는 것은 합리적으로 보이지 않습니다. 설령 나중에 진로를 바꾸더라도 자기소개서를 평가한 분들이 그 사유를 물어보고자 학생을 찾아올 일은 없으니 본인의 매력도를 고려해 진로를 구체화하기 바랍니다. 합격을 위한 자기소개서 작성 전략을 차치하고 3학년 때 진로를 생각해 보는 것만으로도 학습에 도움이 됩니다.

AFTER 대학원에서 전문 역량을 배양하며 공정한 언론 환경을 만드는 데 기여하고 싶습니다.

▼

GOOD 👍

실시간 정보 교류가 가능한 현대 사회에서 커뮤니케이션의 역할은 중요성을 띠고 있습니다. 또한, 그 영역이 전 세계를 포괄하므로 영향력은 더욱 강력해졌습니다. 이러한 환경에 대응해 이해심과 진정성을 경쟁력으로 준비할 계획입니다. 1년간 방송사에서 실습하며 언론의 사회적 영향력을 체감했습니다. 이를 통해 올바른 언론의 역할이 중요함을 알 수 있었습니다. 책임감을 갖춘 언론인으로 성장하기 위해서는 학부 과정에 이은 대학원 과정이 필요하다고 생각합니다. 대학원에서 전문 역량을 배양하며 공정한 언론 환경을 만드는 데 기여하고 싶습니다.

• 사례 ⑩

BAD 👎

임용 시험에 합격하여 특수 교사로서 장애인의 발달을 위한 방법과 목표에 대해 끊임없이 생각할 것입니다. 장애인의 입장에서 서서 그들을 이해하고, 학교를 졸업하여 사회에 한 발을 디뎠을 때 필요한 독립성의 기초를 마련해 주고 싶습니다. 항상 탐구하고 현실에 안주하지 않은 그들만의 특별한 교사가 되고 싶습니다. 또한 대학원에 진학하여 특수 교육의 발전과 개선을 위해서 끊임 없이 공부하고 고민할 것입니다. 다른 선진국의 특수 교육과 환경에 대해 공부해서 좋은 제도를 우리나라에서 적용할 수 있는 방법도 찾고 싶습니다. 온수와 냉수가 각각 나오는 수도꼭지에서 모든 사람이 편리하게 사용할 수 있는 통합형 수도꼭지로 바뀐 것처럼 장애인이 편리하게 물건을 사용할 수 있는 방법에 대해서도 탐구하는 사람이 되고 싶습니다.

▼

SOLUTION 🖱️

BEFORE 임용 시험에 합격하여 특수 교사로서 장애인의 발달을 위한 방법과 목표에 대해 끊임없이 생각할 것입니다.

HOW 구체적인 목표로 첫 문장을 작성해 짜임새 있는 문단 구조를 잡은 점이 좋습니다.

AFTER 임용 시험을 거쳐 특수 교사로 근무하며 장애인의 발달을 위한 방법을 끊임없이 궁리할 것입니다.

BEFORE 장애인의 입장에서 서서 그들을 이해하고, 학교를 졸업하여 사회에 한 발을 디뎠을 때 필요한 독립성의 기초를 마련해 주고 싶습니다.

- **HOW** '입장에 서서'에서 '서서'는 구어체에 가깝습니다. 생략해도 문장이 자연스럽게 성립합니다.
- **AFTER** 장애인의 입장에서 그들을 이해하고, 사회에서 독립적 기초를 마련하는 데 이바지하겠습니다.

- **BEFORE** 항상 탐구하고 현실에 안주하지 않은 그들만의 특별한 교사가 되고 싶습니다.
- **HOW** '싶습니다'가 연이어 문장을 마무리하고 있습니다. 신선한 느낌을 주고자 다른 표현으로 변경합니다. '특별한 교사'라는 막연한 표현보다는 '책임과 의무에 충실한 교사'가 더 구체적입니다.
- **AFTER** 항상 탐구하는 자세로 특수 교사의 책임과 의무를 다할 것입니다.

- **BEFORE** 또한 대학원에 진학하여 특수 교육의 발전과 개선을 위해서 끊임 없이 공부하고 고민할 것입니다.
- **HOW** 단독 문장으로 활용하기에는 내용이 부족하므로 이어지는 문장을 더합니다. 대학원 진학과 선진국 교육 환경 연구는 연결성이 있는 내용입니다. 이러한 경우에는 한 문장으로 표현해도 좋습니다.
- **AFTER** 대학원에 진학해 특수 교육의 발전과 개선을 위한 연구에 힘쓰고, 선진국의 특수 교육 환경과 제도를 분석하며 우리나라에 접목할 방법을 모색하겠습니다.

- **BEFORE** 다른 선진국의 특수 교육과 환경에 대해 공부해서 좋은 제도를 우리나라에서 적용할 수 있는 방법도 찾고 싶습니다.
- **HOW** 이전 문장 내용으로 포괄했습니다.
- **AFTER** (해당 문장 삭제)

- **BEFORE** 온수와 냉수가 각각 나오는 수도꼭지에서 모든 사람이 편리하게 사용할 수 있는 통합형 수도꼭지로 바뀐 것처럼 장애인이 편리하게 물건을 사용할 수 있는 방법에 대해서도 탐구하는 사람이 되고 싶습니다.

> **HOW** 일상 소재를 신선한 감각을 환기하는 용도로 적절히 활용했습니다. 이와 같은 접근 방식은 효과적입니다. '탐구하는 사람이 되고 싶다'를 '탐구하고 싶다'로 간략히 수정합니다. 문장의 주체가 자신이므로 'ㅇㅇ하는 사람'이라고 표현하며 자신을 반복 언급하지 않아야 합니다.
>
> **AFTER** 온수와 냉수로 나뉜 수도꼭지에서 모든 사람이 편리하게 사용할 수 있는 통합형 수도꼭지로 바뀐 것처럼 장애인이 편리하게 물건을 사용할 수 있는 방법에 대해서도 탐구하고 싶습니다.

▼

> **GOOD** 👍
>
> 임용 시험을 거쳐 특수 교사로 근무하며 장애인의 발달을 위한 방법을 끊임없이 궁리할 것입니다. 장애인의 입장에서 그들을 이해하고, 사회에서 독립적 기초를 마련하는 데 이바지하겠습니다. 항상 탐구하는 자세로 특수 교사의 책임과 의무를 다할 것입니다. 대학원에 진학해 특수 교육의 발전과 개선을 위한 연구에 힘쓰고, 선진국의 특수 교육 환경과 제도를 분석하며 우리나라에 접목할 방법을 모색하겠습니다. 온수와 냉수로 나뉜 수도꼭지에서 모든 사람이 편리하게 사용할 수 있는 통합형 수도꼭지로 바뀐 것처럼 장애인이 편리하게 물건을 사용할 수 있는 방법에 대해서도 탐구하고 싶습니다.

• **사례 ⓫**

> **BAD** 👎
>
> 도시 지역 전문가로서의 심화적인 공부를 위해 졸업 후에는 사회학과 계열의 대학원에 진학하겠습니다. 특히 우리와 가장 직접적으로 마주하고 있는 도시 환경 문제에 대한 연구를 진행하고 싶습니다. 저는 도시 환경 문제를 자연 과학을 통해 해결할 수 있는 단순한 문제가 아닌, 여러 나라들과 시민들의 다양한 이해관계와 가치가 서로 얽혀 있는 사회적 관점으로 접근해야 한다고 생각합니다. 따라서 대학원에서의 연구를 통해 현재 환경 문제의 직접적 원인인 과학 기술의 발달에 따른 공업화와 자연의 조화로운 가치를 지향하는 문제 해결 방법을 제시하는 데 도움이 되고 싶습니다. 또한 환경 문제 해결을 통해 미래 세대의 가치 욕구를 충족시키는 지속 가능한 발전에까지 한걸음 더 다가가는 ㅇㅇ대 사회학과의 인재가 되는 데 노력하겠습니다.

▼

SOLUTION

BEFORE 도시 지역 전문가로서의 심화적인 공부를 위해 졸업 후에는 사회학과 계열의 대학원에 진학하겠습니다.

HOW '도시 지역 전문가'는 대학원 과정을 이수한 후에 이를 수 있는 단계입니다. 강약을 조절하며 글의 흐름을 만들고자 핵심 어휘를 마지막 문장으로 옮깁니다. 편입을 지원하고 있는 상황이므로 지원 전공에 대한 강한 열정을 보여 줄 필요가 있습니다. 동일한 전공을 대학원에서 배우겠다는 내용이 적합한 이유입니다.

AFTER 졸업 후 전공 심화 학습을 위해 대학원에 진학할 계획입니다.

BEFORE 특히 우리와 가장 직접적으로 마주하고 있는 도시 환경 문제에 대한 연구를 진행하고 싶습니다.

HOW 위의 내용은 다음 문장에서 반복되므로 생략합니다.

AFTER (해당 문장 삭제)

BEFORE 저는 도시 환경 문제를 자연 과학을 통해 해결할 수 있는 단순한 문제가 아닌, 여러 나라들과 시민들의 다양한 이해관계와 가치가 서로 얽혀 있는 사회적 관점으로 접근해야 한다고 생각합니다.

HOW 장황한 설명이므로 간략하게 수정합니다.

AFTER 전문 연구 활동을 통해 도시 환경 문제를 연구하고, 사회적 관점으로 해결 방안을 모색할 것입니다.

BEFORE 따라서 대학원에서의 연구를 통해 현재 환경 문제의 직접적 원인인 과학 기술의 발달에 따른 공업화와 자연의 조화로운 가치를 지향하는 문제 해결 방법을 제시하는데 도움이 되고 싶습니다.

HOW 문장이 이해하기 어렵고, 내용도 부정확합니다. 이전 문장과 연결된 내용이므로 접속사를 사용하는 대신 조사 '도'를 활용합니다. '사회 구조 파악과 이론 적용에도'처럼 병렬하는 내용은 조사 '도'를 통해 접속사를 대체할 수 있습니다.

AFTER 다양한 이해관계가 얽혀 있는 도시 문제를 풀어낼 수 있도록 사회 구조 파악과 이론 적용에도 주력하겠습니다.

BEFORE 또한 환경 문제 해결을 통해 미래 세대의 가치 욕구를 충족시키는 지속 가능한 발전에까지 한걸음 더 다가가는 ○○대 사회학과의 인재가 되는 데 노력하겠습니다.

HOW 표현에 대한 욕구가 지나쳐 이해하기 어려운 문장이며, 마지막에 위치한 문장으로서도 적절하지 않은 형태입니다. 문단의 첫 문장에서 옮겨 온 '도시 지역 전문가' 어휘로 균형 있게 마무리합니다.

AFTER 다양한 경험을 쌓으며 지속 가능한 발전을 이루어 내는 도시 지역 전문가로 성장하는 것이 최종 목표입니다.

▼

GOOD 👍

졸업 후 전공 심화 학습을 위해 대학원에 진학할 계획입니다. 전문 연구 활동을 통해 도시 환경 문제를 연구하고, 사회적 관점으로 해결 방안을 모색할 것입니다. 다양한 이해관계가 얽혀 있는 도시 문제를 풀어낼 수 있도록 사회 구조 파악과 이론 적용에도 주력하겠습니다. 다양한 경험을 쌓으며 지속 가능한 발전을 이루어 내는 도시 지역 전문가로 성장하는 것이 최종 목표입니다.

• 사례 ⓬

BAD 👎

졸업 후에는 최종 목표인 전기 공학 기술자가 되기 위한 직접적인 토대를 마련할 계획입니다. 우선, 대학원에 진학하여 세분화된 학문에 깊이있는 연구를 하고 싶습니다. 학부생 때는 다소 하기 힘들었던 연구나, 실험을 통해 내공을 쌓을 계획입니다. 또한, 지난번 제게 큰 동기부여 역할을 한 학술 대회에 참가하여 논문을 발표하고 상을 받는 것이 목표입니다. 필요하다면 전기 기사 자격증도 취득할 예정입니다. 전공의 특성상, 관련 지식에 대해 오랜 기간 공부하고 분석하는 과정이 필요하다고 생각합니다. 다른 영역과 상호 협력해야 하는 일이 많기 때문에, 전기 전자 이외의 지식도 습득할 필요가 있습니다. 관련 분야의 전공자들과 연구 동아리를 만들어 서로의 지식을 공유하는 경험도 해볼 계획입니다.

▼

SOLUTION

BEFORE 졸업 후에는 최종 목표인 전기 공학 기술자가 되기 위한 직접적인 토대를 마련할 계획입니다.

HOW 목표를 이루기 위한 토대를 마련한다는 선포보다는 계획 내용을 구체적으로 기술하는 접근 방식이 항목 흐름에 맞습니다.

AFTER (해당 문장 삭제)

BEFORE 우선, 대학원에 진학하여 세분화된 학문에 깊이 있는 연구를 하고 싶습니다.

HOW 생략한 이전 문장 내용에서 '전기 공학 기술자'를 다시 활용하고, '대학원 전문 과정'을 목표와 연결합니다. 첫 문장은 확신에 찬 어조로 간결하게 기술하는 것이 효과적입니다.

AFTER 대학원에 진학해 전기 공학 기술자가 되기 위한 전문 과정을 이수할 계획입니다.

BEFORE 학부생 때는 다소 하기 힘들었던 연구나, 실험을 통해 내공을 쌓을 계획입니다.

HOW 수정 전 문장에서 쉼표(,)로 연결한 부분이 적절하지 않습니다. 문장에서 수단 역할을 하는 '연구와 실험'에 목적인 '전문 역량 개발'을 덧붙입니다.

AFTER 학부 과정에서 다룰 수 없었던 연구와 실험을 직접 경험하며 전문 역량을 개발하겠습니다.

BEFORE 또한, 지난번 제게 큰 동기 부여 역할을 한 학술 대회에 참가하여 논문을 발표하고 상을 받는 것이 목표입니다.

HOW 자기 지칭 어휘 '제가'는 생략하고, '상을 받는다'는 '수상'으로 간결하게 표현을 정리합니다.

AFTER 또한, 학술 대회에 참가해 연구 논문을 발표하고, 해당 내용으로 수상에 도전할 것입니다.

BEFORE 필요하다면 전기 기사 자격증도 취득할 예정입니다.

HOW '필요하다면'과 같은 조건형 표현은 구어체에 가깝고, 지나치게 상황 의존적이라 학업의 성격과 맞지 않습니다. 이와 같은 문구는 과감히 생략해야 합니다.

> **AFTER** 전기 기사 자격증도 취득하며 실력을 점검하겠습니다.

> **BEFORE** 전공의 특성상, 관련 지식에 대해 오랜 기간 공부하고 분석하는 과정이 필요하다고 생각합니다.

> **HOW** 장황한 설명이 필요할 정도로 의미 있는 문장이 아닙니다. 요점은 '학업에 노력을 기울이겠다'이며, 이는 뒤 문장에서 활용합니다.

> **AFTER** (해당 문장 삭제)

> **BEFORE** 다른 영역과 상호 협력해야 하는 일이 많기 때문에, 전기 전자 이외의 지식도 습득할 필요가 있습니다.

> **HOW** 생략한 이전 문장 내용을 마지막 문장에 적용합니다.

> **AFTER** 전기 전자 분야는 다른 분야와 상호 협력하는 경우가 많으므로 다양한 지식을 습득할 수 있도록 꾸준히 노력할 것입니다.

> **BEFORE** 관련 분야의 전공자들과 연구 동아리를 만들어 서로의 지식을 공유하는 경험도 해 볼 계획입니다.

> **HOW** 소재 활용 위치와 접근 방식은 우수합니다. 전공 관련 연구 동아리의 구성원은 관련 분야 전공자들이라고 예상할 수 있으므로 굳이 '관련 분야의 전공자들과'라는 주체를 명시할 필요는 없습니다. 마찬가지로 '서로의 지식'에서 '서로'는 공유라는 행위에 포함된 사항이므로 간결한 표현을 위해 생략합니다.

> **AFTER** 아울러, 전공 관련 연구 동아리를 만들어 지식과 경험을 공유할 계획입니다.

GOOD 👍

대학원에 진학해 전기 공학 기술자가 되기 위한 전문 과정을 이수할 계획입니다. 학부 과정에서 다룰 수 없었던 연구와 실험을 직접 경험하며 전문 역량을 개발하겠습니다. 또한, 학술대회에 참가해 연구 논문을 발표하고, 해당 내용으로 수상에 도전할 것입니다. 전기 기사 자격증도 취득하며 실력을 점검하겠습니다. 전기 전자 분야는 다른 분야와 상호 협력하는 경우가 많으므로 다양한 지식을 습득할 수 있도록 꾸준히 노력할 것입니다. 아울러, 전공 관련 연구 동아리를 만들어 지식과 경험을 공유할 계획입니다.

• 사례 ⓲

BAD 👎

나만이 갖고 있는 지식이 아닌 실질적으로 일상생활에 적용함으로써 발전을 꾀할 것 입니다. 구체적으로 CRM 마케팅을 기본으로 하여 미스치프 마케팅전략을 자유자재로 구사할 수 있는 마케터가 될 것입니다. 개인마다 개성이 뚜렷하고 원하는 바가 다릅니다. 그러므로 데이터 베이스를 기초로 세부적으로 고객을 관리하고, 고객에게 참신함을 제공하기 위해 유연한 생각을 가진 기발한 마케터가 될 것 입니다. 예로 연령대, 성별을 나눠 스마트폰에서 가장 많이 사용하는 앱을 조사해 수치화하고, 관심 있어 하는 것은 무엇인지 성별에 차이와 함께 구분지어 마케팅을 할 때 더욱 기발한 생각을 가질 수 있도록 계속 연습할 것입니다. 결과를 만들어 내기 위해 리서치 형태의 포트폴리오를 만듦으로써 항상 고민하고 공부할 것입니다.

▼

SOLUTION 🖱️

BEFORE 나만이 갖고 있는 지식이 아닌 실질적으로 일상생활에 적용함으로써 발전을 꾀할 것입니다.

HOW '나만이 갖고 있는'에서 자기 지칭 어휘가 부적절하게 등장했습니다. 첫 문장에서 이와 같이 시작하면, 긍정적인 인상을 남기기가 어렵습니다. 문장에서 가장 중요한 목적어가 없습니다. 이에 전공과 관련한 모습을 보이고자 '경영 지식'을 삽입합니다.

AFTER 경영 지식을 일상생활에 적극적으로 적용해 발전을 모색하겠습니다.

BEFORE 구체적으로 CRM 마케팅을 기본으로 하여 미스치프 마케팅전략을 자유자재로 구사할 수 있는 마케터가 될 것입니다.

HOW 상세한 내용을 기술하면서 '구체적으로'라는 구문을 덧붙일 필요가 없습니다.

AFTER CRM 마케팅을 기본으로 삼아 미스치프 마케팅 전략을 자유자재로 구사할 수 있는 마케터를 지향합니다.

BEFORE 개인마다 개성이 뚜렷하고 원하는 바가 다릅니다.

HOW 특별한 내용은 없지만, 문장 연결 용도로 적절합니다. 이와 같은 문장이 없다면, 계획의 속성상 'ㅇㅇ가 되겠다', 'ㅇㅇ하겠다', 'ㅇㅇ할 것이다' 등으로 종결하는 문장만 등장합니다. 적절한 위치에 위의 사례처럼 연결 용도의 문장을 삽입해 표현의 다양성을 확보하기 바랍니다.

AFTER 개인마다 개성이 뚜렷하고 원하는 바가 다릅니다.

BEFORE 그러므로 데이터 베이스를 기초로 세부적으로 고객을 관리하고, 고객에게 참신함을 제공하기 위해 유연한 생각을 가진 기발한 마케터가 될 것입니다.

HOW '마케터가 되겠다'를 종결 표현으로 반복하고 있으므로 '마케팅을 수행하다'로 변경합니다. 의미하는 바는 동일합니다. 이전 문장의 '고객의 개성'을 문장 내 '취향이 다양한 고객'으로 연결합니다.

AFTER 데이터 베이스를 기초로 패턴 속에서 유형을 발굴해 취향이 다양한 고객을 효율적으로 관리하고, 유연한 사고로 고객에게 참신함을 제공하는 기발한 마케팅을 수행하겠습니다.

BEFORE 예로 연령대, 성별을 나눠 스마트폰에서 가장 많이 사용하는 앱을 조사해 수치화하고, 관심 있어 하는 것은 무엇인지 성별에 차이와 함께 구분 지어 마케팅을 할 때 더욱 기발한 생각을 가질 수 있도록 계속 연습할 것입니다.

HOW 문장이 지나치게 길고, 쉼표(,)를 남발해 문장 구조에 혼돈을 야기했습니다. 두 문장으로 나눠 기술하고, 구어체 요소인 '관심 있어 하는 것이 무엇인지'를 문어체로 전환합니다. 표현의 정리는 올바른 의미 전달을 위해 반드시 필요합니다.

AFTER 연령과 성별로 고객을 유형화해 가장 많이 사용하는 스마트폰 앱을 조사하고, 이를 수치화함으로써 고객 관심도를 연령과 성별에 따라 구분해 마케팅을 진행할 계획입니다. 꾸준히 기발한 아이디어를 마케팅에 적용할 수 있도록 연습하겠습니다.

BEFORE 결과를 만들어 내기 위해 리서치 형태의 포트폴리오를 만듦으로써 항상 고민하고 공부할 것입니다.

HOW '만듦으로써'가 틀린 표현은 아니지만, 굳이 어색한 용법으로 '~○○써'와 '~○○서'를 쓸 이유는 없습니다. 표현을 바꿔 다시 기술합니다.

AFTER 또한, 리서치 형태의 포트폴리오를 제작해 항상 새로운 정보를 수집하며 끊임없이 배움에 임하겠습니다.

▼

> **GOOD** 👍

경영 지식을 일상생활에 적극적으로 적용해 발전을 모색하겠습니다. CRM 마케팅을 기본으로 삼아 미스치프 마케팅 전략을 자유자재로 구사할 수 있는 마케터를 지향합니다. 개인마다 개성이 뚜렷하고 원하는 바가 다릅니다. 데이터 베이스를 기초로 패턴 속에서 유형을 발굴해 취향이 다양한 고객을 효율적으로 관리하고, 유연한 사고로 고객에게 참신함을 제공하는 기발한 마케팅을 수행하겠습니다. 연령과 성별로 고객을 유형화해 가장 많이 사용하는 스마트폰 앱을 조사하고, 이를 수치화함으로써 고객 관심도를 연령과 성별에 따라 구분해 마케팅을 진행할 계획입니다. 꾸준히 기발한 아이디어를 마케팅에 적용할 수 있도록 연습하겠습니다. 또한, 리서치 형태의 포트폴리오를 제작해 항상 새로운 정보를 수집하며 끊임없이 배움에 임하겠습니다.

제 5 전략 / 특이 사항

➤ 작성 방향

지원자의 강점을 자유롭게 소개할 수 있는 항목입니다. 외국어 구사 능력, 특수한 배경, 지원 전공과 연결할 수 있는 아르바이트, 공모전 수상 내역, 취득한 자격증 등으로 채워 나갑니다. 마땅한 내용이 없을 시에는 현재 준비 중인 자격증, 전적 대학에서의 동아리 활동, 전공 수업에서 받은 우수한 평가, 봉사 활동 경험 등을 소개합니다. 특이 사항은 면접에서 지원자의 이면을 볼 용도로 활용하는 항목입니다. 전혀 특이사항이 없다고 생각될 때는 전공에 대한 열의나 본인의 성격을 기술해도 무방합니다. 다른 항목에 비해 내용의 자유도가 높고, 특별한 노력을 기울이지 않아도 개인 경험에서 비롯된 소재를 활용할 수 있어 작성이 어렵지 않습니다. 문어체로 작성해야 한다는 사실은 반드시 유의하기 바랍니다.

➤ 대표 예시

GOOD 1 👍

더불어 사는 사회를 함께 만들어 가고자 중국 오지 마을에서 교육 봉사에 임했습니다. 열악한 환경에서도 밝은 모습을 유지하는 마을 구성원에게 깊은 인상을 받았고, 다양한 봉사 활동을 단원들과 수행하며 협업의 가치도 체감했습니다. 아침에는 땀을 흘리며 벽돌을 옮겼고, 낮에는 현지 학생들에게 영어를 가르쳤습니다. 잦은 폭우와 입에 맞지 않는 현지 음식으로 힘들었지만, 보름간 봉사에 주력하자 적응할 수 있었습니다. 봉사 마지막 날에는 직접 만든 집에서 현지 학생들과 수업을 진행하며 봉사의 의미를 되새겼습니다. 중국에서 느낀 더불어 사는 기쁨을 한국에서도 실천하고자 격주로 노인 복지관에 방문해 봉사를 이어 가고 있습니다.

사례를 바탕으로 인성, 역량 등 강점을 보여 주고, 이를 통해 얻은 지혜나 깨달음, 진로에 미친 영향 등을 기술합니다. 마땅한 사례가 없다면, 성실함이나 열정을 보여 주는 일상 속 소재로도 진솔함을 전달할 수 있습니다.

GOOD 2 👍

소통의 시대에 제대로 자신의 의견을 피력하고, 다수의 사람들에게 긍정적 인상을 남길 수 있는 전략이 필요하다고 생각해 스피치 학원을 다녔습니다. 발성, 발음, 설득 요령 등을 고르게 배우며 원활한 소통을 구성하는 다양한 요건을 연습했고, 깊이 있게 배우고자 노력했습니다. 이를 바탕으로 프랑스어 강의 진행에 접목할 자세를 가다듬을 수 있었고, 간과했던 사소한 언행상의 실수를 바로 잡을 수 있었습니다.

GOOD 3 👍

군 복무를 마친 후 사회 활동에 임하고자 ○○제련소에서 3개월간 근무했습니다. 한국 문화와 조직 문화를 체험하며 시야를 넓힐 수 있었고, 외국 근로자도 적지 않아 기업 내부 구조에 대한 생각의 깊이도 더할 수 있었습니다. 제련소에는 계층화가 이뤄진 상태였습니다. 구성원의 대다수를 차지하는 한국인, 최저 임금을 받는 소수의 동남아 근로자들, 고연봉의 극소수 백인들이 제련소 조직을 구성했습니다. 현장에서 제련소 시스템을 관찰하고, 다양한 직무의 차이를 체감하며 기업의 성장을 뒷받침하는 구조에 대해 숙고했습니다. 경영자의 입장에서 조직 구조를 바라보며 효율과 동기 부여의 측면을 고찰했고, 이러한 과정을 통해 경영학에 대한 학습 열의가 한층 커졌습니다.

> **GOOD 4** 👍
>
> 영국에서 6개월간 어학 연수 과정을 거치며 긍정적 자세로 낯선 환경을 극복했습니다. 영어 실력을 키우고자 외국인에게 다가가 적극적으로 어울렸고, 부족한 실력을 부끄러워하지 않고 과감하게 영어로 대화를 시도했습니다. 또한, 영어 일기를 매일 쓰고, 첨삭을 받으며 작문 실력도 가다듬었습니다. 그 결과, 영어에 흥미가 생겼고, 영어 말하기에 대한 두려움이 사라졌습니다. 영국에서 자기 관리에 힘쓰며 자립심도 함양했고, 긍정적 마음가짐과 적극적 자세의 중요성도 체감했습니다.

➤ 구성 내용

1. 소재가 있을 경우

① 봉사 활동 내용과 깨달음

봉사의 취지와 느낀 점을 소개해야 합니다. 소소한 내용일지라도 본인이 해당 경험을 통해 성숙할 수 있었다면, 그 자체만으로도 우수한 소재입니다.

② 자격증 취득 과정과 성취도

특정 자격증에 도전한 계기, 학습하면서 만끽한 성취감, 자격증 취득 후 나아갈 방향 및 활용 방안에 관한 내용을 설명합니다.

③ 특별 수상 내역

각종 대회 수상, 특기를 활용한 입상 기록, 개근상, 공공 기관 표창 등을 관련 내용과 함께 소개합니다.

④ 여행

배낭 여행, 무전 여행, 자전거 일주 등이 해당 사항입니다.

⑤ 동아리 활동

동아리 활동상, 동아리 내 자신의 역할, 특별 경험 등을 소개합니다.

⑥ 외국 생활

어학 연수, 유학, 장단기 해외 거주 경험 등이 해당 사항입니다.

⑦ 성적 우수 장학금

⑧ 인턴, 직장, 아르바이트 경험

경험 내용뿐만 아니라 배우고 느낀 점을 반드시 기술해야 합니다.

⑨ 공모전 도전 내용과 결과

설령 입상에 이르지 못했다 하더라도 도전 과정을 소개합니다. 시행착오, 배운 점 등을 과정 설명과 연결합니다.

2. 소재가 없을 경우

① 성격의 장단점

소재가 내포한 의미를 고려해 작성합니다. 성실, 책임, 창의, 협업 등의 특색을 바탕으로 삼은 이야기를 기술함으로써 지원자의 인성을 보여 줄 수 있습니다.

② 전공에 대한 강한 열의

이미 기술한 내용을 반복하지 않는 것이 중요합니다. 새로운 내용으로 전공 관련 열의를 피력합니다. 전공 관련 학회 참석, 스터디 모임 조직, 견학 등을 소재로 활용할 수 있습니다.

③ 독서나 개인 경험에서 비롯된 좌우명

좌우명을 언급하고, 그에 대한 설명을 덧붙입니다. 마찬가지로 감명 깊게 읽은 책을 소개하고, 책이 자신에게 미친 영향을 이야기합니다.

④ 취미 생활 소개

건전한 성격의 취미를 선택합니다.

➤ 기피 사항

이미 했던 이야기를 중언부언하지 말아야 합니다. 특이 사항에서 평가를 이끌어 낼 수 없는 소재를 쓴다면, 항목을 잘못 활용하는 것에 지나지 않습니다. 본인의 단점을 여과 없이 알리는 것도 삼가야 합니다.

BAD 1 👎
이성친구와 헤어진 후, 삶을 성찰하기 시작했습니다.

BAD 2 👎
특이점 없이 항상 평범하게 살아왔습니다.

> **BAD 3** 👎
> 매사에 부정적이며, 의욕이 없습니다.

> **BAD 4** 👎
> (어학 계열에 지원하면서) 수학과 통계 학습에 집중하겠습니다.

특이 사항을 잘못 해석해 좋지 못한 인상을 남기는 경우가 있습니다. 학업을 뒷받침하는 요소의 특성에 대해 숙고한 후 작성해야 합니다.

≫ 대표 유형
1. 개인 활동 활용형

> **GOOD** 👍
> 대학교 행사 진행 보조로 참여해 다양한 경험을 쌓았습니다. 신입생을 위한 'Together' 행사에서는 대한민국을 외국 학생들에게 소개하며 자부심과 긍지를 느낄 수 있었습니다. 또한, 리더십을 키우며 외향적인 성격으로 변화를 시도했고, 영어 실력 향상을 위해 열정적으로 활동했습니다. 'Open Space' 행사에서는 외국인들에게 한글을 가르쳤고, 한국의 전통 음식과 의상, 고유 문화 등을 소개했습니다. 각 나라의 유명한 차와 커피를 무료로 제공하고, 제조 과정을 알려 주는 'Taste Tradition' 행사도 참여했습니다. 주변 사람들과 함께 차를 마시는 문화 교류 활동을 통해 상호 이해 감각을 내재할 수 있었습니다.

개인 활동이 지원 전공과 직접 관계가 없더라도 경험의 고유한 특징을 드러내며 간접적으로 자신의 장점을 소개할 수 있습니다. 위의 사례처럼 특이 사항 항목 외에는 해당 경험 내용을 기술할 기회가 없을 때 활용하는 유형입니다.

2. 장점 소개형

사교적인 성격으로 낯선 사람들과도 친숙한 관계를 만듭니다. 특히, 외국인과 소통하는 경험을 즐깁니다. 비록 영어가 능숙하지 않지만, 어려움을 겪고 있는 외국인에게 선뜻 다가가 도움을 주고자 최선을 다합니다. 또한, 대인 관계를 소중하게 생각해 '입은 닫고 귀는 열자'라는 좌우명을 항상 실천하고자 노력하고 있습니다. 자신의 의견만 고집해서는 소통할 수 없음을 경험을 통해 깨달았습니다. 이러한 자세로 협업에도 앞장섭니다.

특별한 경험이 없을 때는 위의 사례처럼 성격의 장점을 소개합니다. 학업에 유용한 성품을 갖췄다는 사실을 전달하는 것이 목표입니다. 일반적으로 어둡고 소심한 성격보다 밝고 활달한 성격이 긍정적인 평가를 받습니다. 본인이 협업, 소신, 경청, 열정, 소통 등의 자세를 지니고 있음을 알리는 데 초점을 맞춥니다.

3. 지원 전공 연계형

유년기부터 로봇을 좋아했습니다. 초등학교 때는 로봇 과학 교육 센터에서 로보틱스를 접했고, 각종 문제 해결에 도움을 주는 로봇을 제작하며 프로그래밍도 배울 수 있었습니다. 무엇보다 문제 해결 과정을 직접 다루며 생각의 힘을 길렀습니다. 이러한 경험은 주변 사물과 제품을 탐구하는 계기가 되었습니다. 다양한 기술을 접목해 혁신적 제품이 탄생하고 있는 현상을 보며 성장 가능성을 확인했고, 이 과정에 동참해 편의성을 높이는 기기 개발을 이루어 내고 싶습니다.

취미에서 시작해 전공 선택으로 이어지는 전 과정을 의미 있게 소개했습니다. 글의 소재를 전공 선택과 연결해 학습 열의를 강화하는 용도로 활용했습니다. 개인 경험이 지원 전공과 공통 속성을 공유할 때 활용 가능한 유형입니다.

4. 능력 피력형

활기찬 대학 생활을 보내고자 '산악 등반 동아리'에 가입했습니다. 연간 행사에 빠짐없이 참가하며 적극적으로 활동했고, 이듬해 부회장직을 맡아 행사를 직접 기획할 수 있었습니다. 비록 작은 규모의 동아리였지만, 새로운 기획에 대해서는 의견 마찰이 적지 않았습니다. 이 과정을 조화롭게 해결하며 리더십을 함양할 수 있었고, 경청과 배려의 자세도 배울 수 있었습니다. 군 복무 중에도 분대장 역할을 수행하며 동아리 부회장 경험에서 익힌 자세로 화합을 이끌었습니다. 그 덕분에 '무사고 3000일'을 달성해 모범 분대장 표창을 받았습니다. 동아리와 군대에서 리더 역할을 수행하며 함께 융합하는 자세를 배웠습니다.

새로운 도전에 임하고, 그에 따른 역량 개발의 결실을 소개하는 유형입니다. 특별한 경험이 있는 경우에는 매력을 드러내는 용도로 적합합니다. 위의 사례는 '리더십' 함양 과정을 보여 주고 있습니다.

▶ 사례 집중 탐구

• 사례 ❶

BAD

물질적인 것은 줄 수 없지만 행복을 나누고자 필리핀에서 유학 중 학교에서 봉사 활동 동아리에 가입하여 도시와 멀리 떨어진 외딴 마을에서 교육 봉사를 했습니다. 교육을 받을 기회가 적은 아이들에게 부족하지만 제가 아는 영어와 중국어를 주기적으로 아이들에게 언어를 가르치며 언어를 배우며 기뻐하는 아이들을 보며 뿌듯함과 기쁨을 느꼈습니다. 이 교육 봉사 활동으로 책임감을 가지게 되었고 아이들에게 정확히 지식을 전달 하기 위해 더 열심히 언어를 공부하게 되었습니다. 요리해서 음식을 다른 사람과 함께 나눠 먹는 것을 좋아하여 모두 부모님과 떨어져 외로이 사는 외국인 친구들을 초대하여 놀며 각자 서로간의 언어를 가르쳐 주고 배우고 문화 교류를 하고 서로 완벽한 의사소통은 어렵지만 국적은 달라도 눈빛과 몸짓과 마음으로 소통하며 서로의 위로가 되는 시간을 보내는 등 어떠한 교육보다 더 값진 경험을 하였습니다.

BEFORE 물질적인 것은 줄 수 없지만 행복을 나누고자 필리핀에서 유학 중 학교에서 봉사 활동 동아리에 가입하여 도시와 멀리 떨어진 외딴 마을에서 교육 봉사를 했습니다.

HOW '물질적인 것'을 줄 수 없다는 의미는 봉사 활동에 이미 포함된 내용입니다. 불필요한 설명은 생략함으로써 전달하려는 내용을 강조합니다. 문장 말미의 '교육 봉사를 했습니다'를 '교육 봉사를 수행했습니다'로 수정합니다. 사소한 부분이지만, 느낌의 차이를 만들어 낼 수 있습니다. 대체로 한자어가 이와 같은 무게감을 갖습니다. 반드시 필요한 사항은 아니지만, '수행', '이행', '완수' 등의 한자어는 적절히 활용할 경우 효과적입니다.

AFTER 행복을 주변 사람들과 함께 나누고자 필리핀 유학 중 교내 봉사 활동 동아리에 가입해 도시와 멀리 떨어진 외딴 마을에서 교육 봉사를 수행했습니다.

BEFORE 교육을 받을 기회가 적은 아이들에게 부족하지만 제가 아는 영어와 중국어를 주기적으로 아이들에게 언어를 가르치며 언어를 배우며 기뻐하는 아이들을 보며 뿌듯함과 기쁨을 느꼈습니다.

HOW 자신의 부족함을 드러내 얻는 바가 없는 부분이므로 해당 표현을 생략합니다. 영어와 중국어 실력의 수준과 상관없이 봉사 경험을 보여 주는 데 목적이 있는 항목이므로 위와 같은 표현은 불필요합니다. 주기적으로 가르쳤다는 두루뭉술한 설명 대신 '일주일에 3번' 등과 같이 상황을 구체적으로 명시하는 표현을 쓸 수도 있습니다.

AFTER 교육을 받을 여건이 마련되지 않은 아이들에게 영어와 중국어를 가르쳤고, 배움으로 기쁨을 만끽하는 아이들을 보며 뿌듯함을 느꼈습니다.

BEFORE 이 교육 봉사 활동으로 책임감을 가지게 되었고 아이들에게 정확히 지식을 전달하기 위해 더 열심히 언어를 공부하게 되었습니다.

HOW 책임감을 느끼는 것이 수동적으로 비칩니다. 물론 '책임감을 갖게 되었다'의 '갖게 되었다'가 틀린 표현은 아닙니다. 느낌의 차이에 주목해야 하는 자기소개서인 만큼 표현 방법을 달리해 정확한 인상을 남겨야 하므로 작은 부분도 간과해서는 안 됩니다. 마찬가지로 '공부하게 되었습니다'도 '학습에 매진했습니다'로 수정해 능동적 자세를 강조합니다.

> **AFTER** 교육 봉사 활동으로 책임감이 강해졌고, 아이들에게 보다 정확히 영어와 중국어를 가르쳐 주기 위해 더욱 열심히 학습에 매진했습니다.

> **BEFORE** 요리해서 음식을 다른 사람과 함께 나눠 먹는 것을 좋아하여 모두 부모님과 떨어져 외로이 사는 외국인 친구들을 초대하여 놀며 각자 서로간의 언어를 가르쳐 주고 배우고 문화 교류를 하고 서로 완벽한 의사소통은 어렵지만 국적은 달라도 눈빛과 몸짓과 마음으로 소통하며 서로의 위로가 되는 시간을 보내는 등 어떠한 교육보다 더 값진 경험을 하였습니다.

> **HOW** 문장이 지나치게 길면, 지원자에 대한 인상이 악화될 수 있습니다. 내용과 호흡의 조화를 염두에 두고 세 문장으로 나눕니다. 본인이 놀고 즐긴 내용은 핵심이 아닙니다. 어떠한 목적과 의도를 갖고 그와 같이 행동했는지, 그 과정을 통해 무엇을 알았는지를 중점적으로 기술해야 합니다. 아울러, 능동적인 모습을 드러내는 데도 유의합니다.

> **AFTER** 직접 요리해 음식을 주변 사람들과 나눠 먹는 것을 즐깁니다. 부모님과 떨어져 지내는 외국인 친구들을 초대해 음식으로 문화 교류를 시도했고, 언어 장벽을 넘어 눈빛과 몸짓으로 소통에 힘쓰며 서로 위로하는 시간을 가졌습니다. 낯선 환경에 적응하며 자신의 역할을 찾아가는 과정에서 배운 바가 많습니다.

▼

GOOD 👍

행복을 주변 사람들과 함께 나누고자 필리핀 유학 중 교내 봉사 활동 동아리에 가입해 도시와 멀리 떨어진 외딴 마을에서 교육 봉사를 수행했습니다. 교육을 받을 여건이 마련되지 않은 아이들에게 영어와 중국어를 가르쳤고, 배움으로 기쁨을 만끽하는 아이들을 보며 뿌듯함을 느꼈습니다. 교육 봉사 활동으로 책임감이 강해졌고, 아이들에게 보다 정확히 영어와 중국어를 가르쳐 주기 위해 더욱 열심히 학습에 매진했습니다. 직접 요리해 음식을 주변 사람들과 나눠 먹는 것을 즐깁니다. 부모님과 떨어져 지내는 외국인 친구들을 초대해 음식으로 문화 교류를 시도했고, 언어 장벽을 넘어 눈빛과 몸짓으로 소통에 힘쓰며 서로 위로하는 시간을 가졌습니다. 낯선 환경에 적응하며 자신의 역할을 찾아가는 과정에서 배운 바가 많습니다.

• 사례 ❷

BAD 👎

　자동 순환 기기 앞에서 일렬로 서서 하는 부품 조립 업무를 한 적이 있습니다. 내가 버벅거리면 다음 순서가 모조리 지연되기 때문에 엄청난 압박감에 정신없이 일했습니다. 바로 다음에 한 일은 하루 종일 노닥거리다 가끔씩 던져주는 사소한 일처리를 하는 사무 보조였습니다. 그러면서도 자격증을 따서 직원으로 일하는 친구만큼의 월급을 받았습니다. 물론 두 번째가 천국이었다고 말할 리는 없겠지만 심지어 조금도 더 나은 점이 없었습니다. 그 넘치는 시간 동안 수없이 되뇌었습니다. 의미 있는 일을 하자. 남에게 도움을 주는 삶을 살자. 다시 복학을 하고 편입 공부까지 하면서 촌각을 다투는 생활이 시작되었습니다. 피가 마르는 것 같은 생활은 다시 겪어도 덜 힘들지 않았습니다. 그러나 지금 이 힘듦이 쌓여 영양분이 되고 사회에 긍정적인 영향력을 끼칠 거라 믿기 때문에 이겨낼 수 있었습니다. 이러한 마음가짐을 가지고 앞으로 겪을 어떤 어려움이든 극복할 수 있을 거라고 믿습니다.

▼

SOLUTION

BEFORE 자동 순환 기기 앞에서 일렬로 서서 하는 부품 조립 업무를 한 적이 있습니다.

HOW 'ㅇㅇ한 적이 있다'보다는 'ㅇㅇ한 경험이 있다'가 의미를 전달하는 데 적합합니다. 단순히 했다는 사실은 다음 문장에 대한 기대감을 증폭시키지 못하기 때문입니다. '경험'이라는 어휘로 과거의 행적을 묶어 표현하는 것은 능동성을 강조하는 효과가 있습니다.

AFTER 자동 순환 기기 앞에 일렬로 서서 부품 조립 업무를 수행한 경험이 있습니다.

BEFORE 내가 버벅거리면 다음 순서가 모조리 지연되기 때문에 엄청난 압박감에 정신없이 일했습니다.

HOW '내가'는 적절하지 못한 표현입니다. '버벅거리다'는 '업무를 수행하지 못하다'로 변경할 수 있습니다. 묘사가 섞인 표현이 글의 묘미를 더하는 것은 사실이나 진중한 느낌을 전달해야 할 때는 어울리지 않습니다. 이를 고려하며 어휘 사용에 주의를 기울여야 합니다.

AFTER 원활히 업무를 수행하지 못하면, 다음 순서가 모조리 지연되는 결과를 초래했기 때문에 항상 엄청난 압박감에 시달리며 정신없이 일에 전념했습니다.

BEFORE 바로 다음에 한 일은 하루 종일 노닥거리다 가끔씩 던져주는 사소한 일처리를 하는 사무 보조였습니다.

HOW 마찬가지로 '노닥거리다'는 가벼운 표현이라 자기소개서에 맞지 않습니다. '가끔씩 던져주는'은 생략해도 내용 전달에 문제가 없습니다. 핵심과 동떨어진 내용의 지나친 상세화는 지양하기 바랍니다.

AFTER 컨베이어 벨트에서 벗어나 마주한 업무는 사소한 일처리를 담당하는 사무 보조였습니다.

BEFORE 그러면서도 자격증을 따서 직원으로 일하는 친구만큼의 월급을 받았습니다.

HOW 위의 문장은 자격증 취득 사실이 핵심입니다. 어떤 자격증을 취득했는지 명시한다면 더욱 효과적일 것입니다.

AFTER MOUS 자격증을 취득해 정식 직원으로 근무하는 친구만큼 월급을 받을 수 있었습니다.

BEFORE 물론 두 번째가 천국이었다고 말할 리는 없겠지만 심지어 조금도 더 나은 점이 없었습니다.

HOW 표현 전체가 올바르지 않습니다. '천국이었다고 말할 리는 없다'는 표현은 구어에 가깝습니다. 문어체로 전환해 작성합니다.

AFTER 심리적 부담감 면에서는 사무 보조가 나을 수 있었지만, 내용 면에서는 우열을 가릴 수 없었습니다.

BEFORE 그 넘치는 시간 동안 수없이 되뇌었습니다. 의미 있는 일을 하자. 남에게 도움을 주는 삶을 살자. 다시 복학을 하고 편입 공부까지 하면서 촌각을 다투는 생활이 시작되었습니다.

HOW 독백을 자기소개서에 쓰는 것은 기본 형식에도 맞지 않습니다. '의미 있는 일'을 찾는 계기를 드러내며 표현 전반을 수정합니다. '촌각을 다투는 생활이 시작되었습니다'는 수동적인 느낌이 강합니다. 능동적인 표현인 '살아야겠다고 다짐했습니다'로 변경합니다.

> **AFTER** 사무실에서 무의미한 일을 반복하며 의미 있는 일을 하고 싶다는 동기가 마음에 자리했고, 특히 타인에게 도움을 주는 삶을 살아야겠다고 다짐했습니다.

> **BEFORE** 피가 마르는 것 같은 생활은 다시 겪어도 덜 힘들지 않았습니다.
>
> **HOW** 내용 전달이 미흡한 문장입니다. 앞뒤 문장 내용을 고려해 퇴고하는 과정은 반드시 필요합니다. 또한, 이중 부정은 혼란만 가중하므로 지양해야 합니다.
>
> **AFTER** 다시 복학해 편입 준비에 매진하면서 촌각을 다투는 생활을 시작했지만, 목표가 명확해 전혀 힘들지 않았습니다.

> **BEFORE** 그러나 지금 이 힘듦이 쌓여 영양분이 되고 사회에 긍정적인 영향력을 끼칠 거라 믿기 때문에 이겨낼 수 있었습니다.
>
> **HOW** '힘듦이 쌓여'는 통상적으로 쓰는 표현이 아닙니다. 정확한 의미 전달에 유의하기 바랍니다. '영향력을 끼칠 거라'는 구어체입니다. '영향을 미칠 것이라'가 맞는 표기법입니다. 편입 준비는 필수 불가결한 요소가 아니라 본인의 선택이므로 이겨 낸다는 표현보다는 즐긴다는 표현이 상황에 적합합니다.
>
> **AFTER** 지금 고생하며 쌓은 지적 영양분이 사회생활에 긍정적 영향을 미칠 것이라 믿으며 즐겁게 배움에 임하고 있습니다.

> **BEFORE** 이러한 마음가짐을 가지고 앞으로 겪을 어떤 어려움이든 극복할 수 있을 거라고 믿습니다.
>
> **HOW** '믿는다'의 주체가 본인입니다. 자신에 대한 신뢰는 지극히 당연한 내용이라 이러한 설명은 늘어지는 느낌을 줄 수 있습니다. 이러한 경우에는 짧은 문장으로 강한 인상을 주는 것이 보다 효과적입니다.
>
> **AFTER** 이러한 마음가짐으로 어떤 어려움이든 극복하겠습니다.

▼

> **GOOD** 👍

　자동 순환 기기 앞에 일렬로 서서 부품 조립 업무를 수행한 경험이 있습니다. 원활히 업무를 수행하지 못하면, 다음 순서가 모조리 지연되는 결과를 초래했기 때문에 항상 엄청난 압박감에 시달리며 정신없이 일에 전념했습니다. 컨베이어 벨트에서 벗어나 마주한 업무는 사소한 일처리를 담당하는 사무 보조였습니다. MOUS 자격증을 취득해 정식 직원으로 근무하는 친구만큼 월급을 받을 수 있었습니다. 심리적 부담감 면에서는 사무 보조가 나을 수 있었지만, 내용 면에서는 우열을 가릴 수 없었습니다. 사무실에서 무의미한 일을 반복하며 의미 있는 일을 하고 싶다는 동기가 마음에 자리했고, 특히 타인에게 도움을 주는 삶을 살아야겠다고 다짐했습니다. 다시 복학해 편입 준비에 매진하면서 촌각을 다투는 생활을 시작했지만, 목표가 명확해 전혀 힘들지 않았습니다. 지금 고생하며 쌓은 지적 영양분이 사회생활에 긍정적 영향을 미칠 것이라 믿으며 즐겁게 배움에 임하고 있습니다. 이러한 마음가짐으로 어떤 어려움이든 극복하겠습니다.

• 사례 ❸

> **BAD** 👎

　전적 대학에서 심리학과를 전공했고 이전에 인문계 수학 이외의 과정은 배운 적이 없기 때문에 이공계 편입이 부담스러웠던 것이 사실입니다. 하지만 대학 재학과 동시에 중고등부 수학 학원에서 조교로 아르바이트를 하면서 수학에 대한 감을 잃지 않을 수 있었고, 학생들이 모르는 문제를 알려 주면서 오히려 수학에 대한 더 큰 흥미와 욕심이 생겼습니다. 그때의 경험이 제가 자신감 있게 이공계 편입을 준비할 수 있었던 원동력이 되었습니다. 편입 수학의 대부분이 처음 접하는 내용이었지만, 어떠한 과정도 놓치지 않기 위해 빈틈없이 공부했기 때문에 공부를 하면 할수록 자신감을 얻을 수 있었습니다. ○○대학교의 생명 공학과에 입학하기 위해 노력했던 지난 1년간의 간절함을 가지고 최고의 공학도가 될 자신이 있습니다.

> **SOLUTION** 🖱
>
> **BEFORE** 　전적 대학에서 심리학과를 전공했고 이전에 인문계 수학 이외의 과정은 배운 적이 없기 때문에 이공계 편입이 부담스러웠던 것이 사실입니다.
>
> **HOW** 　전공 변경에 대한 부담감은 지원서를 작성하는 시점에 이미 극복한 감정입니다. 자신의 강점과 의지를 드러내며 첫 문장을 시작하는 편이 낫습니다. 1년간 편입 수학을 학습하며 전공 변경에 대비했음을 기술합니다.

AFTER 심리학 전공으로 대학에 입학해 이공계 수학을 접하지 못했지만, 편입을 준비하며 1년간 수학을 성실히 학습했습니다.

BEFORE 하지만 대학 재학과 동시에 중고등부 수학 학원에서 조교로 아르바이트를 하면서 수학에 대한 감을 잃지 않을 수 있었고, 학생들이 모르는 문제를 알려 주면서 오히려 수학에 대한 더 큰 흥미와 욕심이 생겼습니다.

HOW '수학에 대한 감', '욕심'은 적합한 어휘가 아닙니다. 핵심은 '수학 학원 조교'와 '수학 문제 풀이'입니다. 이를 적시하는 것만으로 해당 내용을 포괄할 수 있습니다. 위 문장은 상세한 설명이 글의 무게감을 축소하는 경우에 해당합니다.

AFTER 대학 재학 중에는 중·고등부 수학 학원에서 조교 아르바이트를 수행하며 수학 문제를 풀이했습니다.

BEFORE 그때의 경험이 제가 자신감 있게 이공계 편입을 준비할 수 있었던 원동력이 되었습니다.

HOW '제가'를 쓰지 않아도 문장을 완결할 수 있는 부분입니다. 수학 교육 경험이 자신감을 형성하는 데 기여했다는 흐름이 적절합니다. 마지막에 등장한 '되었다' 동사도 변경 가능합니다. 특이 사항에서 편입 동기를 지나치게 엮을 필요는 없습니다. 자신의 경험을 소개하고, 그런 경험에서 비롯된 강점을 제시하는 것만으로도 충분합니다.

AFTER 이러한 과정을 통해 수학에 대한 자신감이 생겼고, 흥미도 느꼈습니다.

BEFORE 편입 수학의 대부분이 처음 접하는 내용이었지만, 어떠한 과정도 놓치지 않기 위해 빈틈없이 공부했기 때문에 공부를 하면 할수록 자신감을 얻을 수 있었습니다.

HOW 편입 수학으로 자신감을 얻은 것이 중요한 사항이 아닙니다. 준비 과정을 통해 수학의 기본 원리를 이해했고, 이를 활용할 수 있는 감각을 내재했음을 보여 주는 것이 핵심입니다. 경험과 지원 전공을 연결해 목적 지향적인 내용으로 표현을 다듬어야 합니다. 위의 문장을 포함해 이전 문장에서도 '자신감'이 반복적으로 등장하고 있습니다. 동일 어휘는 대체와 생략을 통해 신선한 인상을 주는 소재로 거듭날 수 있습니다.

> **AFTER** 또한, 편입 수학을 학습하며 더욱 넓은 범위의 수학 원리를 접할 수 있었고, 관련 감각도 배양했습니다.
>
> ---
>
> **BEFORE** ○○대학교의 생명 공학과에 입학하기 위해 노력했던 지난 1년간의 간절함을 가지고 최고의 공학도가 될 자신이 있습니다.
>
> **HOW** 수정하지 않으면 '자신감'과 연관된 어휘가 세 문장에서 연속적으로 등장합니다. 작성한 글을 다시 읽어 보는 최소한의 성의가 필요한 이유를 보여 주는 사례입니다. '최고의 공학도', '1년간의 간절함'과 같은 표현은 유아적이고, 편입 지원자들의 공통 사항을 내포하고 있는 사항이라 반드시 생략해야 합니다.
>
> **AFTER** ○○대학교에서 공학 원리를 이해하는 데 수학 능력을 활용하겠습니다.

GOOD 👍

심리학 전공으로 대학에 입학해 이공계 수학을 접하지 못했지만, 편입을 준비하며 1년간 수학을 성실히 학습했습니다. 대학 재학 중에는 중·고등부 수학 학원에서 조교 아르바이트를 수행하며 수학 문제를 풀이했습니다. 이러한 과정을 통해 수학에 대한 자신감이 생겼고, 흥미도 느꼈습니다. 또한, 편입 수학을 학습하며 더욱 넓은 범위의 수학 원리를 접할 수 있었고, 관련 감각도 배양했습니다. ○○대학교에서 공학 원리를 이해하는 데 수학 능력을 활용하겠습니다.

• 사례 ④

BAD 👎

대학교에 들어와 주어진 시간을 최대한 활용하는 법을 익혔습니다. 대학생으로서 첫 학기를 마치고 방학 동안 스스로 중국어 공부를 해서 HSK 5급을 취득하였습니다. 그리고 대학교에 재학하면서 중국에서 온 푸통대학교 학생들이 한국에 적응할 수 있도록 멘토로서 활동을 했습니다. 중국 친구들이 한국에 잘 적응하고 한국어 실력이 늘 수 있도록 매일 한국어로 메시지를 주고받았습니다. 가끔 같이 영화를 보면서 한국 대학생들의 문화를 알려 줄 수 있었습니다. 그리고 한 학기를 마무리 하고 한국 학생들과 중국 학생들이 모여 한국의 대학생과 중국의 대학생 차이점을 토론하는 시간을 통해 서로의 다른점을 이해할 수 있는 시간을 가졌습니다.

SOLUTION

BEFORE 대학교에 들어와 주어진 시간을 최대한 활용하는 법을 익혔습니다.

HOW 도입부가 학습 자세와 관련된 내용이라 항목 취지로 적합합니다. 편입 후 2년의 시간이 주어지는 까닭에 효율적인 자세는 매력 요소가 될 수 있기 때문입니다. '대학에 들어와'처럼 현상 그대로의 표현보다는 '대학 생활'과 같은 정형적인 표현이 무게감을 한층 더합니다.

AFTER 대학 생활을 통해 시간을 효율적으로 활용하는 방법을 익혔습니다.

BEFORE 대학생으로서 첫 학기를 마치고 방학 동안 스스로 중국어 공부를 해서 HSK 5급을 취득하였습니다.

HOW 위 문장의 핵심은 '주도적', 'HSK 5급 취득'입니다. 불필요한 설명을 생략해 핵심 내용을 강조할 수 있도록 수정합니다.

AFTER 방학 중 주도적인 학습으로 HSK 5급을 취득했습니다.

BEFORE 그리고 대학교에 재학하면서 중국에서 온 푸통대학교 학생들이 한국에 적응할 수 있도록 멘토로서 활동을 했습니다.

HOW 이미 대학생이 된 후의 경험을 설명하고 있으므로 '대학교에 재학'이라는 중복적 표현은 불필요합니다. '활동을 했습니다'는 '활동했습니다'로 축약할 수 있습니다. 늘어진 느낌의 문장을 정리함으로써 핵심 사항을 강조합니다. 내용이 부족하다고 문장을 두루뭉실하게 늘여서는 안 됩니다. 자기소개서는 더 나은 인상을 남기는 게 관건임을 잊지 말아야 합니다.

AFTER 재학 중에는 중국 푸통대학교 학생들의 한국 적응을 돕는 멘토로 활동했습니다.

BEFORE 중국 친구들이 한국에 잘 적응하고 한국어 실력이 늘 수 있도록 매일 한국어로 메시지를 주고받았습니다.

HOW 중국어도 아닌, 한국어로 메시지를 주고받은 사실은 본인의 역량 개발과는 하등의 관계가 없습니다. 메시지 송수신 경험도 이를 포괄하는 상위 내용으로 가공해야 의미가 발현합니다. '문화 소개'를 통해 이러한 내용을 담아냅니다. 한국을 알리는 데 노력했다는 점은 상대방을 배려하는 자세와 관계 지향적 성품을 지녔다는 사실을 나타냅니다. 현상의 단편만을 기술하지 말고, 그 현상이 지향하는 궁극적인 요소를 찾아 기술하기 바랍니다.

AFTER 중국 학생들이 한국어 실력을 높이는 데 도움을 주고자 함께 어울렸고, 문화 소개에도 주의를 기울였습니다.

BEFORE 가끔 같이 영화를 보면서 한국 대학생들의 문화를 알려 줄 수 있었습니다.

HOW 전혀 중요한 내용도 아니고, 이미 '문화 소개' 어휘에 포함된 사항입니다. 이전 문장과 마찬가지로 현상에 집착했기 때문입니다. 자기소개서는 일기가 아닌, 목적이 분명한 글임을 명심해야 합니다.

AFTER (해당 문장 삭제)

BEFORE 그리고 한 학기를 마무리 하고 한국 학생들과 중국 학생들이 모여 한국의 대학생과 중국의 대학생 차이점을 토론하는 시간을 통해 서로의 다른점을 이해할 수 있는 시간을 가졌습니다.

HOW 띄어쓰기는 기본입니다. '한 학기를 마무리하고'는 구체성과도 관련이 없고, 정보를 내포하고 있지도 않은 지극히 불필요한 표현입니다. '한국 학생들과 중국 학생들이 모여 한국의 대학생과 중국의 대학생'에서 볼 수 있듯이 어휘 반복이 지나칩니다. 지원자 입장에서 대상은 중국 학생들이므로 간략하게 정리할 수 있고, 이를 통해 문장의 속도감과 내용 전달의 정확도를 높일 수 있습니다.

AFTER 또한, 중국 학생들과 문화의 차이점에 대해 토론하며 상대방을 이해할 수 있는 바탕을 마련했습니다.

▼

GOOD 👍

　　대학 생활을 통해 시간을 효율적으로 활용하는 방법을 익혔습니다. 방학 중 주도적인 학습으로 HSK 5급을 취득했습니다. 재학 중에는 중국 푸통대학교 학생들의 한국 적응을 돕는 멘토로 활동했습니다. 중국 학생들이 한국어 실력을 높이는 데 도움을 주고자 함께 어울렸고, 문화 소개에도 주의를 기울였습니다. 또한, 중국 학생들과 문화의 차이점에 대해 토론하며 상대방을 이해할 수 있는 바탕을 마련했습니다.

• 사례 ❺

BAD 👎

저는 전적 대학교에서 영상 제작 동아리에 소속되어 있었습니다. 촬영팀에서 조명팀 때로는 제작부 파트까지 담당하며 수많은 제작 현장을 경험했지만 가장 제가 즐기면서 일할 수 있었던 순간은 연출팀에 있을 때였습니다. 밤잠을 설쳐가며 동고동락하던 스탭들과 2주간의 준비 기간이 힘들었지만 내 이름으로 된 작품을 탄생시킨다는 흥분과 짜릿함은 저로 하여금 잊을 수 없는 전율을 느끼게 해 주었고 그 순간이 제게 있어서 가장 보람되고 의미 있는 순간이라는 것을 깨닫게 되었습니다. 자연스럽게 교내상 수상으로 이어지는 등 결과는 노력을 배신하지 않았습니다. 기획부터 제작, 편집까지 수많은 우여곡절이 있었지만 그때의 열정을 토대로 늘 최선을 다하는 기획자가 될 것이라 믿어 의심치 않습니다.

▼

SOLUTION 🖱️

BEFORE 저는 전적 대학교에서 영상 제작 동아리에 소속되어 있었습니다.

HOW '저는'은 문장 성분으로 주어에 해당하지만, 본인의 이야기를 기술하는 자기소개서에서는 글의 속도감을 떨어뜨릴 뿐입니다. 게다가 '저는', '제가' 등의 자기 지칭 어휘를 쓰기 시작하면, 대부분의 문장에 이를 삽입할 수밖에 없는 상황에 처합니다. 동아리에 소속된 사실이 중요한 것이 아닙니다. 다음 문장을 기대하게 만들고, 이어가기 쉬운 방식으로 표현을 가다듬어야 합니다. '동아리에서 활동했다'는 언급은 '동아리에서 무엇을 했을까?'라는 기대감을 자연스럽게 이끌어 냅니다.

AFTER 전적 대학교 영상 제작 동아리에서 활동했습니다.

BEFORE 촬영팀에서 조명팀 때로는 제작부 파트까지 담당하며 수많은 제작 현장을 경험했지만 가장 제가 즐기면서 일할 수 있었던 순간은 연출팀에 있을 때였습니다.

HOW 위 문장은 다양한 영역에서 활동한 사실과 특정 활동에 대한 애착을 드러내는 것이 관건입니다. '촬영팀에서 조명팀 때로는 제작부 파트까지'는 말하듯 쓴 부분입니다. 이러한 표현은 반드시 정리해야 합니다.

AFTER 촬영팀과 조명팀, 제작부 등을 고르게 경험했지만, 연출팀에서의 활동이 가장 즐거웠습니다.

- **BEFORE** 밤잠을 설쳐가며 동고동락하던 스탭들과 2주간의 준비 기간이 힘들었지만 내 이름으로 된 작품을 탄생시킨다는 흥분과 짜릿함은 저로 하여금 잊을 수 없는 전율을 느끼게 해 주었고 그 순간이 제게 있어서 가장 보람되고 의미 있는 순간이라는 것을 깨닫게 되었습니다.

- **HOW** '내 이름으로', '저로 하여금', '제게 있어서'가 연이어 나온 연유는 첫 문장에서 등장한 '저는'에서 찾을 수 있습니다. 문장도 지나치게 깁니다. 핵심 사항을 정리해 보면 삭제해야 할 내용을 분류해 낼 수 있습니다. '스탭과 2주간의 협업', '고단한 과정을 극복해 얻은 성취감'이 중심 내용입니다. 문장을 나누고, 핵심 내용을 토대로 수정합니다.

- **AFTER** 스탭들과 2주간 작품 제작에 집중해 작품을 완성한 순간 만끽한 성취감은 상당히 강렬했습니다. 밤을 새워 체력 저하와 정신적 스트레스로 힘들었음에도 불구하고 완성된 작품을 보며 보람을 느꼈습니다.

- **BEFORE** 자연스럽게 교내상 수상으로 이어지는 등 결과는 노력을 배신하지 않았습니다.

- **HOW** 'ㅇㅇ하는 등'은 일반 글쓰기에서는 얼마든 사용해도 무방한 표현입니다. 하지만, 자기소개서에서는 구어체의 인상을 줄 수 있기 때문에 정확한 방식으로 표현을 가다듬어야 합니다. '노력을 배신하지 않다'도 자기소개서의 무게감과는 거리가 있는 표현입니다. 진지한 느낌으로 글을 수정하면 적합한 표현을 찾을 수 있습니다.

- **AFTER** 이와 같은 노력은 수상의 결실로 이어졌습니다.

- **BEFORE** 기획부터 제작, 편집까지 수많은 우여곡절이 있었지만 그때의 열정을 토대로 늘 최선을 다하는 기획자가 될 것이라 믿어 의심치 않습니다.

- **HOW** 자신에 대한 판단은 읽는 사람의 평가 영역을 침범한다는 인상을 줄 수 있고, 지원자로서도 적절한 자세가 아닙니다. 수정 전 문장 형식을 유지한 채 수정한다면, '최선을 다하는 기획자로 성장하겠습니다' 정도가 알맞습니다. 마무리 문장에서 지원 전공을 언급하며 영상 제작 경험과 전공을 명시적으로 연결합니다.

- **AFTER** 영상 제작 동아리에서 기획, 제작, 편집까지 아우르며 쌓은 경험을 바탕으로 신문방송학 과정을 깊이 있게 이해하겠습니다.

▼

전적 대학교 영상 제작 동아리에서 활동했습니다. 촬영팀과 조명팀, 제작부 등을 고르게 경험했지만, 연출팀에서의 활동이 가장 즐거웠습니다. 스탭들과 2주간 작품 제작에 집중해 작품을 완성한 순간 만끽한 성취감은 상당히 강렬했습니다. 밤을 새워 체력 저하와 정신적 스트레스로 힘들었음에도 불구하고 완성된 작품을 보며 보람을 느꼈습니다. 이와 같은 노력은 수상의 결실로 이어졌습니다. 영상 제작 동아리에서 기획, 제작, 편집까지 아우르며 쌓은 경험을 바탕으로 신문 방송학 과정을 깊이 있게 이해하겠습니다.

• 사례 ❻

저는 저의 장점이 리더십과 호기심이라고 생각합니다. 처음에는 호기심이 장점이라고 생각하지 않았습니다. 하지만 호기심은 깊지는 않더라도 얕은 많은 지식을 얻는데 많은 도움을 주었고 또래 다른 아이들보다 조금 더 넓은 사고를 가지게 해 주었습니다. 호기심은 행동에 대한 추진력에도 도움을 주었습니다. 이렇게 행동하면 어떻게 될까라는 강한 호기심이 저를 행동하게 만들었고 목표 달성에 대한 원동력이 돼 주었습니다. 추진력에 또한 도움을 준 것은 저의 리더십이었습니다. 중학교 때부터 매년 회장 부회장을 하며 쌓인 리더십은 고등학교 봉사 동아리를 만드는 일과 대학교 기타 동아리를 만들어 100명 이상까지 회원을 늘리는 일에 큰 도움을 주었습니다. 장점을 살리고 단점을 보완해서 점점 발전하며 사는 것이 저의 목표입니다.

▼

SOLUTION

BEFORE 저는 저의 장점이 리더십과 호기심이라고 생각합니다.

HOW 문단 구조를 설정하는 핵심 어휘 '리더십과 호기심'은 문장으로 분할해 설명하면 구조에 얽매이게 됩니다. 내용으로 자신의 장점을 순차적으로 소개하는 방식이 표현의 제한을 벗어나는 데 유용합니다. '저는 저의 장점'에서 자신을 지칭하는 어휘가 두 차례 연속으로 등장했습니다. 구어체 인상을 주는 이와 같은 표현은 적절하지 않습니다.

AFTER (해당 문장 삭제)

BEFORE 처음에는 호기심이 장점이라고 생각하지 않았습니다.

HOW 불필요한 내용입니다. 호기심을 장점으로 삼아 해당 경험을 기술하는 것이 중심 사항입니다. 읽는 사람의 입장에서 글을 점검하면 글의 문제점을 쉽게 발견할 수 있습니다. 독립 문장의 가치 유무는 생략 시 오히려 글이 나아질 때 확인할 수 있습니다.

AFTER (해당 문장 삭제)

BEFORE 하지만 호기심은 깊지는 않더라도 얕은 많은 지식을 얻는데 많은 도움을 주었고 또래 다른 아이들보다 조금 더 넓은 사고를 가지게 해 주었습니다.

HOW 역접으로도 맞지 않는 내용이 이어지고 있으므로 이전 문장을 통째로 생략했습니다. 본인에 대한 자신의 판단은 자기소개서에서 적절하지 않습니다. 또래 아이들보다 '조금 더 넓은 사고'를 가졌다는 주장에 근거를 제시할 수 없기 때문입니다. 또한, '조금 더'라는 부사는 구어체에 해당합니다.

AFTER 호기심을 해소하기 위해 직접 자료를 조사하고, 현장에서 관찰하며 성장해 왔습니다.

BEFORE 호기심은 행동에 대한 추진력에도 도움을 주었습니다.

HOW 이전 문장에서 사용한 동사 표현을 반복하고 있습니다. '도움을 주었고'를 연이어 사용해야 하는 부분은 아닙니다. 다양한 표현에 주의를 기울이기 바랍니다. 해당 표현을 '영향을 미치다'로 변경합니다.

AFTER 이러한 행동은 추진력을 갖추는 데 영향을 미쳤습니다.

BEFORE 이렇게 행동하면 어떻게 될까라는 강한 호기심이 저를 행동하게 만들었고 목표 달성에 대한 원동력이 돼 주었습니다.

HOW 자신의 마음 속 이야기를 글로 그대로 옮기는 것은 편입 자기소개서에 적합한 표현 방식이 아닙니다. '이렇게 하면 어떻게 될까'라는 식의 의미 없는 혼잣말보다 경험한 내용을 보여 주는 것이 필요합니다. '저를 행동하게 만들었고', '원동력이 돼 주다'는 마찬가지로 구어체를 그대로 쓴 흔적들입니다. 글의 내용 대부분이 경험에 따른 사실이 아니므로 사실과 경험 중심으로 다시 작성합니다.

AFTER 중학생 때부터 매해 회장 또는 부회장의 역할을 수행하며 리더십을 함양했습니다.

| BEFORE | 추진력에 또한 도움을 준 것은 저의 리더십이었습니다.
| HOW | 사실 중심으로 구조를 바로 잡아야 합니다. '추진력에 또한 도움을'은 말과 글을 구분하는 감각의 부재로 생성된 표현입니다. 타인의 자기소개서를 참고하며 본인의 글을 수정하는 것도 효과적입니다. 글쓰기 능력 개발은 다소 시간이 걸리는 과정이므로 편입 후에도 꾸준히 글을 써 보며 실력을 가다듬어야 합니다.
| AFTER | 고등학교에서는 봉사 동아리를 직접 만들었고, 대학교에서는 기타 동아리를 만들었습니다.

| BEFORE | 중학교 때부터 매년 회장 부회장을 하며 쌓인 리더십은 고등학교 봉사 동아리를 만드는 일과 대학교 기타 동아리를 만들어 100명 이상까지 회원을 늘리는 일에 큰 도움을 주었습니다.
| HOW | 두 가지의 리더십 경험을 분할하고, 인상 깊은 내용을 독립 문장으로 기술합니다.
| AFTER | 특히, 기타 동아리에서는 100명 이상의 구성원을 모집하며 규모를 키우는 데 기여했습니다.

| BEFORE | 장점을 살리고 단점을 보완해서 점점 발전하며 사는 것이 저의 목표입니다.
| HOW | 지극히 당연한 이야기가 마지막 문장에 담겨 있어 무게감을 떨어뜨립니다. 첫 문장에서 언급했던 내용을 정리하는 취지로 다시 활용합니다.
| AFTER | ○○대학교에서도 추진력과 리더십을 활용해 새로운 경험을 쌓겠습니다.

GOOD 👍

호기심을 해소하기 위해 직접 자료를 조사하고, 현장에서 관찰하며 성장해 왔습니다. 이러한 행동은 추진력을 갖추는 데 영향을 미쳤습니다. 중학생 때부터 매해 회장 또는 부회장의 역할을 수행하며 리더십을 함양했습니다. 고등학교에서는 봉사 동아리를 직접 만들었고, 대학교에서는 기타 동아리를 만들었습니다. 특히, 기타 동아리에서는 100명 이상의 구성원을 모집하며 규모를 키우는 데 기여했습니다. ○○대학교에서도 추진력과 리더십을 활용해 새로운 경험을 쌓겠습니다.

• 사례 ❼

BAD 👎

원래 성격이 소극적이고 욕심이 많아 간섭받는다는 느낌을 싫어하였고 감정을 표현하는 데 서툴렀습니다. 그런 저가 'THOR'라는 대학교 봉사 활동 동아리의 부회장을 하면서 적극적으로 의사를 표현할 수 있고 남에게 도움을 주며 함께 어울리면서 성장할 수 있다는 것을 배웠습니다. ○○ 대학교에 편입학을 하게 된다면 많은 사람들과 교류하며 친해지고 싶고 또한 봉사 활동 동아리에 가입을 하여 남는 시간에는 남을 위해 봉사하는 사람이 되고 싶습니다. 이번 편입학을 준비하면서 내가 원하는 공부에 이렇게 최선을 다 할 수 있다는 것을 알았습니다. ○○ 대학교에 입학한다면 앞으로 제가 나아갈 방향을 위해 꾸준히 노력할 것이고 학교의 교육 목표인 '인의예지'처럼 어짊과 옳음, 예의와 지혜를 갖추기 위해서 노력할 것입니다.

▼

SOLUTION 🖱️

BEFORE 원래 성격이 소극적이고 욕심이 많아 간섭받는다는 느낌을 싫어하였고 감정을 표현하는 데 서툴렀습니다.

HOW '욕심이 많다'는 어떤 상황에서도 본인에게 유리하게 해석될 여지가 없는 표현입니다. 지나치게 솔직해도 손해입니다. '내향적 성격'을 중심 어휘로 삼아 '감정 표현에 서투르다'를 에둘러 표현합니다.

AFTER 내향적인 성격으로 사람들과 어울리는 데 소극적이었습니다.

BEFORE 그런 저가 'THOR'라는 대학교 봉사 활동 동아리의 부회장을 하면서 적극적으로 의사를 표현할 수 있고 남에게 도움을 주며 함께 어울리면서 성장할 수 있다는 것을 배웠습니다.

HOW '그런 저가'처럼 구술하듯 표현하는 것은 적절하지 않습니다. 'THOR 부회장 경험'이 리더십과 의사 표현력을 포괄하므로 불필요한 부연 설명은 삭제합니다.

AFTER 하지만, 대학교 봉사 동아리 'THOR'에서 부회장으로 활동하며 적극적인 자세를 갖출 수 있었습니다.

BEFORE ○○ 대학교에 편입학을 하게 된다면 많은 사람들과 교류하며 친해지고 싶고 또한 봉사 활동 동아리에 가입을 하여 남는 시간에는 남을 위해 봉사하는 사람이 되고 싶습니다.

- **HOW** 지원 대학교 명칭은 붙여 씁니다. '○○ 대학교' 대신 '○○대학교'로 공백 없이 쓰기 바랍니다. '편입을 한다면'처럼 불필요한 가정은 생략합니다. 지원자는 반드시 편입을 해야 하는 상황이므로 조심스럽게 표현하는 의도는 충분히 이해할 수 있으나 이와 같은 표현은 지극히 불필요합니다. 위의 내용을 앞으로의 계획을 설명하는 방식으로 수정합니다.
- **AFTER** ○○대학교에서도 봉사 활동을 통해 학우들과 교류하고, 다양한 인적 배경을 지닌 학생들과 소통할 것입니다.

- **BEFORE** 이번 편입학을 준비하면서 내가 원하는 공부에 이렇게 최선을 다 할 수 있다는 것을 알았습니다.
- **HOW** 모든 지원자들에게 해당하는 내용이므로 생략합니다.
- **AFTER** (해당 문장 삭제)

- **BEFORE** ○○ 대학교에 입학한다면 앞으로 제가 나아갈 방향을 위해 꾸준히 노력할 것이고 학교의 교육 목표인 '인의예지'처럼 어짊과 옳음, 예의와 지혜를 갖추기 위해서 노력할 것입니다.
- **HOW** '○○ 대학교에 입학한다면'도 '편입한다면'과 동일한 표현이며, 반드시 삭제해야 하는 불필요한 표현입니다. '노력할 것이다'가 두 차례 연속으로 등장합니다. 표현의 다양성에도 맞지 않으므로 문장 전체를 수정합니다.
- **AFTER** 교육 목표 '인의예지'를 상기하며 바르고 정직한 사회인으로 거듭나겠습니다.

GOOD 👍

내향적인 성격으로 사람들과 어울리는 데 소극적이었습니다. 하지만, 대학교 봉사 동아리 'THOR'에서 부회장으로 활동하며 적극적인 자세를 갖출 수 있었습니다. ○○대학교에서도 봉사 활동을 통해 학우들과 교류하고, 다양한 인적 배경을 지닌 학생들과 소통할 것입니다. 교육 목표 '인의예지'를 상기하며 바르고 정직한 사회인으로 거듭나겠습니다.

• 사례 ❽

> **BAD** 👎
>
> 대학에 입학하면서부터 지역 사회에 제가 가진 능력을 조금이나마 나누고 싶어 봉사 활동에 대해 알아보았습니다. 지역 주민 센터를 통해 사회소외계층 아동에게 수학을 가르쳐주는 봉사 활동을 하게 되었습니다. 할머니와 단 둘이 살고 있는 초등학교 3학년 친구에게 공부를 가르쳐 주는 일은 제가 처음에 생각했던 것만큼 힘들지 않았습니다. 항상 긍정적이고 능동적인 자세를 가지고 있는 친구는 모든 방면에 생산적인 생각으로 제 가르침에 잘 따라와 주었고 계속해서 학교 중간고사와 기말고사에서 90점 이상을 받는 좋은 성적을 내주었습니다. 봉사 활동을 통해 저는 제 능력을 사회에 기부하고 도움이 되었을 때의 자긍심과 동시에 제가 사회 소외계층에 대해 가지고 있던 부정적이고 소극적이었던 편견을 없애고 반성하게 되었습니다.

▼

SOLUTION

BEFORE 대학에 입학하면서부터 지역 사회에 제가 가진 능력을 조금이나마 나누고 싶어 봉사 활동에 대해 알아보았습니다.

HOW '제가', '조금이나마'와 같이 자기 지칭 표현과 구어체 부사는 삭제해야 합니다. 봉사 활동 경험을 서술할 것이므로 '봉사 활동을 알아봤다'는 과정 서술은 불필요합니다. '지역 사회 발전'이라는 목적을 언급해 완결성 있는 문장을 사용합니다.

AFTER 지역 사회의 발전에 기여하고자 봉사 활동에 참여했습니다.

BEFORE 지역 주민 센터를 통해 사회소외계층 아동에게 수학을 가르쳐주는 봉사 활동을 하게 되었습니다.

HOW 봉사 활동의 상세 내용을 소개하고 있어 이전 문장과 자연스럽게 어울립니다. 다만, '봉사 활동' 어휘를 남발하고 있어 대체가 필요한 상황입니다. '수학 교육'을 핵심 어휘로 삼아 반복 없이 내용을 기술합니다.

AFTER 지역 주민 센터에서 사회 소외 계층 아동을 대상으로 수학 교육을 진행했습니다.

BEFORE 할머니와 단 둘이 살고 있는 초등학교 3학년 친구에게 공부를 가르쳐 주는 일은 제가 처음에 생각했던 것만큼 힘들지 않았습니다.

HOW '생각했던 것만큼 힘들지 않았다'며 봉사에 대한 소회를 밝히고 있는데, 흐름에 맞지 않습니다. 열정적으로 봉사에 임하는 모습이 필요한 구간입니다. 쉬운 봉사로 해석될 수 있는 표현을 굳이 솔직히 서술할 필요는 없습니다. '수학 교육'에 초점을 두고 수정합니다.

AFTER 할머니와 단둘이 살고 있는 초등학교 3학년 학생을 맡아 적극적인 자세로 수학을 가르쳤습니다.

BEFORE 항상 긍정적이고 능동적인 자세를 가지고 있는 친구는 모든 방면에 생산적인 생각으로 제 가르침에 잘 따라와 주었고 계속해서 학교 중간고사와 기말고사에서 90점 이상을 받는 좋은 성적을 내주었습니다.

HOW 봉사를 통해 느낀 점은 봉사의 목적과 내용을 서술한 후에 등장해야 자연스럽습니다. 이에 따라 위의 문장은 흐름상 적절합니다.

AFTER 그 학생이 중간고사와 기말고사에서 90점 이상의 성적을 거두고 밝은 표정을 보일 때 보람을 느꼈습니다.

BEFORE 봉사 활동을 통해 저는 제 능력을 사회에 기부하고 도움이 되었을 때의 자긍심과 동시에 제가 사회소외계층에 대해 가지고 있던 부정적이고 소극적이었던 편견을 없애고 반성하게 되었습니다.

HOW '저는', '제 능력', '제가'가 종합적으로 나타났습니다. 문장이 길어 이해가 힘든 까닭에 간략히 축약합니다. 마지막 문장에서는 정확한 표현으로 뚜렷한 인상을 남겨야 합니다.

AFTER 봉사 활동을 통해 나눔의 기쁨을 알 수 있었고, 사회 소외 계층에 대한 관심의 필요성도 체감했습니다.

GOOD 👍

지역 사회의 발전에 기여하고자 봉사 활동에 참여했습니다. 지역 주민 센터에서 사회 소외 계층 아동을 대상으로 수학 교육을 진행했습니다. 할머니와 단둘이 살고 있는 초등학교 3학년 학생을 맡아 적극적인 자세로 수학을 가르쳤습니다. 그 학생이 중간고사와 기말고사에서 90점 이상의 성적을 거두고 밝은 표정을 보일 때 보람을 느꼈습니다. 봉사 활동을 통해 나눔의 기쁨을 알 수 있었고, 사회 소외 계층에 대한 관심의 필요성도 체감했습니다.

• 사례 ❾

BAD 👎

저는 1학년 때부터 조별 활동 및 발표가 있는 과목들을 많이 들었습니다. 또한 제가 맡은 발표에서만큼은 교수님들로부터 매번 가장 잘했다는 칭찬을 받곤 했습니다. 특히 2학년 때 들었던 소비자 행동론 수업이 기억에 남습니다. 형식적인 발표 방법을 벗어나 교수님과 나란히 앉아 제가 조사해 온 것, 생각해 온 것을 나누고 토론하는 형태의 발표였기 때문입니다. 제가 외국계 기업에 가장 큰 매력을 느낀 이유 중 하나도 '수평적 소통'이었습니다. 제가 가지고 있는 큰 장점이라고 생각하는 소통 능력을 잘 살릴 수 있는 분야가 마케팅이라고 생각합니다. ○○대학교에서 배운 이론을 바탕으로 사회에 나가 소통하는 마케팅 컨설턴트가 되고 싶습니다.

▼

SOLUTION

BEFORE 저는 1학년 때부터 조별 활동 및 발표가 있는 과목들을 많이 들었습니다.

HOW '저는'을 쓰기 시작할 경우 이어지는 문장에서 남발할 가능성이 높습니다. '과목을 듣다'와 같은 구어체 표현보다 문어체인 '과목을 수강하다'가 적합합니다.

AFTER 대학교 1학년 때부터 조별 활동과 발표를 수행하는 과목을 수강했습니다.

······

BEFORE 또한 제가 맡은 발표에서만큼은 교수님들로부터 매번 가장 잘했다는 칭찬을 받곤 했습니다.

HOW '제가'가 다시 등장했습니다. '가장 잘했다는 칭찬을 받다'는 '우수한 평가를 받다'로 수정합니다. 이처럼 어휘를 바꿔 성숙한 느낌을 강조할 수 있습니다.

AFTER 발표를 담당해 표현력과 설득력을 갖출 수 있었고, 우수한 평가도 받았습니다.

······

BEFORE 특히 2학년 때 들었던 소비자 행동론 수업이 기억에 남습니다.

HOW 구체적인 과목 명시는 좋지만, 기억에 남은 사항을 직접 언급해야 합니다. 본인의 기억에 남는다는 주관적인 감정 표현 외에는 담긴 내용이 없기 때문입니다.

AFTER (해당 문장 삭제)

······

BEFORE 형식적인 발표 방법을 벗어나 교수님과 나란히 앉아 제가 조사해 온 것, 생각해 온 것을 나누고 토론하는 형태의 발표였기 때문입니다.

> **HOW** '교수님과 나란히 앉아'라는 상황 묘사는 '토론 형식'으로 함축해 표현할 수 있습니다. 수정하기 전에는 기억에 남는 이유를 설명하며 불필요한 인과 관계로 문장을 서술했습니다. 인과 관계가 필요한 내용이 아니며, 경험을 소개하는 것이 중요한 부분입니다.

> **AFTER** 2학년 때는 소비자 행동론 수업에서 조사한 내용을 교수님과 1:1 토론 형식으로 발표하며 학우들의 관심을 이끌어 낼 수 있었습니다.

> **BEFORE** 제가 외국계 기업에 가장 큰 매력을 느낀 이유 중 하나도 '수평적 소통'이었습니다.

> **HOW** 흐름상 외국계 기업이 등장할 개연성은 없습니다. 본인의 경험과 '소통'을 접목할 수 있도록 다음 문장을 포괄적으로 수정합니다.

> **AFTER** (해당 문장 삭제)

> **BEFORE** 제가 가지고 있는 큰 장점이라고 생각하는 소통 능력을 잘 살릴 수 있는 분야가 마케팅이라고 생각합니다.

> **HOW** '제가'가 또다시 등장했습니다. 자기 지칭 어휘는 한 번 쓰면 이와 같이 빈번하게 사용하기 쉽습니다. '제가 가지고 있는 큰 장점이라고 생각하는' 구문은 본인의 평가에 해당하므로 생략하는 것이 낫습니다. '마케팅 분야'를 지목한 점은 우수합니다.

> **AFTER** 이와 같은 과정을 통해 익힌 소통 능력을 마케팅 분야에 접목해 활용할 것입니다.

> **BEFORE** ○○대학교에서 배운 이론을 바탕으로 사회에 나가 소통하는 마케팅 컨설턴트가 되고 싶습니다.

> **HOW** 마케팅과 직접적으로 연결할 수 있는 직업으로 컨설턴트를 선택한 점도 좋습니다. '소통 능력'은 이미 언급했으므로 컨설턴트에게 필요한 능력으로 '창의력'을 언급해 발전 지향적인 모습으로 마지막 문장을 매듭짓습니다.

> **AFTER** 마케팅 컨설턴트로 성장해 다양한 분야의 문제를 창의적으로 해결하고 싶습니다.

GOOD 👍

대학교 1학년 때부터 조별 활동과 발표를 수행하는 과목을 수강했습니다. 발표를 담당해 표현력과 설득력을 갖출 수 있었고, 우수한 평가도 받았습니다. 2학년 때는 소비자 행동론 수업에서 조사한 내용을 교수님과 1:1 토론 형식으로 발표하며 학우들의 관심을 이끌어 낼 수 있었습니다. 이와 같은 과정을 통해 익힌 소통 능력을 마케팅 분야에 접목해 활용할 것입니다. 마케팅 컨설턴트로 성장해 다양한 분야의 문제를 창의적으로 해결하고 싶습니다.

• 사례

BAD 👎

기계 공학 기술자라는 꿈에 한 발짝 더 다가가기 위해 편입을 선택했고, 1년간 노력하면서 학습적 성취와 함께 정신적 성장을 했습니다. 편입 영어를 공부하며 알게된 숙어가 있습니다. 'Push the envelope' 한계를 뛰어 넘다라는 뜻입니다. 처음 가족, 친구와 떨어져 수험 생활을 하는 동안 지쳐 쉬고 싶을 때가 있었습니다. 그때마다 나의 한계를 뛰어넘어 보자는 생각으로 극복했습니다. 결과는 최고가 아닐지라도, 목표를 이루기 위해 인생에서 최대치의 노력을 해서 얻은 결과는 다른 목표를 세우고 이루는 데 큰 도움이 될 것이라고 믿습니다. 그 목표의 실현을 이제 대학에서 이룰 차례입니다.

▼

SOLUTION

BEFORE 기계 공학 기술자라는 꿈에 한 발짝 더 다가가기 위해 편입을 선택했고, 1년간 노력하면서 학습적 성취와 함께 정신적 성장을 했습니다.

HOW '학습적 성취'는 'ㅇㅇ적' 표현의 남용입니다. '꿈에 한 발짝 더 다가가다'가 틀린 표현은 아니지만, 자기소개서에서 은유와 비유가 섞인 표현은 가벼운 인상을 남깁니다. 첫 문장으로 명확한 느낌을 전달하고자 간략하게 정리합니다.

AFTER 기계 공학 기술자가 되고자 1년간 편입을 준비하며 노력해 왔습니다.

BEFORE 편입 영어를 공부하며 알게 된 숙어가 있습니다.

HOW 알게 된 숙어를 바로 설명해야 합니다. 이러한 접근 방식으로는 동일한 어휘를 반복할 수밖에 없습니다. 게다가 가치 있는 내용도 없는 문장이므로 생략하는 것이 좋습니다.

> **AFTER** (해당 문장 삭제)

> **BEFORE** 'Push the envelope' 한계를 뛰어 넘다라는 뜻입니다.

> **HOW** 숙어를 접한 상황 설명은 '수험 생활'로 축약합니다. 숙어의 뜻은 일반인이 이해하기 어려운 내용이 아니라면 굳이 해석을 덧붙일 필요가 없습니다. 숙어를 구성하는 어휘가 중학생 수준이므로 이에 대한 해석은 간략한 글의 구조를 훼손할 뿐입니다.

> **AFTER** 수험 생활이 힘들 때는 책상에 적어 놓은 'Push the envelope'을 읽으며 힘을 냈습니다.

> **BEFORE** 처음 가족, 친구와 떨어져 수험 생활을 하는 동안 지쳐 쉬고 싶을 때가 있었습니다.

> **HOW** 수험생이라면 당연히 직면하는 상황이며, 감성적으로 표현해 얻는 바가 없는 내용이라 생략합니다.

> **AFTER** (해당 문장 삭제)

> **BEFORE** 그때마다 나의 한계를 뛰어넘어 보자는 생각으로 극복했습니다.

> **HOW** '한계 극복'과 '성장'을 연결합니다. 첫 문장에서 생략한 '정신적 성장'을 이 부분에서 활용합니다. 글의 흐름을 고려해 핵심 어휘의 위치를 바꾸는 시도가 필요합니다.

> **AFTER** 한계를 극복하겠다는 의지로 편입을 준비하며 한층 성장했다고 생각합니다.

> **BEFORE** 결과는 최고가 아닐지라도, 목표를 이루기 위해 인생에서 최대치의 노력을 해서 얻은 결과는 다른 목표를 세우고 이루는 데 큰 도움이 될 것이라고 믿습니다.

> **HOW** '인생 최대치의 노력'은 일반적인 표현이 아니며, 지나치게 본인의 노력을 과장하는 경향이 엿보입니다. 숙어를 재차 언급하며 문단 내 균형을 맞춥니다.

> **AFTER** 편입 후 ○○대학교에서 목표 실현을 위해 'Push the envelope'을 다시 마음에 새기고 싶습니다.

BEFORE 그 목표의 실현을 이제 대학에서 이룰 차례입니다.

HOW 위 문장의 수식어를 제외하고 정리하면 '목표의 실현을 이루다'이나, 올바른 표현은 '목표를 실현하다'입니다. 이미 숙어를 사용해 문단을 마무리했으므로 간결성을 확보하고자 동일 내용의 문장은 생략합니다.

AFTER (해당 문장 삭제)

▼

GOOD 👍

기계 공학 기술자가 되고자 1년간 편입을 준비하며 노력해 왔습니다. 수험 생활이 힘들 때는 책상에 적어 놓은 'Push the envelope'을 읽으며 힘을 냈습니다. 한계를 극복하겠다는 의지로 편입을 준비하며 한층 성장했다고 생각합니다. 편입 후 ○○대학교에서 목표 실현을 위해 'Push the envelope'을 다시 마음에 새기고 싶습니다.

MEMO

합격하는 편입 자소서 & 학업계획서

Part 03

대학별 자기소개서 & 학업계획서
작성 방안

1. 건국대학교
2. 한양대학교
3. 이화여자대학교
4. 숙명여자대학교
5. 서울시립대학교
6. 연세대학교
7. 고려대학교
8. 중앙대학교
9. 서울대학교
10. UNIST(유니스트)
11. 경찰대학교
12. 충남대학교

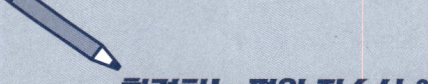

합격하는 편입 자소서 & 학업계획서

PART 03 대학별 자기소개서 & 학업계획서 작성 방안

지원 동기, 전공 선택 이유, 편입 후 학업 계획, 졸업 후 진로 계획, 특이 사항을 토대로 실제 자기소개서와 학업계획서 내용을 작성할 수 있습니다. 대학마다 자기소개서와 학업계획서 항목이 조금씩 차이를 보이지만, 앞서 살펴 본 5가지 항목에서 크게 벗어나지 않습니다. 이와 같은 기본 틀을 바탕으로 대학별 요구 사항에 맞춰 관련 내용을 추가합니다.

※ 적용 사례
- 기본 5가지 항목
  A: 지원 동기, B: 전공 선택 이유, C: 편입 후 학업 계획, D: 졸업 후 계획, E: 특이 사항
- 추가 1가지 항목
  F: 전적 대학교 전공 내용(수강한 전공과목, 학업 성취도, 실습 내용 등)

1 건국대학교 학업계획서

1. 해당 모집 단위(학과/학부)에 지원한 동기와 이를 위해 노력한 과정을 구체적으로 기술하시오. (1,500자)

▶ 활용 항목
지원 동기 + 전공 선택 이유 + 전적 대학교 전공 내용

▶ 작성 방향
분량이 많은 항목이라 노력 과정을 구체화할 수 있어야 합니다. 지원 동기에 지원 전공을 배우고 싶은 계기와 전공을 선택한 이유를 덧붙이며 서술 구조를 만들고, 전적 대학교 전공 내용뿐만 아니라 교내외 활동에서 지원 전공 학습에 유용한 소양 및 역량을 추려 내 구성 요소로 활용합니다.

➤ 적용 사례

A. 지원 동기, B. 전공 선택 이유, F. 전적 대학교 전공 내용

연극 영화학과 과정으로 개인 연습을 반복하며 유사한 부분에서 자주 실수한다는 것을 발견했습니다. 대사가 어려운 부분에서 보편적으로 그 빈도가 높았지만, 난이도와 관계없이 한 번 틀린 부분에서는 오랜 기간 실수를 반복하는 경향이 두드러졌습니다. 학우들과 실수를 최소화하는 방법을 논의하며 연습 과정을 녹화해 틀린 횟수와 부분을 정리하기로 결정했습니다. 이에 연습 시 상황별 실수 발생 구간을 기록한 후, 정보를 수집해 통계 분포도를 그렸습니다. 통계 분포도를 확인하자 분산된 정보에서 문제의 원인을 도출할 수 있었고, 연습 방법을 개선하는 아이디어도 얻을 수 있었습니다. 이와 같이 연습에 간단한 통계학을 적용하며 실용성과 중요성을 실감했습니다.

통계학을 인구분포도, 선거 결과 예측, 여론 조사 등에 사용하는 모습을 자주 접했지만, 연극 영화학과 과정에서 직접적으로 공부할 기회는 없었습니다. 연습에서 틀리는 빈도 측정을 계기로 통계학에 흥미를 느꼈는데, 더욱 자세히 내용을 살펴보고 싶어 통계학 교양 도서를 읽었습니다. 통계학은 여러 작용 요인의 복합적인 관계를 분석하기 위해 각각의 상관성을 수치로 계산합니다. 다양한 통계학 관련 도서를 읽으며 카이 제곱 검정 기법에 매력을 느꼈습니다. 기대 빈도와 관찰 빈도를 특정하고, 자유도와 검정량을 계산하며 문제의 이면에 담긴 요인을 정량적으로 분석하는 과정이 무척 흥미로웠습니다. 카이 제곱 검정 기법의 원리를 익히고, 이를 상황별 대사에 적용해 통계 정보를 시각적으로 도출하며 사례 학습을 시도했습니다. 통계학을 적절히 활용한다면 대사 연습 시 실수를 방지할 수 있다고 생각했습니다.

연극에 통계학을 접목한 경험을 계기로 제한적인 데이터를 가공해 유의미한 결과를 이끌어 내는 통계학이 보험 분야에서 반드시 필요하다는 것을 알 수 있었습니다. 보험은 대량의 데이터를 바탕으로 상품 수익 구조를 구축합니다. 자동차부터 생명 보험까지 연령, 성별, 직업 등에 영향을 받는 보험 상품은 여러 유형의 통계 기법을 적용해 이익 실현이 가능한 구조를 만들어야 합니다. 의료 서비스에 대한 수요가 증가하는 초고령 사회에 생명 보험을 비롯해 장기 요양 보험을 중심으로 통계를 다루는 업무는 더욱 중요해질 것으로 전망합니다. 이에 통계학 지식을 익히며 보험 계리사로 성장해 한국의 초고령 사회에 보험사와 가입자가 상호 이익을 거둘 수 있도록 기여하겠다고 결심했습니다. 이를 실현하기 위해서는 전문 교육 과정을 거쳐야 합니다.

건국대학교 응용 통계학과는 다양한 통계 기법을 배울 수 있는 강의를 제공하고 있습니다. 특히, 학과에서 통계학의 응용을 다루는 까닭에 실무에 통계학을 활용할 수 있는 역량을 갖출 수 있다는 점이 강점이라고 생각합니다. 통계는 이론을 응용할 수 있어야 실용성을 높이는 것이 가능합니다. 이와 같이 우수한 교육 환경을 갖춘 건국대학교 응용 통계학과에서 배움에 집중해 보험 계리사로 성장하고자 지원합니다.

2. 학업 계획 및 진로 계획을 구체적으로 기술하시오. (800자)

➤ 활용 항목
편입 후 학업 계획 + 졸업 후 계획

➤ 작성 방향
졸업 후 계획을 고려해 학업 계획을 기술합니다. 진로 개발에 유용한 내용 위주로 구성하고, 전공 역량을 진로와 연결하며 편입의 필요성을 강조합니다.

➤ 적용 사례

C. 편입 후 학업 계획, D. 졸업 후 계획

통계 이론을 체계적으로 익혀야 보험 데이터를 목적에 맞게 다룰 수 있습니다. 입학 후, 응용 통계학 과정에 필요한 응용 수학, 선형대수학 등을 전공 서적과 온라인 강의를 활용해 주도적으로 학습할 계획입니다. 수리 통계학은 수학의 이해가 핵심입니다. 공강 시간과 주말에 꾸준히 연습 문제를 풀이하며 이해도를 높이고, 이를 통해 응용의 토대를 다질 것입니다. 기초 지식을 바탕으로 회귀 분석, 시계열 분석, 베이지안 통계학을 순차적으로 수강하며 실력을 키우겠습니다. 통계학은 프로그래밍을 사용해 데이터를 분석합니다. 전산 실습으로 데이터 분석에 필요한 소양을 배양하고, 통계 전산 처리로 분석 방법을 익히겠습니다. 아울러, 데이터 마이닝부터 통계적 인공지능 강의까지 수강하며 프로그래밍과 연계한 분석 능력을 개발할 것입니다. 전공 과정과 병행해 SPSS 국제 자격증과 사회 조사 분석사 2급 자격증을 취득하며 실무에 대응할 수 있는 역량을 배양하겠습니다. 통계는 이론을 응용하는 능력이 중요하므로 학우들과 팀을 만들어 정기적으로 데이터 분석 공모전에 도전할 계획입니다. 공모전에서 팀원들과 소통하며 새로운 문제에 도전해 문제 해결 능력을 키우고 싶습니다.

졸업 후에는 보험사에서 근무하며 틈틈이 계리사 시험을 준비할 계획입니다. 이론과 실무를 연결해 다양한 분야의 보험 데이터를 포괄적으로 다루며 보험사와 가입자에게 더 나은 미래를 선사할 수 있도록 분석에 힘쓸 것입니다. 계리사 자격을 취득한 후에는 보험 상품의 적절성을 판단하는 전문가로 성장하고 싶습니다. 실무에서 경력을 쌓은 후에는 대학원에서 보험 통계 심화 과정을 이수하며 경쟁력을 강화하겠습니다.

2-1 한양대학교 학업계획서

1. 본교 편입학 해당 학과(학부)에 지원한 동기를 기술하시오. (1,000자)

➤ 활용 항목
지원 동기 + 전공 선택 이유

➤ 작성 방향
지원 학과를 선택한 이유가 동기의 주요 내용을 이룹니다. 한양대학교를 선택한 이유를 곁들이고, 학업에 임하는 자세와 포부를 나타내며 마무리합니다.

➤ 적용 사례

A. 지원 동기, B. 전공 선택 이유

기계 공학은 제조 산업을 구성하는 핵심 학문으로서 자동화를 추구하는 미래 사회에 부가 가치가 높은 기술의 근간을 제공하고 있습니다. 한국의 제조 기술이 글로벌 시장에서 신뢰를 얻으며 성장할 수 있었던 이유는 기계 공학과 연관 산업이 지속적으로 융합했기 때문입니다. 반도체, 메카트로닉스, 군수업 분야의 발전을 선도하는 기계 공학은 4차 산업 혁명을 주도하며 새로운 분야를 끊임없이 개척합니다.

한양대학교 기계 공학부는 70년 이상 이어 온 공학 교육 방식을 바탕으로 기초와 응용 과목을 연계한 커리큘럼을 구성하며 학생들이 미래 산업 구조에 대응할 수 있는 역량 강화에 힘쓰고 있습니다. 프로젝트 중심의 강의는 실무 현장과 유사한 환경에서 이론을 활용해 볼 수 있는 방법을 안내하고, 자율적으로 탐구하는 과정에서 학생들이 융합 감각을 배양할 수 있는 기회를 제공합니다. 또한, 높은 수준의 실험이 가능한 교육 인프라는 실습으로 전공 이해도를 높여야 하는 기계 공학에 적합한 교육 환경을 조성하며 배움의 즐거움을 더합니다. 학문의 적용 분야와 방법을 알아 가며 배워야 주도적으로 발전을 지속할 수 있습니다. 다양한 전공 커리큘럼과 심도 있는 연구 활동은 학생들이 자신의 진로를 선택하는 데 이바지합니다. 이와 같이 응용력을 배양하는 교육 환경에서 실습에 적극적으로 참여하며 융합 역량을 개발하고자 한양대학교 기계 공학부에 지원하는 바입니다.

기계 공학은 기술의 진보를 위해 다양한 학문 분야와 교류하며 혁신을 만들어 냅니다. 국내외 유수 대학교와 교류를 지속할수록 인류의 기술 아카이브는 더욱 풍성해집니다. 이러한 흐름에 맞춰 한양대학교 기계 공학부는 해외 교환 학생 제도에 심혈을 기울이며 국제 교류에 주력하고 있습니다. 해외 인턴십 프로그램은 학생들이 글로벌 산업 동향을 파악하는 데 일조합니다. 한양대학교에서 다양한 교류에 앞장서며 기계 공학의 영역을 넓히고, 기술 융합을 통한 지속 발전을 도모하겠습니다.

2. 전적 대학 전공과 지원 전공과의 유사성 혹은 지원 전공을 위해 노력한 경험을 기술하시오. (1,000자)

▶ 활용 항목
전적 대학교 전공 내용

▶ 작성 방향
전적 대학교 전공 특징과 교육 과정에서 지원 전공과 연결할 요소를 추려 냅니다. 지원 전공 관련 분야에 대한 관심을 드러내고, 유사점이 있는 준비 사항을 기술합니다.

▶ 적용 사례

F. 전적 대학교 전공 내용

컴퓨터 공학 전공으로 데이터 논리와 구조를 익힐 수 있었고, 임베디드 프로그램으로 사물과 네트워크를 연결하는 방법도 배울 수 있었습니다. 인터넷과 모바일로 수집한 데이터를 가공 및 분석해 새로운 분야에 응용하는 시도는 컴퓨터 공학에서 발전하고 있는 영역입니다. 기계 공학은 역학을 기본으로 활용하며 시스템과 센서를 접목해 더욱 가치 있는 기술을 만듭니다. 응용으로 산업 수요에 대응한다는 점에서 기계 공학과 컴퓨터 공학의 연결 고리는 견고합니다. 컴퓨터 공학 지식을 기계 공학 전공 과정의 시스템 분야에 연결하며 전문성을 확대할 수 있다고 생각합니다. 기계 공학의 심화 과목인 자동 제어, 컴퓨터 지원 제도, 다분야 기계 시스템 설계, 미래형 자동차 등은 컴퓨터 공학 지식을 시스템에 적용하기 때문입니다. 임베디드에 기반한 시스템 설계는 기계 공학의 자동화 영역에 공통적으로 적용할 수 있고, 로봇과 자동차처럼 컴퓨터 언어 지식이 근간을 이루는 부분에서는 안정적 구동과 정보 보완에 컴퓨터 네트워크 지식을 접목하는 것이 가능합니다. 새로운 기술을 구현해 기술 진보와 사용 편의성 증대를 이루어 내려는 목표는 기계 공학과 컴퓨터 공학이 동일하므로 전적 대학교에서 내재한 연구 자세를 한양대학교에서도 이어갈 수 있습니다.

로봇은 기계 공학의 주요 분야로 응용력을 발휘하는 데 컴퓨터 공학 지식이 필요합니다. 전적 대학교 로봇 동아리에서 라스베리와 아두이노를 활용한 온프레미스 서버를 만들고, 마이크로 모터로 드론과 자동차를 제작해 상호 연결했습니다. 마이크로 모터를 다양한 센서에 동적으로 연결해 보며 기계 시스템과 구동 관리에 흥미를 느꼈습니다. 또한, 팀원들과 국제 로봇 박람회에 방문해 사회와 산업 환경에 깃든 로봇 기술을 직접 관찰했습니다. 섬세한 프로세스를 정밀하게 다루는 로봇을 보며 기계 공학의 메카트로닉스 영역에 관심을 기울이기 시작했습니다. 박람회를 통해서는 로봇 공학과 컴퓨터 공학을 연결해 미래형 기계 시스템을 만들겠다는 각오를 다질 수 있었습니다. 한양대학교 기계 공학부에서 기계 시스템을 집중적으로 배우며 로봇 공학 전문성을 배양할 것입니다.

3. 본교 편입학 후 학업 및 졸업 후 진로 계획을 구체적으로 작성하시오. (1,000자)

➤ 활용 항목
편입 후 학업 계획 + 졸업 후 계획

➤ 작성 방향
교육 과정을 참고하며 편입 후 배울 내용을 살펴봅니다. 장단기 계획을 소개한 후, 졸업 후 진로를 그려 내는 방향으로 이야기를 구성합니다.

➤ 적용 사례

C. 편입 후 학업 계획, D. 졸업 후 계획

컴퓨터 공학 기본 지식을 활용해 다양한 영역의 기계 공학 분야를 깊이 있게 학습할 계획입니다. 기초를 다지기 위해 입문 강의를 수강하며 문제 해결에 앞서 문제를 설정할 수 있는 시각을 익히겠습니다. 이와 함께 응용력을 발휘하며 문제 해결 방법을 도출할 수 있도록 노력할 것입니다.

기계 공학은 수리 역량을 중심으로 다양한 실험을 정밀하게 다룹니다. 미적분학과 공업 수학을 들으며 실험 과정과 결과를 주도적으로 분석할 수 있는 역량을 배양하고, 기계 구동을 탐구하는 데 필요한 동역학과 정역학을 수강하며 기초 과정에서 쌓은 수리 감각을 적극적으로 활용할 것입니다. 전적 대학교 전공을 기계 공학에 연결하며 인공 지능까지 다루고 싶습니다.

방학 때는 각종 기계의 특성을 살피며 설계와 구조 지식을 습득하고, 내마모성과 내열성을 고려하며 내연 기관의 구동 체계를 배우겠습니다. 고학년 과정에서는 실험 수업에 집중할 계획입니다. 기계 공학 기계 설계 강의에서는 역학과 수학 지식을 종합적으로 활용합니다. 재료의 물성을 바탕으로 도면 설계 방법을 익히고, 운동의 특징을 수치로 제어하며 기계 제작 기술을 연습할 것입니다. 기계 공학 연구실 현장 실습은 기계 공학과 산업 현장의 연결 과정을 교육합니다. 이 강의를 통해 현장에서 효과적으로 전공 지식을 활용할 수 있는 토대를 다지고 싶습니다. 자동 제어 과목은 정밀 제어 기술을 심층적으로 다룹니다. MATLAB 프로그램을 토대로 다양한 영역의 시스템 제어에 대해 배워 로봇 분야에 응용하겠습니다.

학부 과정을 이수한 후에는 대학원에 진학해 로봇 구동 시스템을 전문적으로 연구하고 싶습니다. 컴퓨터와 기계를 융합해 휴머노이드를 개발하고, 이를 보급함으로써 자동화를 구현한 사회를 만드는 것이 목표입니다. 대학원에서 논문 작성과 다각적 연구로 실력을 쌓고, 박사 과정을 위해 전문 역량을 가다듬으며 미래를 준비하겠습니다. 아울러, 컴퓨터 언어를 꾸준히 습득하며 융합에 필요한 능력을 갖추고, 이를 기반으로 경진 대회에도 도전할 것입니다. 학부 과정에서 내재한 목표 의식을 산학 프로젝트에 접목하며 로봇 구동 시스템 전문가로 성장하겠습니다.

2-2 한양대학교 에리카캠퍼스 학업계획서

1. 지원 동기 (500자)

▶ **활용 항목**

지원 동기

▶ **작성 방향**

지원 전공과 연결해 한양대학교에서 이루고 싶은 내용을 소개합니다. 학과 강점을 소재로 활용하며 지원 동기에 의미를 더합니다.

▶ **적용 사례**

A. 지원 동기

교내 소프트웨어 개발 경진 대회 도전을 통해 체계적인 전공 지식의 필요성을 실감했습니다. 이를 계기로 컴퓨터 동아리에서 활동하며 꾸준히 개발에 임했습니다. 그 덕분에 학우들과 교우 관계를 넓히며 의사소통 자세를 배울 수 있었습니다. SW 중심의 한양대학교에서는 인공 지능과 딥러닝 강의를 통해 AI 기술의 기초를 익힐 수 있고, 산학 협력 환경에서 기업의 애로 기술을 분석하며 실무 경험을 쌓을 수 있습니다. 특히, 장단기 현장 실습과 인턴십 프로그램은 학습 방향을 설정하는 데 유용하며, 이를 통해 현장에 필요한 자세도 배울 수 있다고 생각합니다. AI를 중심으로 IoT 서비스를 개발해 창업하는 것이 다음 도전 과제입니다. 블록체인으로 보안을 강화하며 일상생활에 편의를 제공하는 기술을 만들고 싶습니다. 한양대학교에서 iCanPlatform으로 창업 프로세스를 익히며 실무 역량을 개발하고, 전공 커리큘럼에 따라 창업에 필요한 실력을 쌓고자 소프트웨어 전공에 지원합니다.

2. 전적 대학 전공과 지원 전공과의 연계성 또는 지원 전공을 위해 노력한 경험을 기술하시오. (500자)

▶ **활용 항목**

전적 대학교 전공 내용 + 전공 선택 이유

➤ 작성 방향

　전적 대학교에서 학습하거나 수강한 내용 중 지원 전공과 맞닿은 영역을 찾아 기술합니다. 전공 간 연계 가능한 부분을 언급하고, 관련 경험을 소개하며 목적의식이 드러나도록 노력한 부분을 강조합니다.

➤ 적용 사례

> **B. 전공 선택 이유, F. 전적 대학교 전공 내용**

　전적 대학교 컴퓨터 공학부에서 C, C++, 자바 등의 강의를 수강하며 프로그래밍 논리와 표현 방법을 익혔고, 자료 구조와 컴퓨터 구조 과목으로 컴퓨터 공학 기초 지식을 쌓았습니다. AI와 블록체인에 흥미를 느껴 1학년 때는 프로그래밍 과목 프로젝트로 간단한 블록체인을 구현했고, 2학년 때는 AI와 대전하는 게임을 제작했습니다. 이러한 과정을 거치며 인공 지능을 구현하기 위해서는 경우의 수를 폭넓게 다룰 수 있는 역량이 필요함을 알았고, 부족함을 보완하고자 확률과 통계 과목을 수강했습니다. 현재는 TensorFlow를 중심으로 Python을 공부하며 AI의 정확도를 높이고자 노력하고 있습니다. 편입 후, 소프트웨어 전공 과정으로 인공 지능, 딥러닝 등을 수강하며 AI 구현에 필요한 핵심 역량을 개발하고 싶습니다. 소프트웨어 분야에서 최신 정보와 기술은 대부분 영어로 습득해야 합니다. 원활한 학습을 위해 영어 공부에도 심혈을 기울이고 있습니다.

3. 본교 편입학 후 학업 계획 및 졸업 후 진로 계획을 상세히 기술하시오. (1,000자)

➤ 활용 항목

　편입 후 계획 + 졸업 후 계획

➤ 작성 방향

　전공 과정을 참고해 학업 계획을 구체화하고, 역량 강화에 필요한 요소를 덧붙이며 졸업 후 진로 계획으로 이어질 수 있도록 내용을 구성합니다. 지원 동기와 졸업 후 진로를 전체적으로 엮어야 학업 계획에 의미를 부여할 수 있습니다.

➤ 적용 사례

C. 편입 후 학업 계획, D. 졸업 후 계획

입학 후, 소프트웨어 전공을 깊이 있게 학습할 수 있도록 C, C++ 등의 프로그래밍 언어를 더욱 세부적으로 공부할 것입니다. 이를 바탕으로 자료 구조와 컴퓨터 구조에 대해 배워 가며 체계적으로 기초를 다지겠습니다. 미적분학, 이산수학, 선형대수학 등의 수학 과목은 전공 이해도를 높이기 위해 반드시 필요합니다. 예습과 복습으로 응용이 가능한 실력을 갖춰 나아가고, 이와 함께 인공 지능과 딥러닝 과목 수강을 위한 Python을 틈틈이 학습할 것입니다. 전공 핵심 과목은 계절 학기에 수강하며 세부 전공 학습을 위한 준비를 효율적으로 진행하겠습니다. 이론은 실무에 연결할 수 있어야 의미가 있다고 생각합니다. 전공 과정에서 배운 내용을 토대로 정보 처리 기사, 정보 보안 기사 등의 자격증을 취득하며 실무 역량을 개발할 계획입니다. 소프트웨어 개발자는 현장에서 대규모 프로젝트를 수행합니다. 이러한 환경에 대응할 수 있도록 SW 중심 대학 사업으로 실시하는 글로벌 공동 프로젝트에 적극적으로 참여해 국내외 대학생 및 개발자들과 어울리며 협업 감각을 익히고 싶습니다. 국제적인 활동에는 영어 소통 능력이 필요하므로 한양대학교에서 제공하는 재학생 영어 교육 프로그램을 활용할 것입니다. 회화, 청취, 독해, 작문 능력을 함양해 더욱 넓은 영역에서 활동할 수 있는 바탕을 마련하겠습니다. 이러한 학습 내용을 소프트웨어 경진 대회에 활용하며 실력을 높일 계획입니다. 졸업 후에는 블록체인으로 보안을 강화하고, 인공 지능으로 편의성을 높인 IoT 서비스를 개발해 창업하는 것이 궁극적인 목표입니다. 창업으로 실무 경험을 쌓은 후에는 대학원에 진학해 블록체인을 활용한 IoT 네트워크를 집중적으로 연구하고 싶습니다. 사용자의 개인 정보를 안전하게 보호하기 위한 블록체인 기법을 다각적으로 탐구할 것입니다. 연구 내용을 IoT 서비스 개발에 응용하며 고객의 일상생활에 편의를 제공할 수 있도록 끊임없이 노력하겠습니다.

3. 이화여자대학교 학업계획서

1. 지원 모집 단위에 대한 본인의 전공 적합성과 학업적 우수성을 작성하시오.
(1,000자)

➤ **활용 항목**
  전적 대학교 전공 내용

➤ **작성 방향**
  학업적 우수성은 전적 대학교 전공에서 근거를 찾아 기술합니다. 경험과 역량을 적절히 배합해 지원 전공을 효과적으로 이수할 수 있는 토대를 갖췄음을 보여 줍니다.

➤ **적용 사례 ① 화공 신소재 공학과**

  F. 전적 대학교 전공 내용

  원자와 분자 단위의 화학 결합을 다루는 메커니즘은 컴퓨터 공학으로 다양한 영역의 프로그램을 조합해 애플리케이션을 만들며 간접적으로 경험할 수 있었습니다. 화공 신소재 공학과에서는 화학 반응을 소재 개발과 응용에 접목하는데, 복합적인 화학 현상을 소재와 결부하며 문제 해결을 이루어 내야 하므로 여러 분야를 아우르는 소양이 필요합니다. 특히, 소재 특성에 따라 고분자 화학, 생화학, 물리학 등의 지식까지 활용해야 하므로 다방면의 관점을 통합하는 감각이 중요하다고 생각합니다. 컴퓨터 공학 과정을 통해 네트워크, 데이터베이스, 프로그래밍 언어 등을 배웠고, 이를 애플리케이션 개발에 활용하며 목적에 맞춰 부분을 전체로 통합하는 방법을 익혔습니다. 특히, 프로그래밍 언어로 브라우저와 서버에서 작동하는 애플리케이션을 제작해 보며 화학의 분자 구조를 바탕으로 반응 메커니즘을 개발하는 데 응용할 수 있는 역량의 토대를 갖출 수 있었습니다. 화학 실험에서는 결과와 기기 분석을 수행합니다. 실험 데이터를 분석할 때 컴퓨터 공학 지식을 응용하며 연구 성과를 높이는 것이 가능합니다. 이와 같이 컴퓨터 공학 과정에서 익힌 통합을 통한 문제 해결 능력을 화공 신소재 공학에 활용하며 신소재 합성과 응용을 심도 있게 다루겠습니다.

  화학의 다채로운 면모에 매력을 느껴 화학 관련 서적을 읽으며 배경지식을 쌓았고, 온라인 강의로는 일반 화학을 수강했습니다. 화학의 범위는 유기 및 무기를 망라하는데,

생명과 맞닿은 부분을 이해하고 싶어 생물학 강의도 들었습니다. 고등학생 때는 대학교에서 주최한 생명 환경 과학 체험 학습에 참여해 세포와 세포 분열을 관찰하며 화학의 중요성을 실감할 수 있었습니다. 이러한 경험을 계기로 꾸준히 화학 관련 기사를 읽으며 연구 동향을 알아 가기를 즐겼습니다. 그 덕분에 데이터베이스와 알고리즘을 배우며 익힌 지식을 생물 정보학에 연결하며 화학 분야로 시야를 넓힐 수 있었습니다. 이화여자대학교에서 화공 신소재 공학과에 필요한 소양을 쌓아 가며 주체적으로 연구를 수행할 수 있는 역량을 개발하겠습니다.

➤ 적용 사례 ② 유아 교육과

F. 전적 대학교 전공 내용

전적 대학교에서 유아 교육 과정을 이수하며 유아에게 다가가는 방식을 비롯해 올바른 교육 자세까지 깊이 있게 배우고자 노력했습니다. 전문 지식뿐만 아니라 인성, 사명감, 책임감을 고르게 겸비한 교사로 거듭날 수 있도록 진중한 자세로 배움에 집중했습니다. 유아는 미래 사회를 이끌어 나갈 사회의 일원입니다. 교사는 올바른 교육으로 유아의 성장을 도우며 사회 발전의 밑거름을 다지는 데 이바지할 수 있습니다. 이러한 교사의 역할에 매력을 느껴 유아의 관점을 헤아릴 수 있는 활동에 꾸준히 참여했습니다. 특히, 대학교 부속 유치원에서 야외 활동 중인 유치원생들의 모습을 바라보며 깊은 인상을 받았습니다. 유아들은 유치원 교사의 언행을 주목하며 단체로 행동했지만, 간혹 개별적으로 행동해 지속적인 주의가 필요했습니다. 유아들의 밝은 표정이 내일의 행복으로 이어질 수 있도록 섬세한 주의를 기울이는 것이 중요함을 알았습니다. 이를 계기로 유치원 교사의 사명을 이해할 수 있었습니다.

전적 대학교에서 수강한 아동 관찰 및 행동 연구 수업의 일환으로 유치원을 방문해 유아들의 놀이 모습과 평소 행동을 관찰한 후, 보고서를 작성했습니다. 유치원에서 유아와 유치원 교사의 관계를 바라보며 전공 분야에 더욱 흥미를 느꼈습니다. 유아 교육론 공부와 병행해 유아에 대한 이해도를 높이고자 3개월간 지역 아동 센터에서 봉사 활동에 임했습니다. 유치원생부터 초등학생까지 다양한 연령대의 아이들과 함께 놀이터에서 미끄럼틀과 그네를 타고, 글자와 숫자를 알려 주며 꾸준히 어울렸습니다. 매번 반겨주는 아이들의 해맑은 미소가 아직까지도 생생합니다. 봉사를 통해 아이들로부터 긍정적인 에너지를 얻으며 더욱 활기차게 생활할 수 있었습니다. 지역 아동 센터에서 유아 교육의 기본은 아이들과 교감하는 자세임을 확인했습니다. 교감은 아무리 뛰어도 지치지 않는 활력소로 작용했습니다. 유아의 밝은 모습에 책임감을 느끼며 열정적으로 유아 교육학을 배우겠다고 결심했습니다.

2. 본교 편입학 후 학업 계획 및 졸업 후 진로 계획에 대하여 작성하시오. (1,000자)

➤ 활용 항목
편입 후 학업 계획 + 졸업 후 계획

➤ 작성 방향
자신의 역량을 보완 및 강화할 수 있도록 학업 계획을 수립하고, 전공과 맞닿은 내용으로 졸업 후 진로를 소개합니다.

➤ 적용 사례 ① 화공 신소재 공학과
C. 편입 후 학업 계획, D. 졸업 후 계획

신소재 분야에서 소재 개발 연구를 진행할 수 있는 전공 역량을 갖추는 것이 학업 목표입니다. 이를 위해서는 기초 지식을 쌓으며 꾸준히 실험을 통해 응용 감각을 키워야 합니다. 입학 후, 화학 전반을 기초부터 배우며 응용의 토대를 다질 계획입니다. 일반 화학을 체계적으로 복습하고, 실험 강의로는 실험 분석과 기기 사용 방법을 익히겠습니다. 공학 유기 화학과 화학 생물 공학 개론은 인체에 적용할 신소재 개발에 필요한 영역입니다. 유기 화합물의 결합·반응·작용기 등을 철저히 숙지한 후, 이를 세포 내 대사와 기능을 이해하는 데 활용하겠습니다. 유기 화학을 응용할 수 있어야 연구 진행이 가능하다고 생각합니다. 이에 응용 생화학 강의를 들으며 유기 반응과 메커니즘의 응용 사례를 학습하고, 다단계 반응을 통한 물질 합성을 살펴보겠습니다. 아울러, 화학 공학 실험으로 반응의 원리와 현상을 실험으로 직접 다뤄 보며 이해도를 높이고 싶습니다. 방학에는 반응 공학과 화공 열역학을 학습하며 부족한 지식을 보충할 것입니다. 신소재 공정 실험 강의는 학습 방향을 설정하는 데 활용할 수 있습니다. 분자 조립 방법을 중심으로 신소재의 합성과 응용에 대해 배우고, 4학년 때는 '도전학기'에 지원해 과제를 수행하며 연구 경험을 쌓겠습니다.

졸업 후에는 화공 신소재 공학 대학원에 진학해 나노 수준의 바이오 신소재를 집중적으로 연구할 계획입니다. 인체 치료와 건강 증진을 목적으로 약물 전달 물질과 상처 치료용 신소재를 만들고 싶습니다. 대학원 과정을 통해 연구 역량을 개발하고, 논문 작성과 세미나 참여로 바이오 신소재 분야 동향을 파악할 것입니다. 특히, 기술 난제 해결에 주의를 기울이며 도전을 이어가고, 학우들과 협력하며 다단계 실험을 설계 및 수행할 수 있는 경험도 쌓겠습니다. 대학원 과정을 마친 후에는 바이오 소재 제조사에서 연구원으로 활동하며 신진대사 증진과 치료 효과를 내재한 신소재를 개발하는 것이 목표입니다. 새로운 지식을 습득하며 지속적으로 연구 역량을 높여 국내 바이오 기술의 경쟁력 향상을 이루어 내는 데 이바지하겠습니다.

➤ 적용 사례 ② 유아 교육과

C. 편입 후 학업 계획, D. 졸업 후 계획

이화여자대학교 유아 교육과에서 임용 시험 합격을 목표로 공부에 매진할 것입니다. 전공과목 수업을 통해 이론과 개념을 확실히 이해하고, 이를 바탕으로 다양한 사례를 연결해 생각하며 사고의 범위를 확장하겠습니다. 또한, 이론을 실전에 적용할 수 있도록 모의 수업 연습에도 꾸준히 노력을 기울일 것입니다. 실습은 유치원 현장에서 유아와 상호 작용을 이루는 데 반드시 필요합니다. 유아와 교육 환경에 익숙해질 수 있도록 반복적으로 연습해야 하는 이유입니다. 실습 과정에서 현직 교사 분들의 노하우를 배우고, 직접 교육 경험을 쌓으며 능숙하게 수업을 진행할 수 있는 역량을 개발할 것입니다. 학업에 힘쓰며 인형극 동아리에서도 활동하겠습니다. 유치원 교사로서 유아의 눈높이에 맞출 수 있는 감각을 인형극으로 함양하고 싶습니다. 아울러, 유아 교육 현장 연구 수업을 들으며 유아 교육 현장에 접목할 수 있는 교육 방법을 익힐 것입니다. 졸업 전까지 이론 학습과 실습을 반복하고, 다양한 경험을 쌓으며 교사의 자질을 갖추겠습니다.

졸업 후에는 대학원에 진학할 계획입니다. 대학원에서 유아의 '놀이'와 '심리'에 대해 심도 있게 학습하고 싶습니다. 유아에게 놀이는 발달적 측면에서 중요한 역할을 합니다. 놀이에 대한 연구에 집중하며 유아가 놀이를 통해 자신의 심리를 드러내는 방식, 놀이로 심리를 치료하는 방법 등을 탐구할 것입니다. 이와 같은 연구를 마친 후, 유아의 심리와 연관해 유아의 기질에 대한 내용을 이어서 학습하겠습니다. 유아의 성격이 형성이 되는 시기와 방법, 선천성과 후천성이 성격 형성에 미치는 영향 등을 중점적으로 탐구하고, 이와 함께 3가지로 나누는 유아의 기질을 더욱 세분화하거나 새로운 기질을 추가할 수 없는지 살펴보고 싶습니다. 대학원에서 연구와 학습으로 유아에 대한 이해도를 높이며 유치원 교사에게 필요한 역량을 균형 있게 개발하겠습니다.

4 숙명여자대학교 학업계획서

1. 지원자의 지난 학업 과정을 서술하고, 우리 대학 지원 전공 선택 동기를 본인의 적성 및 특기와 관련하여 서술하시오. (1,500자)

➔ 활용 항목

지원 동기 + 전공 선택 이유 + 전적 대학교 전공 내용

➔ 작성 방향

전적 대학교 전공 내용에서 지원 전공과 연결할 수 있는 요소를 찾아 지원자의 강점을 드러내는 데 활용합니다. 진로 목표와 지원 학과의 특징을 배합해 지원 동기와 전공 선택 이유를 기술하는 것이 적절합니다.

➔ 적용 사례

A. 지원 동기, B. 전공 선택 이유, F. 전적 대학교 전공 내용

노어 노문학과에서 문학과 언어 학습에 주의를 기울이며 문화의 차이를 만드는 요인을 여러 방면으로 탐구했습니다. 언어에는 사고 체계가 배어 있고, 문화는 언어와 상호 작용하며 특수한 색채를 띱니다. 한 국가를 온전히 이해하는 과정에 문화와 언어는 반드시 필요합니다. 두 요소를 나눠 접근할 경우, 끊임없이 변화하는 문화를 정확히 파악하지 못하거나 현지인과 소통할 때 어려움을 겪기도 합니다. 노어 노문학과 과정은 문화와 언어를 연결해 사고할 수 있는 자세를 배운 기회였습니다. 러시아어 문법은 낯설고 복잡했지만, 기본 구조를 익혀가자 러시아 문화와 어울린다는 것을 알 수 있었습니다. 이와 같이 노어 노문학과에서 문화와 언어를 배우며 한 국가를 알아 가는 과정을 즐겼습니다.

문화와 언어 학습을 동시에 충족할 수 있는 효율적인 방안은 해당 국가의 일상 드라마 시청이라고 생각합니다. 러시아어와 영어 학습 용도로 여러 드라마를 보며 자연스럽게 프랑스 드라마도 접할 수 있었습니다. 프랑스어 발음이 드라마의 인상을 무척 차분하게 만든다고 생각하며 파리를 배경으로 제작한 드라마를 흥미 있게 시청했습니다. 프랑스 관광청 추천 영화는 프랑스 문화를 이해하는 토대를 이뤘습니다. 이를 계기로 프랑스 문화가 작품에 미치는 영향을 살펴보고 싶어 현대 문학도 읽었습니다.

실비 제르맹, 프랑수아즈 사강 등의 작가가 집필한 작품을 읽으며 프랑스의 정취에 매력을 느꼈습니다. 특히, 일상을 위트 있게 다룬 부분에서는 한국과 문화가 다르더라도 깊이 공감할 수 있었습니다. 무엇보다 프랑스 여성의 소신 있는 태도와 자기 주관이 인상적이었고, 일상생활에 가득 담긴 철학과 예술이 프랑스인의 마음에 풍요를 제공한다고 생각했습니다. 이러한 과정을 거치며 프랑스어 실력을 활용해 프랑스 문학 작품을 한국에 소개하며 한국인의 일상에 철학과 예술이 배어들도록 만들겠다고 다짐했습니다.

한 국가를 이해하기 위해서는 문화와 언어를 동시에 배워야 합니다. 이에 체계적으로 프랑스어와 문화를 배우고자 프랑스 언어·문화학과에 편입을 결심했습니다. 숙명여자대학교는 언어, 문화, 문학으로 구분한 교육 과정을 제공하고 있으며, 커리큘럼이 다양해 문화와 언어를 종합적으로 배울 수 있습니다. 또한, 프랑스 대학에서 교환학생 과정을 거치며 현지 문화를 직접 체감하고, 프랑스어 실력을 높이는 것이 가능합니다. 교내에서 전공 수업을 들으며 프랑스 문화 축제를 즐길 수 있는 점도 매력이라고 생각합니다.

문화와 언어 교육은 다양한 경험과 반복 학습이 중요합니다. 숙명여자대학교 프랑스 언어·문화학과는 교육에 필요한 핵심 요소를 두루 갖추고 있어 장기적인 학습 계획을 세우며 발전을 도모할 수 있습니다. 이와 같이 우수한 교육 환경에서 프랑스 문학 전문가로 성장할 수 있도록 배움에 집중하고자 숙명여자대학교에 지원합니다. 문학으로 인문 소양을 함양하고, 언어로 소통 능력을 개발하며 프랑스 문화를 아우르는 실력을 키우겠습니다.

2. 우리 대학 입학 후 지원 전공의 구체적인 분야에 대한 학업 계획을 자신의 자질 및 적성, 전적 대학에서의 학업 및 성과, 지원한 전공의 특성 등을 최대한 활용하여 기술하고, 이와 관련하여 졸업 후 희망하는 진로에 관해 자신이 가지고 있는 계획을 구체적으로 제시하시오. (1,500자)

▶ 활용 항목
편입 후 계획 + 졸업 후 계획 + 전적 대학교 전공 내용

▶ 작성 방향
전적 대학교에서 성취한 내용 혹은 학습 자세를 지원 전공에 접목해 학업 계획을 기술합니다. 졸업 후 진로를 뚜렷하게 제시해야 항목 요건을 충족할 수 있습니다.

▶ 적용 사례

> C. 편입 후 학업 계획, D. 졸업 후 계획, F. 전적 대학교 전공 내용

여러 언어를 동시에 학습하기를 즐깁니다. 차분한 성격으로 기초부터 쌓아 가며 맥락에 담긴 의미를 이해하고자 노력합니다. 러시아어를 전혀 구사하지 못하는 상황에서 시작해 현재는 토르플 1단계를 취득할 만큼 실력을 다졌습니다. 전적 대학교 전공 과정으로 러시아어 강의를 들으며 이루어 낸 결실입니다. 이와 같은 학습 자세를 프랑스어 학습에 접목해 실력을 높일 계획입니다. 프랑스어와 문화는 연관성 있게 배워야 합니다. 언어를 기반으로 문학, 정치, 사상 등을 포괄해야 종합적인 이해에 도달할 수 있기 때문입니다. 입학 후, 프랑스어 실력을 높이는 데 주력할 계획입니다. 문법과 회화 강의를 수강하며 고급 과정을 준비하고, 공강과 주말에는 DELF를 학습 자료로 활용하며 말하기를 연습하겠습니다. 프랑스 문학과 영화 강의로는 영화와 문학의 관계를 탐구하며 콘텐츠의 기본 구조를 파악하고 싶습니다. 이를 프랑스 소설 세계 강의에 연결해 소설의 문체, 문법, 양식 등을 분석하고, 작품의 배경에서 학습할 소재를 찾아내겠습니다. 또한, 프랑스 문화 정책과 프랑스 문화 축제와 공연 강의를 들으며 문화 정책에 입각해 공연 예술 관리 및 기획 방법을 살펴볼 것입니다. 장기적인 관점에서 문화 정책을 파악해야 미래 콘텐츠 흐름을 이해할 수 있다고 생각합니다. 아울러, 작문 수업을 통해서는 문학 전문가에게 필요한 소양인 글쓰기 실력을 가다듬을 것입니다. 4학년 때, DELF B2 자격을 취득하는 것이 목표입니다. 교환 학생과 전공 학습을

병행하며 프랑스어 능력을 배양하겠습니다.

　프랑스 문학 전문가로 성장하기 위해서는 현지 경험이 필수라고 생각합니다. 숙명여자대학교에서 프랑스어 실력과 문화 소양을 함양한 후, 프랑스 소재 대학원에 진학할 계획입니다. 프랑스 문학과 예술 분야를 집중적으로 학습하며 전문 역량을 개발할 것입니다. 대학원에서 다양한 국적의 학생들과 어울리며 프랑스 문화를 다각적으로 분석하고, 꾸준히 토론에 참여하며 프랑스 사상과 철학도 이해하고 싶습니다. 한국과 프랑스는 콘텐츠 교류를 확대하고 있습니다. 이러한 상황에 맞춰 디지털 문화 콘텐츠를 연구하며 여러 문화권에 소개할 수 있는 지식의 기반을 다지겠습니다. 원어로 최신 프랑스 문학 작품을 읽고, 이를 번역하는 일에도 앞장설 것입니다. 여러 장르를 다루며 새로운 프랑스 표현을 익히고, 한국 문학 시장에 활력을 불어넣고 싶습니다. 현지 생활에서 프랑스 문화를 깊이 있게 이해한 후, 프랑스에 한국의 문화 콘텐츠를 소개하는 업무도 병행할 계획입니다.

　대학원 졸업 후, 영상 콘텐츠 제작사에서 프랑스 문학을 소개하는 분야를 맡아 양국의 문화 교류에 이바지할 것입니다. 영화 및 드라마와 연계해 프랑스 문학의 다양성을 다루고, 프랑스 출판 시장에는 한국 현대 문학을 소개할 계획입니다. 양국의 문학을 영상 콘텐츠로 제작하며 실력을 쌓은 후, 프랑스와 한국의 문학을 전문적으로 다루는 사업을 전개하고 싶습니다. 사업과 병행해 프랑스 문학 번역가로 활동하며 더욱 풍성한 문화 환경을 조성하는 데 앞장설 것입니다.

5 서울시립대학교 학업계획서

1. 지원 동기 및 관심 학문 분야 (1,000자)

➤ 활용 항목
　지원 동기 + 전공 선택 이유

➤ 작성 방향
　지원 학과의 강점과 편입의 필요성을 연결해 작성하고, 지원 전공에 대한 관심을 나타내는 데 주력합니다.

➤ 적용 사례 ① 행정학과

A. 지원 동기, B. 전공 선택 이유

　상생 프로젝트는 지역 사회가 겪는 소외를 직접 체감한 기회였습니다. 고등학생 때, 학우들과 함께 농장 근무자들과 대화를 나누며 농촌 문제를 조사했고, 이를 통해 농촌의 인프라가 도심보다 열악하다는 점을 알 수 있었습니다. 프로젝트를 계기로 정부와 지방 자치 단체가 협력하는 방법을 다루는 행정에 관심을 기울이기 시작했습니다. 또한, 시사 토론 동아리에서 농촌 소외 문제 해결을 촉구하는 토론을 진행하며 정책에 대해 논의했습니다. 이와 같은 경험으로 지역 문제 해결에는 이해관계를 조율할 수 있는 지식이 필요하다고 판단해 법학과에 진학했습니다. 부족한 사회 인프라는 지역 간 격차를 초래하는 주요 원인이며, 인프라 확충 및 개선은 공공 행정 영역에 해당합니다. 공공 행정은 환경, 개발, 보건, 복지 등을 망라하므로 국내외 현안을 아우르며 이해관계를 조율하기 위해서는 전문 학습이 필요합니다. 이에 공공 행정을 체계적으로 배우고자 행정학으로 편입을 결심했습니다. 서울시립대학교 행정학과는 공공 인재 양성 교육에 특화된 교육 커리큘럼을 제공합니다. 공공 부문 전문 인력 양성과 글로벌 리더십 강화 트랙을 종합해 학생들은 공공 행정 지식과 글로벌 감각을 배양할 수 있습니다. 행정학과에서 사회적 소외를 공공 행정으로 해결할 수 있도록 배움에 집중하겠습니다.

　국내 행정 현안은 복지, 환경, 지역 개발 등을 포함해 지속적으로 증가하고 있습니다. 사회 발전은 개별 문제를 해결해야 가능하며, 그 과정에서 발생하는 갈등을 협력과 상호 이해로 전환하는 노력도 필요합니다. 국내 정책은 해외 정책과 흐름이 유사한 부분이 적지 않습니다. 선진국으로 도약하고 있는 국가는 선진국이 마주했던 문제를 반복하는 경향을 보이기 때문입니다. 넓은 안목으로 사회 발전 추이와 정책 효과를 파악하기 위해서는 국제기구에서 경험을 쌓는 것이 효과적이라고 생각합니다. 국제기구에서는 공공 이익의 범위를 전 세계로 확장해 다양한 국가 및 단체와 협의하며 행정의 궁극적인 목표인 조화와 발전을 실현할 수 있습니다. 서울시립대학교에서 행정학으로 공공 부문의 문제 해결 능력을 배양하고, 글로벌 리더십을 함양하며 국제기구에서 활약할 수 있는 실력을 갖출 것입니다.

➤ 적용 사례 ② 교통 공학과

A. 지원 동기, B. 전공 선택 이유

미래를 선도하며 사회적 가치를 창조하는 복합 연구 체계는 서울시립대학교의 비전으로, 학생들에게 나아갈 방향을 제시하고 있습니다. 특히, 도시 환경을 개선해 경쟁력을 강화하는 융복합 연구는 한국의 밝은 미래와 깊은 연관성을 보입니다. 서울시와 협력해 다양한 프로젝트를 경험할 수 있고, 해외 대학 네트워크를 통해 글로벌 문화를 접할 수 있는 점은 서울시립대학교만의 매력입니다. 이와 같이 우수한 교육 환경과 시스템을 갖춘 서울시립대학교에서 새로운 미래를 준비하고자 지원합니다. 각종 세미나와 학술제에 참여해 시야를 확대하고, 도시과학 인프라를 바탕으로 융복합적인 교육과 연구에 몰두하며 서울시립대학교와 함께 발전하고 싶습니다.

인구 밀도가 높아지고, 대도시의 규모가 꾸준히 증대함에 따라 교통 문제가 늘어났습니다. 비좁은 지역에 과도하게 많은 차선을 적용해 주변 일대와의 부조화를 초래하거나 무분별한 개발로 교통 흐름이 막히는 경우가 적지 않습니다. 부도심 개발과 도심의 재개발은 이와 같은 문제를 해결하는 데 일조하지만, 때로는 병목 현상과 교통 체증을 가중합니다. 번화가는 혼잡한 교통 현상이 불가피하지만, 유연한 신호 체계와 통행로 변환을 통해 심각한 상황에서 벗어나는 모습을 볼 수 있습니다. 가까운 미래에는 자율 주행 차량과 새로운 대중교통 시스템이 등장할 것으로 예상합니다. 교통 공학은 지역 상황에 맞는 교통 시스템 도입으로 문제를 해결하고, 교통 정책 마련으로 더 나은 교통 환경을 만드는 데 필요한 학문입니다. 서울시립대학교에서 교통 공학 지식을 쌓아 자율 주행 차량과 대중교통이 조화를 이루는 미래 교통 환경을 조성하는 것이 목표입니다. 전공 과정을 토대로 관찰과 분석을 거듭해 교통 전문가로 성장하겠습니다.

2. 전적 대학교에서 수학한 전공 분야와 지원 학과(학부) 전공과의 연계성 및 발전 방안 (1,000자)

➤ 활용 항목
전적 대학교 전공 내용

➤ 작성 방향

전적 대학교 전공 과정에서 배운 내용을 소개하고, 지원 전공과 연결해 효과적으로 학습할 수 있음을 강점 위주로 설명합니다.

➤ 적용 사례 ① 행정학과

F. 전적 대학교 전공 내용

법학 과정으로 개인과 단체의 이해 충돌을 조율하며 사회 안전을 추구하는 방법에 대해 배웠습니다. 개별 상황에 법률을 적용해 이해 당사자들의 입장을 분석하고, 다양한 사례를 살펴보며 실제 상황에서는 이론을 응용하는 능력이 필요함을 알 수 있었습니다. 계약법, 물권법, 민법 총칙 등의 강의로 사회의 여러 부문을 간접 경험했고, 접근 순서에 따라 관련 요건을 사례에 대입하며 법률의 의미를 이해했습니다. 또한, 국제법, 헌법 기본권론 등을 수강하며 국내외 법률의 기본 원리를 학습했습니다. 행정학은 제도와 규정을 기반으로 정책 목표 달성을 위한 자원 활용과 전략 수립 방안을 다룹니다. 공공 문제, 지역 개발, 환경, 기본권 등을 아우르는 분야이므로 법학 과정에서 익힌 논리력과 법률 지식을 접목할 수 있다고 생각합니다. 정부와 지역 간 갈등, 규제와 정책의 이해 상충 등을 행정학 과정에서 다룰 때, 법률 지식을 활용하며 이해의 깊이를 더할 것입니다. 공공 문제에 얽힌 이해관계를 합리성과 형평성에 초점을 맞춰 해결해 나아갈 수 있도록 꾸준히 규제와 정책의 함의를 알아 가며 행정학을 배우겠습니다.

➤ 적용 사례 ② 교통 공학과

F. 전적 대학교 전공 내용

통계학과에서 확률적 사고와 응용력을 갖추고자 다양한 강의를 수강했습니다. 베이지안 확률론을 흥미 있게 학습했고, 오차 범위를 축소하는 시도를 여러 유형의 법칙으로 다뤄 보며 문제 해결 능력도 배양할 수 있었습니다. 통계학은 미래를 예측하고, 현상에서 의미를 도출하는 학문입니다. 통계학 과정을 통해 수학 지식을 쌓으며 계산을 이끌어가는 논리력을 개발할 수 있었습니다. 교통 공학은 더 나은 교통 체계와 흐름을 만들어가기 위해 다방면의 연구를 수행하는 학문입니다. 교통 체증이 심각한 지역, 빈번한 사고 발생 구간, 비효율적 교통 환경 등의 문제를 해결하는 데 확률과 통계 지식을 유용한 도구로 활용할 수 있다고 생각합니다. 교통안전에 관한 정책 연구에는 통계 자료에 입각한 현상 분석 작업이 필요합니다. 서울시립대학교에서 확률과 통계 지식을 교통 공학 학습에 활용하며 논리력과 분석력을 강화할 것입니다. 또한, 국제 사례도 면밀히 살펴보며 통계를 통한 해결 방안 마련에 주력하겠습니다.

3. 향후 학습 목표 및 진로 계획, 기타 특기 사항 (1,000자)

➤ 활용 항목
편입 후 계획 + 졸업 후 계획 + 특이 사항

➤ 작성 방향
졸업 후 진로 목표를 언급하고, 이를 실현하기 위한 학업 계획을 기술합니다. 타 항목에서 언급하지 않은 내용을 특이 사항으로 소개합니다.

➤ 적용 사례 ① 행정학과
C. 편입 후 학업 계획, D. 졸업 후 계획, E. 특이 사항

공공 이익 증진을 위해 정책을 집중적으로 연구하며 사회가 나아갈 방향을 마련하는 데 기여하고 싶습니다. 지역 균형 발전과 복지 제도 수립은 한국이 마주한 대표 과제에 해당합니다. 인구 통계에서 노인 비중이 늘어나고, 주거 비용 상승에 따른 도심 외 지역 개발 수요가 증가하고 있습니다. 이러한 흐름에 대응해 행정학 전문 지식을 습득하는 것이 학습 목표입니다. 행정 운영은 문제를 정의하고, 해결을 모색하는 단계로 진행합니다. 입학 후, 행정학 개론과 조사 방법론을 학습하며 공공 문제의 특징과 현상을 이해하고, 공공 가치를 실현하는 방법을 기본부터 배울 계획입니다. 공공 문제는 이해관계를 해결함으로써 정책 효과를 높일 수 있습니다. 규제 정책론과 정부 간 관계론 수업을 통해 이해관계의 구조를 파악하고, 다방면의 사례로 갈등과 협력에 대해 배우며 행정학으로 문제를 해결하는 지혜를 익히겠습니다. 정책은 사회의 지향점을 담고 있습니다. 기존 행정과 새로운 정책의 효과를 비교·분석하며 더 나은 방식으로 공공 문제를 해결하는 것이 가능합니다. 이를 위해 정책 분석론과 정책 평가론을 수강하며 정책 대안을 연구하는 역량을 개발하고, 개별 상황에 적합한 분석 능력을 배양하겠습니다. 전적 대학교에서 배운 전공 지식을 행정법 과정에 접목해 의사 결정 능력을 강화할 것입니다. 아울러, 보건과 환경에 대한 지식까지 갖춰 가며 행정 전문성의 토대를 다지겠습니다. 대학원에서는 글로벌 공공 행정에 대한 전문 지식을 습득하고, 졸업 후에는 유엔 거버넌스 센터에서 개발 도상국의 공공 행정 부문이 발전할 수 있도록 역량을 발휘할 계획입니다. 이를 토대로 실무 경력을 쌓아 가며 전 세계가 조화를 이루는 글로벌 환경을 조성하는 데 일조하고 싶습니다.

현재 점자 도서관에서 낭독 봉사와 워드 작업을 수행하고 있습니다. 시각 장애자들의 입장을 헤아리며 교육 내용에 따라 워드 작업을 진행하며 보람을 느낍니다. 등장인물이 다양한 서적을 낭독할 때는 각 상황에 맞게 감정을 담아내야 했습니다. 인터넷에서 검색하며 발음과 발성 요령을 연습한 후, 시각 장애자분들이 흥미롭게 청취할 수 있도록 연기도 했습니다. 점자 도서관 봉사를 통해 타인을 배려하는 자세를 갖출 수 있었습니다.

▶ 적용 사례 ② 교통 공학과

C. 편입 후 학업 계획, D. 졸업 후 계획, E. 특이 사항

교통 시스템부터 정책까지 고르게 배워야 현장에서 전문성을 발휘할 수 있다고 생각합니다. 3학년 과정은 다양성 확보를 목표로 학습할 계획입니다. 첨단 교통 체계, 교통 운영과 설계, 정책 결정 및 계획, 교통안전 등에 대해 배우고, 새로운 교통수단과 자율 주행 차량에 관한 정보도 꾸준히 접할 것입니다. 또한, 교환 학생으로 해외 교통 시스템을 직접 접해 보고, 외국의 정책 미비점을 알아보며 더 나은 교통 체계 확립을 위한 학습을 이어가겠습니다. 4학년 때는 물류와 신기술을 중심으로 심화 과목을 이수할 것입니다. 졸업 후에는 공공 기관에서 교통 전문가로 활동할 계획입니다. 현장에서 실무 경험을 쌓으며 전문 역량을 배양하고, 이를 토대로 대학원에 진학해 신기술을 교통 시스템에 접목하는 분야를 집중적으로 연구하겠습니다. 한국의 교통 시스템이 전 세계 공통의 우수 사례로 선정될 수 있도록 최선을 다할 것입니다.

프랑스 문화와 언어 관련 전공 수업을 다수 수강했습니다. 프랑스의 역동적인 시민 의식과 변화를 주도해 온 문화를 집중적으로 학습하며 깊은 인상을 받았습니다. 이에 프랑스를 이해하고자 프랑스어를 틈틈이 배웠고, 문화 교류 프로그램을 통해 프랑스 학생들과 어울리며 실력을 키웠습니다. 또한, 프랑스 교양 수업에서 만난 학우들과 함께 모임을 만들어 정기적으로 프랑스 관련 사항을 토의하고 있습니다.

6-1 연세대학교 학업계획서

1. 해당 모집 단위에 지원한 동기와 이를 위한 학업적 노력을 기술하시오. (600자)

➔ 활용 항목
지원 동기 + 전적 대학교 전공 내용

➔ 작성 방향
지원 전공에 접목할 수 있는 내용을 전적 대학교 활동에서 찾아 언급하고, 지원 동기를 자연스럽게 덧붙입니다.

➔ 적용 사례

A. 지원 동기, F. 전적 대학교 전공 내용

전적 대학교에서 사회학을 전공하며 인사 적체, 노사 갈등 등의 문제를 구조적으로 살펴봤습니다. 이러한 문제는 조직과 개인이 상생하는 방법을 마련하지 못해 발생함을 알 수 있었습니다. 다가올 미래에는 AI의 도입으로 개인과 조직의 관계가 변화할 수 있습니다. 경영학은 개인과 조직이 성장을 일궈 내는 데 필요한 요소를 종합적으로 다루는 학문입니다. 개인이 가치 신장을 지속할 수 있는 인적 자원 관리 시스템으로 인사 조직 문제를 해결할 수 있다고 생각합니다. 사람에 관심을 기울이는 가치 기반의 HRM 시스템에 매력을 느껴 인적 자원 관리론을 수강했습니다. 개인을 생산 수단이 아닌, 가치 창출 주체로 다루는 사례를 살펴보고자 한국 인사 조직 학회에서 발행한 간행물과 논문을 참고했고, 이에 대한 분석을 사회학에 접목하며 개인과 조직이 상생하는 인사 조직의 구조적 특징을 탐구했습니다. 기업은 산업 분야에 따라 인사 조직 형태가 다르므로 깊이 있는 이해를 위해서는 전공 지식이 필요합니다. 연세대학교 경영학과에서 다양한 전공 강의를 통해 개인과 조직을 연결하는 방법을 배우며 사고를 확장하고자 지원합니다. 조직에서 개인의 가치를 높이는 인적 자원 관리 시스템을 만드는 것이 목표입니다.

2. 학업 이외 대학 시절의 다양한 활동(리더십, 봉사, 동아리, 연구, 취미 등)을 기술하고, 그 경험이 지원하고자 하는 전공에 어떤 의미를 갖는지 기술하시오. (600자)

➤ 활용 항목
전공 선택 이유

➤ 작성 방향
지원 전공을 선택한 이유를 경험과 연결해 기술하고, 학업 목표를 제시하며 진취적인 모습을 나타냅니다.

➤ 적용 사례

B. 전공 선택 이유

조직 구성원의 주체 의식 유무가 조직에 미치는 영향을 경험으로 파악했습니다. 토론 동아리를 직접 만들고, 운영진으로 활동하며 규모 확장에 힘썼습니다. 그 결과, 중앙 동아리로 승격할 수 있었으며, 학내 우수 동아리로 선정돼 상장도 받았습니다. 학생회 임원으로 활동할 때는 임원 간 의견 충돌로 협력을 이루어 낼 수 없었습니다. 임원들이 사적인 감정과 학생회 업무를 구분하지 못했기 때문입니다. 토론 동아리에서는 직책을 세분화하고, 책임의 범위를 명시했습니다. 임원들이 책임감을 느낄 수 있도록 역할을 부여한 덕분에 맡은 일에 대한 이해도가 높았습니다. 이와 달리 학생회는 형식적으로 임원직을 만든 까닭에 역할 구분이 뚜렷하지 않았고, 그로 인해 책임감을 갖고 업무 흐름을 전체적으로 관리하는 임원이 없었습니다. 이처럼 체계적인 시스템이 없는 경우에는 구성원이 책임감을 느끼지 못해 발전이 어렵다는 점을 확인했습니다. 인적 자원 관리론에서는 사람을 주체적 행위자로 설정합니다. 조직과 개인의 영역을 직무와 책임 범위로 나누고, 내부 시스템으로 원활하게 관리합니다. 두 가지 상반된 경험을 토대로 인적 자원 관리론을 배우며 다양한 구성원이 조직에서 상호 협력하는 방안을 탐구할 것입니다.

3. 본교 편입학 후 학업 계획 및 졸업 후의 진로 계획을 기술하시오. (600자)

➤ 활용 항목
편입 후 계획 + 졸업 후 계획

➤ 작성 방향
학업 계획과 졸업 후 계획을 상대적으로 적은 분량에 담아내야 하므로 핵심 위주로 기술합니다. 두 요소의 비율을 조율하며 학업 계획에 더 많은 분량을 할당합니다.

➤ 적용 사례

C. 편입 후 학업 계획, D. 졸업 후 계획

입학 후, 조직에서 사람이 잠재력을 발휘하고, 원만히 협업할 수 있는 시스템을 만드는 데 유용한 인적 자원 관리론, 조직 행동론, 조직 이론 등의 강의를 집중적으로 수강할 것입니다. 다양한 조직의 특징을 사례로 학습하며 배경지식을 쌓고, 직무와 산업에 맞는 복리 후생 방안을 살펴보며 인사 관리에 필요한 기본 역량을 개발하겠습니다. 노사 관계론으로 사람과 기업의 입장을 두루 헤아리는 방법을 배우고, 경영 전략 강의로는 산업과 시장의 특징을 파악해 가며 노사 관계에 적용할 수 있는 직무 감각을 함양하겠습니다. 인적 자원 관리론을 핵심으로 삼아 경영 관리 학문을 다채롭게 연결하고, 방학 때는 국내 경영 현장 실습 프로그램을 통해 실무를 경험하며 실력을 쌓을 계획입니다. 졸업 후에는 대학원에 진학해 한국 문화를 반영한 창의적 인적 자원 관리 시스템을 연구할 계획입니다. 이를 기업 문화에 적용해 기업의 지속 성장과 경쟁 우위 확보에 이바지하는 것이 궁극적인 목표입니다. 빠르게 변화하는 기술에 걸맞게 역동적인 인적 자원 관리 시스템을 마련하고, 사람을 중심으로 경영 환경을 다루며 전문성을 강화하겠습니다. 아울러, AI가 만드는 조직 문화를 연구하며 미래 지향적인 자세로 새로운 시스템을 만들고 싶습니다.

4. 기타 특기 사항 (400자)

➤ 활용 항목
특이 사항

➤ 작성 방향
타 항목에서 언급하지 않은 내용을 특이 사항으로 소개합니다.

➤ 적용 사례

E. 특이 사항

항상 사회 문제에 관심을 기울입니다. 국제 포럼에 참여해 사회 현황을 숙지하고, 경제, 사회, 문화 등의 분야와 연결해 사회 흐름을 파악하고자 노력하고 있습니다. 최근에는 글로벌 경영 포럼 참여해 4차 산업 혁명, AI, 기후 변화 등에 대해 알아보며 미래를 전망하는 데 주력했습니다. 전문가들의 식견을 듣고, 질의응답에 적극성을 보이며 생각의 깊이를 더할 수 있었습니다. 특히, 4차 산업 혁명이 가져올 패러다임 변화에 대한 입장을 갖출 수 있어 무척 유익했습니다. 기술 발전이 경제 주체들에게 미칠 영향과 그에 대한 대처 방법을 다각적으로 살펴보며 긍정과 우려의 시각을 적절히 배합할 수 있었습니다. 또한, 한국 경제가 나아갈 방향을 고민하며 산업 전반으로 시야를 확대했습니다.

6-2 연세대학교 미래캠퍼스 학업계획서

1. 해당 모집 단위에 지원한 동기와 이를 위한 학업적 노력을 기술하시오. (700자)

➤ 활용 항목
지원 동기 + 전적 대학교 전공 내용

➤ 작성 방향
지원 동기를 뒷받침하는 내용을 학업 활동에서 찾아 기술합니다.

➤ 적용 사례

A. 지원 동기, F. 전적 대학교 전공 내용

병원에서 약품, 의료 장비 운반, 환자 이송 등의 간호 업무를 지원했습니다. 환자들을 도우며 결정적인 순간마다 전문 지식이 부족해 전인간호에 이를 수 없어 무척 아쉬웠습니다. 간호학 이론과 실무의 간극을 메우기 위해서는 전문 학습이 필요하다고 판단했습니다. 이에 체계적인 교육 커리큘럼을 갖춘 연세대학교 간호학과에서 전문 지식을 익히고자 지원합니다. 연세대학교 간호학과는 통합 시뮬레이션 센터를 비롯해 혁신적 교육 체계를 갖추고 있어 간호사로서 미래 의료 현장에 대응할 수 있는 역량을 개발하는 데 효과적이라고 생각합니다. 간호학 학습을 위한 최적화 교육 환경에서 이론 학습과 실습에 집중하며 전인간호에 필요한 역량을 배양할 것입니다. 전공 내용을 효율적으로 이해하고 싶어 간호학의 기초 개념 숙지를 목표로 간호조무사 자격 과정을 이수하고 있습니다. 기본 간호학을 공부하며 간호의 주개념 및 기본 이론을 꼼꼼하게 익혔고, 가장 이해하기가 어려웠던 인체 생리학 수업은 온라인 강의를 활용하며 인체 구조와 주요 장기에 대해 배웠습니다. 아울러, 간호 실습으로 현장을 경험하며 간호사의 책임감에 대해 통찰할 수 있었습니다. 의료 도구와 장비의 목적을 정확히 이해하고, 진단과 치료 과정을 파악해야 간호사로서 활동할 수 있음을 알았습니다. 준비한 내용을 토대로 연세대학교에서 전문 지식과 경험을 쌓으며 전인간호가 가능한 실력을 갖추겠습니다.

2. 학업 이외 대학 시절의 다양한 활동(리더십, 봉사, 동아리, 연구, 취미 등)을 기술하고, 그 경험이 지원하고자 하는 전공에 어떤 의미를 갖는지 기술하시오. (700자)

➤ 활용 항목
전공 선택 이유 + 특이 사항

➤ 작성 방향
전공을 선택한 이유가 드러날 수 있는 소재를 제시합니다. 목표와 소양을 연결하는 구조로 내용을 구성합니다.

➤ 적용 사례

B. 전공 선택 이유, E. 특이 사항

주변 노인분들께 도움을 드리며 초고령 사회에 필요한 사항을 알고 싶어 독거노인분들을 위한 봉사에 참여했습니다. 맡은 역할은 물품 전달에 불과했지만, 노인분들이 겪는 어려움을 바라보며 간단한 의료 서비스를 받지 못해 불편한 상태로 생활하고 있는 분들이 적지 않음을 알 수 있었습니다. 특히, 허리와 무릎의 통증으로 거동이 자유롭지 않고, 노화로 인해 청각과 시각이 온전하지 않아 자존감마저 낮아진 모습이 역력했습니다. 봉사에 참여한 분들과 대화를 나누며 노인을 위한 치료가 필요하다는 점을 알 수 있었습니다. 이를 계기로 노인에게 공통적으로 나타나는 질환과 현상을 살펴보기 시작했습니다. 생물, 화학 등에 대한 전공 지식을 활용하며 노인성 질환의 원인과 증상을 이해하고자 노력했습니다. 그 과정에서 노화에 따른 면역과 장기 기능 저하가 복합적으로 문제를 일으켜 합병증과 장애를 야기함을 알았습니다. 노화는 지연할 수는 있어도 피할 수는 없는 자연 현상입니다. 하지만, 건강한 노화가 가능하므로 전문 지식을 갖고 노인의 건강 상태를 점검한다면, 만성 질환을 예방하며 더 나은 노년의 삶을 영위하는 데 이바지할 수 있다고 생각합니다. 초고령 사회에 건강 관리와 재활 치료를 중심으로 다루는 노인 전문 간호사를 목표로 설정한 이유입니다. 간호학 과정으로 건강 사정과 응급 처치 지식을 습득하고, 정서와 심리를 이해하며 노인의 건강 문제를 해결하고 싶습니다.

3. 본교 편입학 후 학업 계획 및 졸업 후 진로 계획을 기술하시오. (700자)

➢ 활용 항목
편입 후 학업 계획 + 졸업 후 계획

➢ 작성 방향
허용 분량을 고려해 두 가지 계획의 비중을 적절히 분배하고, 최종 목표에 맞춰 내용을 순차적으로 서술합니다.

➢ 적용 사례

C. 편입 후 학업 계획, D. 졸업 후 계획

현재 1년간 병원에서 실습하며 전문 간호의 중요성을 실감하고 있습니다. 입학 후에는 의료 현장 경험을 바탕으로 간호학 기초 지식을 폭넓게 습득할 계획입니다. 병태생리학, 생화학 등의 기초 과목을 배우며 지식과 소양의 토대를 다지고, 기본 간호학과 기초 간호 과학을 체계적으로 익히며 실습에 필요한 역량을 갖출 것입니다. 성인 간호학은 틈틈이 학습하며 체계를 갖춰 나아가겠습니다. 병원 실습을 포함하는 3학년 과정에서는 이론을 임상 실무에 적용하는 연습에 집중해야 합니다. 전공 심화 과목을 단계별로 수료하며 스스로 배워야 할 내용을 점검하고, 핵심술기를 꾸준히 연습하겠습니다. 또한, 선택 과목으로 노인 간호학을 수강하며 초고령 사회에 대응할 수 있는 간호 지식을 쌓고 싶습니다. 4학년 때는 실습과 병행해 국가 고시 준비에 주의를 기울이며 꾸준한 예습과 복습으로 시간을 효율적으로 활용할 것입니다. 학부 과정을 마친 후에는 간호 대학원에 진학해 노인 전문 간호 전공으로 역량을 강화하며 배움의 깊이를 더하겠습니다. 상급 종합 병원에서 3년간 실무 경험을 쌓은 후, 노인들의 삶의 만족도를 높이는 노인 간호 서비스를 제공하는 것이 목표입니다. 실무 현장에서 간호학에 대한 연구를 지속하며 노인 전문 간호사를 양성하는 교육자로도 성장하고 싶습니다. 이와 같이 노인 전문 간호사 역할을 수행하며 노인에게 더 나은 의료 환경을 제공할 수 있도록 끊임없이 노력하겠습니다.

7. 고려대학교 학업계획서

1. 해당 모집 단위 지원 동기 및 졸업 후의 진로와 계획을 기술하시오. (1,000자)

➤ 활용 항목
지원 동기 + 졸업 후 계획

➤ 작성 방향
지원 전공에 대한 이해를 시작으로 진로 계획까지 일관성 있게 기술해야 합니다. 고려대학교에서 전공 과정 이수로 기대할 수 있는 내용을 언급하고, 그와 연결해 졸업 후 계획을 소개합니다.

➤ 적용 사례

A. 지원 동기, D. 졸업 후 계획

뉴노멀 시대에 경제 해법은 더욱 복잡한 양상을 띠고 있습니다. 경제 성장률은 과거와 비교해 큰 폭으로 줄었고, 코로나19로 인해 사회 부채는 급증했습니다. 4차 산업 혁명으로 인공 지능과 로봇이 핵심 산업으로 부상하며 새로운 산업 동력을 제공하고 있지만, 대규모 인력 대체 현상을 맞닥뜨리고 있어 사회적 불안감이 커지고 있는 상황입니다. 중기적 관점으로 문제를 해결해 나아가는 과거 유형의 금융 위기가 아니라, 장기적 관점으로 사회 구조 변화와 병행해 새로운 해법을 모색해야 하는 상황인 까닭에 대응하기가 무척 어렵습니다. 이와 같은 산업과 사회 구조의 변화에 대응하기 위해서는 미시적·거시적 시각으로 경제를 다루는 역량이 필요하다고 생각합니다. 다양한 부문에서 발생하는 데이터를 바탕으로 문제를 규명하고, 계량과 통계, 금융과 전략 등의 경제학 지식을 응용해 더욱 성장할 수 있는 경제 구조를 만드는 것이 가능합니다. 고려대학교는 한국의 금융 및 산업 발전에 공헌하며 시대에 맞춰 꾸준히 경제학 교육 과정을 개발해 왔습니다. 활발한 연구 및 정기 세미나는 경제 안목을 넓히는 데 기여하며, 학습 방향을 설정하는 데 유용합니다. 고려대학교에서 뉴노멀 시대에 적합한 문제 해결 능력을 배양하며 한국의 지속 성장에 이바지하고자 지원합니다.

금융 분야에 데이터 분석을 접목해 미래 가치를 읽어 내는 것이 목표입니다. 금융사에서는 다량의 데이터를 모니터링하며 정량적 분석을 거듭하고 있습니다. 졸업 후,

금융사에 입사해 데이터를 기반으로 국내외 시장 동향을 파악하고, 이 과정에서 자산 가치를 증대할 수 있도록 꾸준히 노력하겠습니다. 온라인을 통해 여러 매체의 경제 교육 과정을 수료했습니다. 이를 기본 배경으로 삼아 경제학과에서 금융 시장 분석에 필요한 역량을 배양하고, 실무 현장에서 각종 제도를 연구하며 한국 금융 시장에 맞는 투자 전략을 구상하고 싶습니다. 금융 빅데이터를 활용해 다방면으로 시장 기회를 발굴하며 금융 시장을 선도할 수 있는 방안을 모색할 계획입니다.

2. 학업 이외의 대학 시절의 중요한 활동과 결과를 기술하고, 그 경험이 지원 전공을 공부하는데 어떤 의미를 갖는지 기술하시오. (1,000자)

➤ 활용 항목
전공 선택 이유

➤ 작성 방향
대내외 활동에서 지원 전공 관련 경험을 선택하고, 과정과 결과를 소개하며 전공 학습의 필요성을 강조합니다. 전공 선택 이유의 구체화에 해당합니다.

➤ 적용 사례

B. 전공 선택 이유

경제학 강의를 통해 자신의 선택을 비용과 효용 측면에서 다루는 방법을 배웠습니다. 일상생활에서 겪는 선택의 어려움을 경제학 지식으로 풀어낼 수 있다면 더욱 효율적으로 삶을 계획할 수 있다고 생각했습니다. 이러한 지식을 다양한 선택을 앞둔 초등학생들에게 알려 주며 더 나은 삶으로 안내하고자 경제 교육 봉사에 참여했습니다. 지역 도서관에서 제공하는 기회를 활용해 초등학생을 대상으로 경제 교육을 진행할 수 있었습니다.

여러 학년의 눈높이에 맞춰 경제 기초에 대해 설명하며 흥미를 이끌어 내는 데 많은 노력을 기울였습니다. 학생들의 수업 참여도를 높이고 싶어 다양한 방법을 궁리했습니다. 무엇보다 비용과 효용의 측면에서 최소한의 투자로 최대 효과를 거두고자 초등학생의 입장을 먼저 헤아렸습니다. 점심시간 전 수업이라 학생들이 출출할 것으로 예상하고, 간소하지만 시각과 미각을 충분히 충족할 수 있는 캔디를 인센티브 도구로 삼았습니다. 수업 시간에 질문과 답변에 적극적인 모습을 보이고, 수업을 마칠 때까지 집중하는 자세를 유지하는 학생에게 캔디로 교환할 수 있는 티켓을 건넸습니다. 경제 교육 수업은 초등학생이 일상에서 접하는 내용으로 준비해 참여가 가능한 환경도 마련했습니다. 특히, 선택의 의미를 함축하고 있는 기회비용을 알기 쉽게 설명하는 데 노력을 기울였습니다. 그 결과, 학생들이 자발적으로 질문하고, 성실히 대답하는 모습을 보였습니다. 수업 중 받은 티켓은 교육을 마친 후 캔디로 교환해 주며 경제학이 지향하는 바를 실감할 수 있도록 이끌었습니다. 학생들은 인센티브에 반응해 수업에 적극적으로 참여했고, 교육 내용을 되짚어 보는 봉사 평가 시간에는 대다수가 만족한다는 의견을 나타냈습니다. 경제 교육 봉사는 특정 환경에 맞는 인센티브 제도 운영의 가능성을 실감하는 기회였습니다. 고려대학교에서 경제학 전공 과정을 통해 다양한 환경에 적용할 수 있는 전략 수립 방안을 배우고, 효용을 계량하는 전문 지식도 쌓을 계획입니다.

3. 입학 후 학습 목표 및 학업 계획을 기술하시오. (1,000자)

➤ 활용 항목

편입 후 학업 계획

➤ 작성 방향

전공 학습을 통해 개발하고 싶은 역량을 목표로 제시하고, 그에 부합하는 학업 계획을 전공 커리큘럼 및 대내외 활동을 곁들여 구성합니다.

➤ 적용 사례

C. 편입 후 학업 계획

특정 상황에서 이해관계를 분석해 경제적으로 더 높은 효용을 이루어 내기 위해서는 전공 지식이 중요합니다. 금융 시장의 복합적인 제도와 자산 운용 방식을 두루 이해해야 다양한 관계를 올바르게 분석할 수 있습니다. 그 바탕에는 게임 이론, 계량 경제학, 국제 금융론 등의 학문이 이해의 근간을 이룹니다. 금융은 산업 및 사회와 밀접한 연관성을 띠며, 글로벌 시장과 정부의 정책 방향에 따라 빠르게 변화합니다. 이러한 시장 속성을 이해해야 정확한 분석으로 대응할 수 있다고 생각합니다. 고려대학교 경제학 과정을 통해 실무 환경에서 다각적으로 활용할 수 있는 역량을 갖추는 것이 학습 목표입니다.

 입학 후, 전적 대학교에서 수강한 경제학 지식을 참고하며 경제학 과정에 집중할 계획입니다. 경제 원론과 경제 수학은 고급 과정을 위한 필수 과목이므로 예습과 복습을 통해 철저히 숙지하겠습니다. 미시와 거시 경제학은 시장 흐름을 파악하기 위한 핵심 분야입니다. 계량 경제학을 학습할 수 있도록 두 과목을 성실한 자세로 배울 것입니다. 경제학의 기본을 갖춘 후에는 계량 경제학을 비롯해 국제 금융론, 화폐 금융론 등을 수강하며 분석 능력과 시장 감각을 배양할 계획입니다. 경제와 사회의 관계에는 정답이 없으므로 반드시 깊이 있는 고찰이 선행돼야 합니다. 사회학 전공 지식을 토대로 경제학과 사회학적 논점에 대한 탐구를 거듭하고, 학우들과 토론하며 사고의 범위를 확장하겠습니다. 데이터 분석 능력은 금융 시장에서 방향을 설정하는 데 필수입니다. 전략과 정보의 경제학, 정보의 비대칭성과 유인 설계를 통해 데이터를 통계와 전략에 접목하는 방법을 익힐 것입니다. 4학년 때는 세미나 강의를 집중적으로 수강하며 여러 분야를 경험하고, 학술 동아리에서 학우들과 교류하며 생각의 깊이를 더하고 싶습니다. 기본에 충실해야 응용이 가능하다고 생각합니다. 특히, 메커니즘 디자인에서 응용 감각은 문제 해결의 핵심에 해당합니다. 시장 제도와 신규 시장의 변화를 읽어 내며 경제학의 기본을 다지고, 끊임없이 배우는 과정에서 응용 감각을 개발하겠습니다.

8. 중앙대학교 학업계획서

1. 본 모집 단위에 지원한 동기와 입학 후 학업 목표, 실행 계획, 졸업 후 진로에 대해 자신의 강점 및 약점을 연관 지어 구체적으로 기술하시오. (800자)

➤ 활용 항목
지원 동기 + 편입 후 학업 계획 + 졸업 후 계획 + 특이 사항

➤ 작성 방향
학업 목표와 연결해 지원 동기를 기술하고, 그 목표를 달성할 수 있는 학업 계획을 분량에 맞게 다룹니다. 강점과 약점은 지원 전공에 적용 가능한 소양을 선택합니다. 마무리는 졸업 후 계획으로 구성하는 게 자연스럽습니다.

➤ 적용 사례 ① 경영학과

> A. 지원 동기, C. 편입 후 학업 계획, D. 졸업 후 계획, E. 특이 사항

전적 대학교에서 경영학 전반을 개론 수업으로 수강하며 시야를 넓혔고, 재무 과목에 집중해 기본 개념을 익혔습니다. 하지만, 실무 위주의 커리큘럼으로 인해 경영학 지식을 깊이 있게 배우기가 어려웠습니다. 또한, 수강 신청에 제약이 있어 학습 계획을 주체적으로 수립할 수 없었습니다. 중앙대학교 경영학부는 자유롭게 전공과목을 수강하며 경영 지식을 익힐 수 있는 환경을 갖추고 있습니다. 다양한 문화 및 예술 관련 강의로 4차 산업 시대에 대비할 수 있고, 경영학과 타 전공을 연계 학습하며 응용력도 키울 수 있습니다. 이와 같은 교육 환경과 시스템에 매력을 느껴 경영학부에 지원합니다.

입학 후, 전공 기초 과목을 고르게 수강해 전공 필수 과목을 들을 수 있는 기초를 확립할 것입니다. 부족한 내용은 계절 학기로 보완하고, 관심 분야에 해당하는 재무회계, 회계 감사 등을 집중적으로 수강할 계획입니다. 경영학은 조직을 다루는 학문이라 팀워크 경험이 중요한데, 전적 대학교에서 이론 중심의 전공 수업만 수강해 팀 단위 활동 기회가 없었습니다. 이러한 약점을 극복할 수 있도록 팀 활동과 동아리 활동에 적극적으로 참여하며 소통 능력과 문제 해결 능력을 키울 것입니다. 강점은 외국어 학습 능력입니다. 외국어는 경영을 수행하는 데 이점으로 작용합니다. 겨울 방학

에는 영미권 국가 위주로 국제 단기 과정에 참여해 외국어 학습 능력을 발휘할 것입니다. 졸업 후, 재무 자문을 전문으로 다루는 공인 회계사로 성장해 M&A 업무를 수행하고 싶습니다. 국내 대기업의 해외 기업 인수 합병을 돕는 일을 지원하며 산업 경쟁력 신장에 이바지하는 것이 목표입니다.

➤ 적용 사례 ② 러시아어문학

A. 지원 동기, C. 편입 후 학업 계획, D. 졸업 후 계획, E. 특이 사항

국내 기업의 러시아 시장 진출을 지원할 수 있는 전문성을 갖추고자 러시아어문학 전공에 지원합니다. 문화와 언어는 소통의 기본 요건으로서 이에 대한 지식을 습득해야 다양한 요소를 아우르며 시장을 개척할 수 있습니다. 러시아어와 문학을 통해 시장에 응용할 수 있는 소양을 함양하는 것이 학업 목표입니다. 입학 후, 러시아어 기초 강의를 수강하며 익힌 지식을 바탕으로 초급 과정에 더욱 충실히 임하며 고학년 과정을 위한 준비에 임할 계획입니다. 3학년 과정에서는 작문과 회화 부문에서 고급 실력을 갖출 수 있도록 주도적인 학습에 최선을 다하고, 19세기와 20세기 러시아 문학 작품을 읽으며 시대 흐름을 정확히 이해하겠습니다. 여러 분야에 관심을 기울이며 통찰하는 자세가 강점입니다. 이러한 강점으로 러시아 문학 작품을 시대와 문화를 반영해 분석하며 시장을 파악하는 역량을 개발하겠습니다.

4학년 때는 비즈니스 러시아어와 실무 러시아어 번역 강의를 들으며 무역 환경에 맞춰 러시아어 실력을 키우고 싶습니다. 목표 지향적인 성향이 약점인데, 이를 보완할 수 있도록 무역과 연계해 언어뿐만 아니라 문화, 역사 등을 고르게 탐구할 것입니다. 방학에는 러시아를 여행하며 언어 활용 기회를 확대하겠습니다. 졸업 후에는 종합 상사에 입사해 러시아 시장을 개척하는 데 힘쓰며 전문가로 성장하고 싶습니다. 면밀한 소통으로 러시아 시장 네트워크를 넓혀 가며 기업 진출을 지원하고, 교역 규모 증가와 비례해 새로운 영역을 발굴하는 데 총력을 기울이며 미래를 밝힐 것입니다. 한국과 러시아 시장의 접점을 정확히 짚어 내는 감각으로 국내 기업의 발전을 뒷받침하겠습니다.

2. 학업에 기울인 노력과 학업 활동에 대해 구체적인 과정과 결과를 기술하시오. (800자)

➤ 활용 항목
전적 대학교 전공 내용

➤ 작성 방향
전적 대학교 전공 과정에서 습득한 역량을 소개하는 것이 목적입니다. 학업 소양과 자세를 보여 줄 수 있는 소재를 선택합니다.

➤ 적용 사례 ① 경영학과

F. 전적 대학교 전공 내용

전적 대학교 경영학부에서 재무 관련 수업을 들을 때는 자격증 취득을 위한 실무 위주로 수업을 진행해 개념 이해에 어려움을 겪었습니다. 이해하지 못한 개념은 학교 교재에 있는 문제를 직접 풀고 오답을 분석하며 주도적인 학습 자세로 내용을 파악하고자 노력했습니다. 이러한 자세로 재무뿐만 아니라 경영학 원론, 조직 행동론, 회계 원리, 세법 개론 등의 과목을 수강했습니다. 특히, 재무 관리 수업 과제로 2008년 서브프라임 모기지 사태에 따른 경기 침체를 조사할 때는 주도적인 학습 자세를 수업에 접목해 교과서 외 분야에서 사례를 찾아 학습할 수 있었습니다. 이를 통해 경영, 금융, 경제 등이 상호 연결되어 있다는 것을 알았습니다. 아울러, 이론을 실생활과 연결해 현상의 원인과 결과에 대해 궁리하며 경영 지식도 쌓을 수 있었습니다.

경영 분야에서 시장 흐름을 이해하기 위해서는 회계와 재무뿐만 아니라 경제, 금융 등을 상호 연계해 판단할 수 있는 글로벌 역량을 갖춰야 합니다. 다양한 산업 분야의 흐름을 읽는 감각과 영어 소통 능력은 글로벌 역량의 핵심 요소라고 생각합니다. 이에 영어 실력을 높이고자 매주 경영, 사회, 문화, 예술 등의 주제를 선정하고, 그에 대한 영문 기사를 읽어왔습니다. 다양한 주제로 영문 기사를 읽고 시장 흐름을 이해하자 영어에 대한 자신감을 얻을 수 있었습니다. 이러한 방식으로 영어 학습에 임하며 다양한 영역의 교양 상식과 소통 능력을 갖추고자 노력했습니다. 중앙대학교에서 주제의 다양성을 확대해 가며 영어 실력과 함께 내적으로 더욱 성장할 수 있는 기반을 다져 나아가겠습니다.

➤ 적용 사례 ② 러시아어문학

F. 전적 대학교 전공 내용

    컴퓨터 공학에 매력을 느낀 이유는 논리 구조입니다. 프로그래밍 언어를 익히고, 그에 따라 특정 기능을 구현할 수 있도록 학습하는 과정에서 논리의 중요성을 알 수 있었습니다. 파이썬과 자바에 대해 배울 때는 문법을 익히는 데 심혈을 기울였는데, 사례를 중심으로 학습하자 문법만으로는 응용력을 키울 수 없음을 알았습니다. 이에 문법의 배경을 이루는 기본 논리로 프로그래밍을 살펴보며 이유를 이해하고자 노력했습니다. 목적 달성을 위해서는 도구에 대한 이해가 필수라는 사실을 컴퓨터 공학 과정을 통해 확인할 수 있었습니다. 논리를 적용해 학습 효과를 높일 수 있는 부분이 언어라고 판단해 영어 관련 강의를 다양하게 들었습니다. 고급 영문법과 고급 영어 강의를 수강하며 의사 전달과 표현의 정확도를 높이기 위해서는 논리에 치중해야 한다는 것을 실감하고, 기본부터 체계적으로 쌓아 가며 영어를 배웠습니다.

    영어 학습 자료는 문학 작품에서 찾았는데, 20세기 영미 소설과 20세기 영미시 강의를 수강하며 영어 문법과 표현에 대한 안목을 높일 수 있었습니다. 영어권 문화를 익히며 소설과 시를 감상했고, 번역서와 원서를 비교하며 표현 방식을 탐구했습니다. 언어의 실용성을 고려해 학업과 병행하며 영문 기사를 읽고자 노력했고, 그 과정에서 사회와 문화를 바라보는 감각도 내재했습니다. 이처럼 논리에 이끌려 컴퓨터 공학과 영어를 학습하며 문화와 사회까지 아우르는 시야를 갖출 수 있었습니다. 철학과 심리학은 논리와 연결해 자신의 내면과 사회를 합리적으로 탐구하는 데 영향을 미쳤습니다. 러시아어문학 과정에 논리와 문화 소양을 접목하며 배움의 효과를 높이겠습니다.

3. 본 모집 단위에 지원하기 위해 의미를 두고 노력했던 활동에 대해 배우고 느낀 점을 중심으로 구체적인 과정과 결과를 기술하시오. (800자)

➤ 활용 항목
특이 사항 + 전적 대학교 전공 내용

➤ 작성 방향
지원 전공에 접목할 수 있는 경험을 언급합니다. 전적 대학교 전공과 관련성이 있을 때는 2번 항목과 맞물리지 않는 내용을 소개하고, 무관한 영역이라면 근거가 있는 내용 위주로 노력한 모습을 기술합니다.

➤ 적용 사례 ① 경영학과

E. 특이 사항, F. 전적 대학교 전공 내용

전적 대학교에서 수강한 세무 회계 수업을 통해 실무에서 사용하는 프로그램을 접할 수 있었습니다. 기업의 수입과 지출 내역에 따라 세금 산정 여부가 다르다는 점을 알았고, 각각의 세목을 참고해 회계 처리하는 방법도 배웠습니다. 프로그램을 사용하며 세무 규정을 알고 싶어 세법을 전체적으로 살펴봤습니다. 낯선 용어만큼 분량도 많았지만, 참고 도서를 활용해 이해도를 높일 수 있었습니다. 회계 개념을 정확히 이해하고 싶어 전산 세무 회계 수업에서 사례로 다룬 내용을 회계로 직접 분개하며 적절한 처리 방법을 익혔습니다. 또한, 자격증 시험을 준비하며 재무 회계와 회계 정보 관리 지식도 쌓았습니다.

M&A로 기업의 재무 구조가 바뀌는 유형을 파악하고 싶어 해당 조건을 갖춘 상장사의 재무제표를 분석하며 신설 회사의 가치 평가를 시도했습니다. 기업 보고서를 읽으며 가치 변동의 요인을 탐구했고, 자산 규모 확대에 따른 경쟁력 강화 여부도 여러 관점에서 조사했습니다. 이러한 과정을 통해 회계 원칙을 정확히 숙지해야 회계 전문성을 개발할 수 있음을 알았습니다. 아울러, 세법은 매년 개정을 거듭하므로 회계와 연결해 세무 지식을 갖춰야 한다고 생각했습니다. 규정과 법안의 테두리 안에서 회계로 기업의 문제를 해결할 수 있는데, M&A 분야에서는 산업 영역이 다른 기업 간 인수 합병을 다루므로 더욱 다양한 전문 지식을 갖춰야 합니다. 사례 학습으로 M&A 성공 사례와 실패 사례를 비교해 보며 회계사 진로를 구체적으로 계획할 수 있었습니다.

이와 같은 경험은 중앙대학교에서 회계사 시험을 준비할 때 적극적으로 활용할 수 있다고 생각합니다.

➤ 적용 사례 ② 러시아어문학

E. 특이 사항, F. 전적 대학교 전공 내용

교양 과목으로 수강한 '러시아어 초급 강의'를 통해 러시아어의 구조와 문법을 알 수 있었습니다. 생소한 격 변화를 익히고자 여러 차례 문법 사례를 살펴보며 언어의 바탕을 이루는 문화를 이해할 수 있는 계기도 마련했습니다. 특히, 성명과 같은 고유어가 격에 따라 변화하는 모습을 보며 러시아어의 유연함을 실감했고, 상대적으로 문법 변화가 적은 동사의 시제는 영어와 대조를 이루며 시야를 넓히는 데 영향을 미쳤습니다. 초급 강의였기 때문에 단순한 격 변화에 대해 배웠지만, 격 변화에 맞춰 문장을 기술하며 문법을 익히고자 노력했습니다. 영어와 체계가 달라 동일한 학습 방식으로는 문법을 익히기가 다소 어려웠습니다. 온라인 강의를 참고하며 기본 단어 위주로 격 변화를 연습했고, 흥미를 유지할 수 있도록 회화 위주로 문장을 숙지했습니다.

언어는 사용이 중요하다고 생각해 작문과 말하기는 틈틈이 연습했습니다. 교재에 있는 문장을 쓰고 말하며 올바른 발음에 주의를 기울였고, 러시아어로 자기소개를 작성하며 시험에도 대비했습니다. 러시아 문화는 대중문화를 활용해 이해하며 고전 위주로 서적을 읽었습니다. 사색의 깊이가 느껴지는 문학 작품을 통해 러시아의 역사를 알아보며 언어가 사회와 개인에게 미치는 영향을 살펴볼 수 있었습니다. 이와 같은 노력과 학업에 대한 열정으로 A+ 학점을 받으며 러시아어를 전문적으로 배우겠다고 결심했습니다. 러시아어에 숙달해 문화와 역사를 배경으로 삼고 있는 다방면의 문학 작품을 읽으며 시야를 넓히고 싶습니다. 특히, 러시아어 문법 학습을 통해 언어와 문화의 연결성을 더욱 깊이 있게 탐구할 것입니다.

9. 서울대학교 약학대학 자기소개서

1. 지원 동기 (600자)

> **활용 항목**

지원 동기 + 전공 선택 이유

> **작성 방향**

지원 대학의 특징을 살펴보고, 지원 전공을 선택한 이유를 설명합니다. 두 가지 요소를 배합해 지원 동기를 언급한 후, 학습에 임할 각오를 덧붙입니다.

> **적용 사례**

A. 지원 동기, B. 전공 선택 이유

화학과에서 물질 합성과 반응 유도를 다루며 인체 면역 작용, 길항 작용 등에 대한 관심이 커졌습니다. 관련 논문을 읽으며 약학으로 이루어 낼 수 있는 바가 무척 많다는 점을 확인했습니다. 특히, 인삼 밭 토양 박테리아에서 알츠하이머 치료에 유용한 물질을 발견한 성과에 깊은 인상을 받았습니다. 다양한 질병에 대항하는 약물을 제조하기 위해서는 약학 전문 지식이 필요하며, 경험 지식을 습득할 수 있는 실습도 병행해야 합니다.

서울대학교 약학 대학은 천연물, 생체 지질, 종양 미세 환경 등을 아우르는 연구 센터를 운영하고 있으며, 활발한 연구 활동으로 우수 논문을 꾸준히 발간하고 있습니다. 신약 개발의 역량을 개발할 수 있는 학습 환경을 갖춘 서울대학교에서 약학 전공으로 인체와 자연이 조화를 이루는 친환경 약품을 만드는 것이 목표입니다. 약제 성분을 천연물에서 발굴하고, 부산물을 최소화하는 제약 프로세스로 지속 가능한 신약 개발 환경을 만들 것입니다. 약학 전문 지식을 바탕으로 각종 암, 자가 면역 질환, 치매를 극복하는 데 신약 개발 연구원으로서 기여하고 싶습니다. 임상 단계를 높여 가며 제약의 시판을 이끌어 낼 수 있도록 약학 과정에 집중하며 전문성을 배양하겠습니다.

2. 고등학교 및 대학 생활 I: 학업 관련 활동을 중심으로 (600자)

➤ 활용 항목
전적 대학교 전공 내용

➤ 작성 방향
고등학교와 전적 대학교 학업 활동을 연결해 기술하고, 학업에 임한 자세를 소개하며 배운 내용을 설명합니다. 약학 기본 과정에 활용할 수 있는 내용이 더욱 효과적입니다.

➤ 적용 사례

F. 전적 대학교 전공 내용

UV 분광 광도계를 활용해 농도를 측정하는 실험을 진행하며 간단한 도구로 문제 해결에 접근하는 요령을 익혔습니다. 과제 수행에 비커와 스포이드 3개만 이용할 수 있었습니다. 샘플 용액의 부피를 스포이드 눈금으로 확인해 가며 비중의 차이를 토대로 답안을 도출했습니다. 이를 분광 광도계의 값과 비교하며 기기 원리와 사용 방법도 배울 수 있었습니다.

화학과에 진학해 고등학생 때 호기심을 느꼈던 실험 기기를 실습 시간에 직접 다뤄보며 복잡한 반응을 유도했습니다. 조원들과 실험의 오차를 최소화하는 방법에 대해 토의하며 다양한 물질의 특징을 이해하고자 노력했습니다. 실습 시간이 가장 즐거웠고, 정밀한 실험으로 익힌 지식은 유기 화학 수업에 분자 구조를 이해하는 데 무척 유용했습니다. 유기 화학 수업을 통해 여러 분야에 응용할 수 있는 지식을 습득했고, 학과 과정으로 스타트업 인턴십에 지원해 1학기 동안 피부 보습 제품 개발 연구에 참여했습니다. 피부 관리에 사용되는 화학 물질의 특성을 종합적으로 파악하며 응용 범위를 넓힐 수 있었습니다. 인턴십을 마친 후에는 유기 분석과 생화학을 수강하며 인체에 대한 지식을 쌓았습니다.

3. 고등학교 및 대학 생활 II: 학업 외 활동을 중심으로 (600자)

➔ 활용 항목
특이 사항

➔ 작성 방향
약학에 어울리는 소양이 드러나는 활동을 선택하는 것이 중요합니다. 자신이 선택한 사항에 열중하는 모습이 나타나도록 내용을 표현합니다.

➔ 적용 사례

E. 특이 사항

고등학교 천문 동아리에서 별자리, 일식과 월식 등을 학우들과 함께 관측하고, NASA 공개 자료를 토대로 과학 기술에 대해 토론했습니다. 빛과 궤도를 다루는 방법을 배우며 관찰에 필요한 집중력을 함양할 수 있었습니다. 대학교에서도 이와 같은 경험을 이어가고자 천체 망원경 동아리에서 활동했습니다. 각종 천체 현상을 망원경으로 관측하기 위해 기상 조건이 우수한 지역을 탐방했고, 유성우를 직접 촬영하며 생동감도 느꼈습니다. 정기적으로 천체 사진 전시회에 참가해 동아리 구성원들과 관측 경험을 나누며 실력을 가다듬었습니다. 방학 때는 초등학생의 천체 관측을 돕는 교육 봉사자로 활동했습니다. 아이들의 눈높이에 맞게 별자리 이야기를 설명하며 신화와 역사를 알아보는 기회를 마련했습니다.

이러한 경험을 인문 분야에 연결하며 더욱 많은 지식을 쌓고자 인문 도서 100권 읽기에 도전했습니다. 도서관에서 학우들을 모집해 독서 모임을 만들었고, 매주 1권의 책을 읽고 토론했습니다. 다양한 의견을 들으며 사고의 폭을 한층 넓혔고, 생각한 내용을 글로 정리해 표현했습니다. 이와 같은 활동을 통해 교우 관계 확대뿐만 아니라 생소한 학문 분야도 경험할 수 있었습니다.

10. UNIST(유니스트) 학업계획서

1. 본인의 역량, 장점과 단점 등을 상세히 기술하시오. (1,000자)

➤ 활용 항목
특이 사항

➤ 작성 방향
지원 전공을 중심으로 삼아 학습에 유용한 역량을 소개하고, 장점과 단점을 역량과 구분해 기술합니다.

➤ 적용 사례

E. 특이 사항

산업 공학을 전공하고 자동차 제조사에서 생산 공정 직무를 수행했습니다. 평소 복잡한 구조로 이루어진 제품을 분해하며 각 부품의 기능을 알아보기를 즐겼는데, 이러한 영향으로 생산 공정을 정밀하게 살펴볼 수 있었습니다. 주어진 역할에 최선을 다하는 까닭에 현장 근무 기간은 배움의 연속이었습니다. 기계 장치로 이루어진 생산 환경을 꼼꼼히 관찰했고, 각종 산업 도구와 활용 방법을 면밀히 탐구했습니다. 직무 내용을 익히며 지식의 저변을 넓히고자 신문, 교양 도서 등을 틈틈이 읽었고, 자신의 분야뿐만 아니라 연관 부서의 구성원들과 소통하며 산업 전체를 바라보는 감각을 키웠습니다. 또한, 전자와 기계가 어우러진 분야에서 설계와 생산 관리 업무를 수행하며 개발 환경에 필요한 자세를 내재했습니다. 현장에서 발생하는 오류와 시행착오를 접하며 더 나은 설계와 생산 방법을 끊임없이 고찰했고, 이에 대한 의견을 구성원들에게 개진하며 꾸준히 배움의 기회를 만들었습니다. 특히, 제품 양산 후에 발생하는 문제는 철저히 원인을 파악하고자 분석을 거듭했고, 설계와 개발의 간극을 찾아내기 위해 치밀하게 조사했습니다. 책임감과 호기심으로 직무에 집중한 결과, 문제 해결 속도를 높일 수 있었습니다. 이와 같이 현장에서 설계와 생산 관리에 주력하며 갖춘 문제 해결 능력이 장점이라고 생각합니다.

공학은 특정 분야의 전문성이 중요하지만, 응용력을 갖춰야 더욱 발전할 수 있습니다. 이에 직무를 수행하며 한자 능력 검정 시험 1급과 컴퓨터 활용 능력 1급을 취득했습니다. 항상 배움에 도전하는 자세로 불확실한 미래에 대응해 왔습니다. 역량 강화를 목표로 변화를 적극적으로 수용하고, 설령 어려움을 겪더라도 장기적인 안목으로 도전에 임했습니다. 단점은 도전 분야가 다양해 시간을 효율적으로 활용하기가 어려운 경우가 있다는 점입니다. 관심 분야를 한정할 수 있도록 우선순위에 따라 사안을 판단하고, 체력과 시간을 안배하며 유연하게 일정을 조율하고자 노력하고 있습니다. 유니스트에서 도전과 효율을 적절히 연계하며 기계 공학 지식을 익히겠습니다.

2. 해당 모집 단위 지원 동기 및 전적 대학 재학 기간 동안 들였던 노력, 기타 특별한 경험 등을 상세히 기술하시오. (1,000자)

▶ 활용 항목

지원 동기 + 전공 선택 이유 + 전적 대학교 전공 내용

▶ 작성 방향

연구 활동을 내포하고 있는 교육 환경이므로 지원 전공 학습을 뒷받침할 수 있는 노력 사항을 집중적으로 소개합니다. 전적 대학교 전공 내용을 고르게 활용하며 지원 전공을 배우고 싶은 이유를 언급합니다.

▶ 적용 사례

A. 지원 동기, B. 전공 선택 이유, F. 전적 대학교 전공 내용

기계 공학과 과정으로 기계 시스템과 제어에 대해 배우며 인간과 상호 작용하는 로봇을 개발하고자 유니스트에 지원합니다. 생산 공정 분야에서 2년간 각종 설계 작업을 수행하며 기계 공학에 매력을 느꼈습니다. 자동차 제조에 필요한 기기를 중심으로 정확도를 높이는 검사 과정을 다루며 기계의 구조를 이해할 수 있었습니다. 아울러, 제품 개발과 양산을 목표로 여러 기기 도구를 활용하며 정밀한 설계를 위해서는 기계 공학 지식이 중요함을 알 수 있었습니다. 현장에서는 오류가 자주 발생했는데, 이를 최소화하는 데 컴퓨터 비전을 활용한 프로그램이 유용하다고 판단했습니다. 업무와 병행해 기계와 컴퓨터 서적을 읽으며 자기 개발에 힘썼고, 자동차 라이다 기술을 분석하며 컴퓨터 비전을 응용할 수 있는 분야를 꾸준히 탐색했습니다.

기계 공학은 이론 학습과 실습이 중요하므로 교육 환경이 중요합니다. 업무와 병행해 다양한 강의를 들었고, 인공 지능, 자바스크립트 등을 배우며 로봇과 연계할 수 있는 소양을 쌓았습니다. 기본 프로그래밍을 연습하며 다양한 사례를 참고해 인공 지능과 알고리즘에 대한 이해도를 높일 수 있었습니다. 이를 토대로 기업에서 6개월간 개발 직무를 수행하며 소프트웨어와 기계 공학의 접점을 경험했습니다. 공정 시스템의 개발, 설계, 점검 과정을 총체적으로 다루며 로봇 시장의 잠재력도 실감했습니다. 생산에 이르는 각 과정에 로봇 기술을 적용할 경우, 위험 요소를 제어하며 더욱 안전하고 효율적인 공정 설계가 가능하다고 생각합니다. 특히, 인간의 능력 강화를 지원하는 착용형 로봇은 산업 분야뿐만 아니라 의료 분야에서도 활용도가 높을 것으로 전망합니다. 이처럼 실무 환경에서 시야를 넓히며 컴퓨터 지식과 연계해 기계 공학을 배울 수 있도록 미적분학과 역학을 주도적으로 학습했습니다. 또한, 기계 공학 과정을 전체적으로 살펴보며 필수 내용을 공부하고 있습니다. 새로운 도전을 추구하는 유니스트 기계 공학과에서 로봇 개발자로 성장할 수 있도록 배움에 최선을 다할 것입니다.

3. 입학 후 학습 목표 및 학업 계획을 상세히 기술하시오. (1,000자)

➤ 활용 항목
편입 후 학업 계획

➤ 작성 방향
목표와 어우러질 수 있는 학업 계획으로 내용을 구성합니다.

➤ 적용 사례

C. 편입 후 학업 계획

학부 과정을 통해 로봇 제어에 응용할 수 있는 기본 소양을 배양하는 것이 목표입니다. 입학 후, 일반 물리학과 일반 화학을 이론과 실험 강의로 수강하며 역학의 토대를 다지겠습니다. 열역학과 고체 역학은 기계 공학 과정의 핵심입니다. 유체 역학과 동역학으로 학습 단계를 높일 수 있도록 다양한 문제를 풀이하며 실력을 쌓을 것입니다. 기계 제도 및 실습은 팀 단위로 프로젝트를 수행하며 실무를 경험할 수 있는 기회를 제공합니다. 실습 환경에 주의를 기울이고, 기계 공학 관점에서 학우들과 소통하며 문제 해결 역량을 개발하고 싶습니다. 고학년 과정부터는 로봇과 시스템에 초점을 맞춰 학업에 힘쓸 계획입니다. 기계요소 설계와 기계 진동학을 수강하며 부품 설계 방법을 배우고, 기계의 안정적 구동을 위한 진동 제어에 대한 지식도 쌓을 것입니다. 4학년 때는 생체 역학과 로봇 공학을 중심으로 여러 분야의 개론 강의를 듣고 싶습니다. 인간과 로봇의 상호 작용 시스템을 구현하기 위해서는 인체 역학을 이해해야 합니다. 생체 역학을 로봇의 관절과 링크에 접목하며 정확한 제어 시스템을 만들 수 있는 지식 기반을 갖추겠습니다.

로봇은 센서, 머신러닝, 전자 신호 등의 복합체입니다. 응용을 위한 포괄적 지식이 필요한 이유입니다. 이에 전기 전자 공학 개론, 센서 개론, MEMS 개론 등을 들으며 시야를 넓힐 것입니다. 이처럼 학부 과정에 집중하며 교내 동아리에서는 학우들과 함께 로봇 학술 연구에 힘쓰고 싶습니다. 로봇 설계와 인공 지능을 다방면으로 탐구하며 연구 환경에 유용한 소통 능력을 개발할 것입니다. 로봇 연구는 논문과 특허 자료를 꾸준히 열람해야 하는데, 이를 위해서는 영어 실력이 필요합니다. 방학과 주말에 영어 실력을 키우고, 교내 교환 학생 학우들과 어울리며 회화를 꾸준히 연습하겠습니다. 아울러, 리더십 프로그램으로 봉사와 특강에 참여하고, 바이오로보틱스 연구실에서 인턴십을 수행하며 연구 설계와 진행 방법을 배울 계획입니다. 산업체 인턴으로는 로봇 제어 동향을 알아 가며 학습 방향을 설정할 것입니다.

4. 학부 과정 졸업 후 진로 계획 및 대학원에 진학한다면 어떤 분야를 연구하고 싶은지 상세히 기술하시오. (1,000자)

▶ 활용 항목
졸업 후 계획

▶ 작성 방향
학부 과정과 연계해 대학원에서 연구하고 싶은 내용과 방향을 기술하고, 진로 목표에 연구 내용을 담아냅니다.

➤ 적용 사례

D. 졸업 후 계획

　대학원에 진학해 의료 분야에 활용할 수 있는 로봇 제어를 연구할 계획입니다. 인력이 부족한 의료 시장에서 인공 지능과 결합한 로봇의 역할은 무궁무진할 것으로 전망합니다. 의료 영역에서 인간이 맞닥뜨리는 한계는 시간의 제약입니다. 전문 의료진을 양성하는 데 10년 이상의 시간을 투자해야 하고, 환자는 저녁과 주말에 휴진으로 인해 의료 서비스를 받기 어렵습니다. 의료진과 밀착한 입원 환자의 경우도 24시간 관리를 받을 수 없어 치료 시기를 놓치거나 안전사고를 마주하기도 합니다. 인공 지능과 로봇의 조합으로 시간 제약을 극복하며 더 나은 의료 환경을 만들 수 있다고 생각합니다. 대학원 과정과 병행해 바이오로보틱스 및 제어 연구실에서 인간과 로봇의 상호 작용 시스템을 탐구하며 의료 관점에서 개발 역량을 배양할 것입니다. 인공 지능으로 의료 지식과 경험을 습득할 수 있는 로봇 시스템 체계를 만들고, 인간이 착용할 수 있는 경량화 로봇을 설계하고 싶습니다. 거동이 불편한 환자는 로봇을 착용해 낙상 사고를 방지할 수 있고, 배변을 위한 이동이 필요한 환자는 로봇으로 자존감을 지킬 수 있습니다. 특히, 재활 치료는 착용형 로봇으로 환자의 안전을 보장하며 진행이 가능합니다. 단계적으로 로봇의 영역을 확대해 의료 서비스의 시간적 제약에서 탈피하는 것이 연구의 궁극적인 목표입니다.

　유니스트 기계 공학과 대학원에서 석박사 과정을 거치며 로봇 제어와 알고리즘 개발 능력을 갖춘 후, 의료 기기 개발 기업에 입사해 인간과 로봇의 상호 작용 시스템을 연구할 계획입니다. 로봇은 기계의 영역이지만, 미래에는 바이오 분야와 접점이 늘어날 수 있다고 생각합니다. 대표적으로 제노봇이 그에 대한 청사진을 제시하고 있습니다. 기계와 생물의 조합은 새로운 분야인 까닭에 학습이 필요합니다. 착용형 로봇으로 수술 부위까지 제어할 수 있도록 바이오로보틱스를 배우며 끊임없이 연구 영역을 넓혀 나가겠습니다. 로봇 의료 기기 개발자로 성장해 세미나와 강연 활동에 적극적으로 임하며 착용형 로봇의 보급에 힘쓸 것입니다.

11. 경찰대학교 학업계획서

1. 경찰대학교 지원 동기와 이를 위한 노력을 기술하시오. (600자)

➤ 활용 항목
지원 동기 + 전공 선택 이유

➤ 작성 방향
경찰대학교의 목적에 부합하는 지원 동기를 기술하고, 관심사를 반영하는 노력 사항을 전송 선택 이유와 함께 서술합니다.

➤ 적용 사례

A. 지원 동기, B. 전공 선택 이유

치안 유지를 실현하기 위한 전문 지식을 쌓고자 경찰대학교에 지원합니다. 유년기부터 공공 안전을 통해 사회 발전에 기여하는 경찰관의 역할을 동경했습니다. 사회 약자와 위험에 처한 사람들을 돕는 활동은 선한 영향력으로 사회 안정을 이루어 내고, 이를 통해 내일을 기대할 수 있는 사회 환경을 만듭니다. 이 과정에서 경찰의 수사는 문제를 바로잡고 해결하는 데 중요합니다. 경찰 수사관은 사건의 단서를 찾고자 현장을 샅샅이 조사하고, 여러 증거를 종합하며 사건의 실체를 밝힙니다. 수사 관련 TV 프로그램을 시청하며 수사 절차와 기법을 알 수 있었는데, 이에 매력을 느껴 경찰 수사관을 진로 목표로 설정했습니다. 전공 학습과 병행해 경찰 시험을 공부하기 시작했고, 국내외 뉴스로 접한 사건은 관련 수사 내용을 짚어 보며 해결에 이르는 과정에 꾸준히 주의를 기울였습니다. 특히, 경찰 수사관이 상황을 분석하고 판단하는 경위를 중점적으로 살펴보고, 그 사안에 형사법을 적용해 보며 이유를 파악하는 방법을 연습했습니다. 이러한 자세를 경찰대학교에서 이어가며 법학과 경찰학을 깊이 있게 배우고, 다양한 활동에 적극적으로 참여하며 수사관에게 필요한 역량을 개발하겠습니다.

2. 학업 이외 대학 시절의 다양한 활동(리더십, 봉사, 동아리, 연구, 취미 등)과 결과를 기술하고, 그 경험이 경찰대학교 지원에 어떤 의미를 갖는지 기술하시오. (600자)

➤ 활용 항목
전공 선택 이유 + 특이 사항

➤ 작성 방향
교내외 활동과 경찰대학교에서 배우고 익힐 내용의 관련성을 찾아 지원자의 적합성을 보여 주는 항목입니다. 경찰의 목적과 기능에 부합하는 내용이라면 제한 없이 기술할 수 있습니다.

➤ 적용 사례

B. 전공 선택 이유, E. 특이 사항

매주 3일 이상은 헬스장에서 운동하며 체력 단련에 주력하고 있습니다. 꾸준한 운동으로 체력과 함께 지구력 향상을 이루어 낸 덕분에 학업에 더욱 집중할 수 있었습니다. 자신의 한계를 뛰어넘는 순간마다 소소한 성취감을 만끽하며 자신감도 얻었습니다. 이러한 자기 관리 능력과 강한 체력은 경찰대학교에서 배움에 임할 때 성장의 바탕으로 작용할 수 있다고 생각합니다. 대학교 조별 과제 시에는 조장 역할을 수행하며 5명의 의견을 조율하는 경험을 쌓았습니다. 당시 의견이 일치하지 않아 갈등을 겪었지만, 상대방 입장에서 공감대를 형성하며 소통을 반복하자 타협점을 찾으며 의견 통합을 이루어 낼 수 있었습니다. 이를 통해 소통 감각을 키우며 협업하는 자세도 내재할 수 있었습니다. 경찰대학교에서 배우는 내용은 실무와 맞닿아 있습니다. 수사과에서는 법학과 경찰학 지식을 활용해 현장에 대응하며 경찰관들과 협력해야 합니다. 아울러, 민원인을 응대하며 소통에도 힘써야 합니다. 경찰대학교에서 강한 기초 체력과 소통 능력을 배움의 토대로 삼아 실력을 키우고, 실무 현장에서는 협력을 강화하며 수사의 정확도를 높이겠습니다. 또한, 자기 관리로 시간을 효율적으로 활용하며 다양한 수사 사례를 익힐 것입니다.

3. 전적 대학 전공과의 학문적 관련성 및 연계 발전 방안을 기술하시오. (600자)

❯ 활용 항목
전적 대학교 전공 내용

❯ 작성 방향
경찰대학교에서 배울 내용을 고려해 전적 대학교 전공 내용의 유용성을 설명하고, 학습을 통해 개발할 역량을 언급합니다.

❯ 적용 사례

F. 전적 대학교 전공 내용

전적 대학에서 심리학 과정으로 산업 및 조직 심리학 강의를 들으며 조직과 구성원의 관계를 비롯해 관리 방법을 다양한 사례로 탐구했습니다. 이를 통해 조직 구조에 따라 구성원의 역할 수행 능력이 차이를 보일 수 있다는 사실과 구성원이 조직 환경에서 효율적으로 목표를 달성하는 데 필요한 요소를 알 수 있었습니다. 또한, 내부 통제와 관리의 중요성을 다방면의 사례로 확인하며 학습 방향도 설정할 수 있었습니다. 조직 구성원은 기업의 결정 사항에 행동과 심리가 영향을 받는데, 이러한 관계는 정책이 범죄율에 미치는 요인 분석에 접목할 수 있다고 생각합니다. 정책이 내포한 영향력을 사회 구성원의 행동과 심리로 분석하고, 그에 맞게 범죄 예방을 위한 방안을 마련하는 활동이 가능하기 때문입니다. 경찰 조직은 국내외 영역을 포괄합니다. 조직 네트워크와 근무 부서를 효과적으로 연결하는 데 인적 자원의 관점을 적용할 수 있는 이유입니다. 심리학 과정에서 익힌 조직 심리에 대한 지식을 경찰 실무에 접목하며 구성원들이 업무에 집중할 수 있는 구조를 만드는 방안을 탐구할 것입니다. 또한, 범죄율과 조직 관리의 연관성을 분석하며 환경 요인을 통제하는 전략도 수립하고 싶습니다.

4. 입학 후 학습 목표 및 학업 계획을 기술하시오. (600자)

➤ 활용 항목
편입 후 학업 계획

➤ 작성 방향
경찰대학교의 특성상 학업 계획의 틀은 고정적입니다. 자신이 선택할 전공을 토대로 계획을 수립합니다.

➤ 적용 사례

C. 편입 후 학업 계획

법률과 제도에 대한 이해가 공정한 업무 수행의 바탕을 이룹니다. 절차와 방법을 집행 근원에 입각해 다룰 수 있어야 현장에 능동적인 자세로 임할 수 있기 때문입니다. 입학 후, 법학을 주 전공으로 선택해 세부적으로 법률 지식을 쌓고, 다양한 영역에 대한 사례를 학습하며 시야를 넓힐 계획입니다. 변화 속도가 빠른 지능 범죄를 수사하기 위해서는 기초를 응용할 수 있어야 합니다. 심리학 전공 지식을 활용해 기업법과 범죄 강의를 들으며 사회 방면으로 지식을 확장하고, 헌법과 인권 강의로는 현장에 활용 가능한 공통 소양을 함양할 것입니다. 또한, 형법과 형사 소송법을 학습하며 범죄 수사학 전공 과정으로 전문성을 개발하겠습니다. 범죄 수사에 유용한 기법과 관련 사례를 폭넓게 학습해야 응용이 가능합니다. 이에 프로파일링 기법뿐만 아니라 경찰학 과정의 범죄 수사 기법, 현장 수사 기법 등을 배우며 전문 지식을 익히고, 학술지와 논문을 참고하며 실력을 키울 것입니다. 형법은 수사 과정에서 절대적으로 중요합니다. 수사 관련 스터디를 운영하며 세부 내용으로 형법, 수사 사례, 수사 법제 등을 다룰 것입니다. 아울러, 세미나 및 특강에 참여해 사회 현안을 살펴보며 수사에 필요한 감각을 키우겠습니다.

5. 졸업 후의 진로와 계획을 기술하시오. (600자)

▶ 활용 항목
졸업 후 계획

▶ 작성 방향
경찰은 진로가 명확한 분야라 자신의 관심 사항에 맞춰 방향을 잡고 그에 대한 계획을 소개합니다.

▶ 적용 사례

D. 졸업 후 계획

경찰대학교에서 익힌 실무 사례 분석과 모의 실습을 토대로 순환 근무에 배움의 자세로 임하며 다양한 경험을 쌓을 것입니다. 현장에서 경찰 조직의 특수성을 파악하고, 각 부서의 책임과 기능을 알아 가며 문제 해결의 절차와 방법을 구체적으로 익힐 계획입니다. 법학, 경찰학, 행정학을 실무에 적용하며 실력을 쌓은 후에는 수사과를 선택해 경찰 수사관으로 성장하고 싶습니다. 지능 범죄를 중심으로 경제, 사이버 등의 영역을 통합해 수사하며 전문성을 갖추고, 수사경과 자격을 취득할 수 있도록 형법, 형사 소송법, 범죄 수사학을 학습할 것입니다. 수사 기법은 해외 사례를 참고하며 발전을 도모할 수 있다고 생각합니다. 현장에서 얻은 통찰을 기반으로 다양한 국내외 사례를 분석하며 수사 기법의 개선과 보완을 이루어 내겠습니다. 다양한 수사로 경험과 지식을 갖춘 후에는 수사 분야 연구 역량을 개발할 수 있도록 치안 대학원에 진학할 계획입니다. 대학원 과정으로 범죄 수사를 폭넓게 연구하며 첨단 수사 기법을 배우고 싶습니다. 아울러, 연구 내용을 실무에 활용하며 효율적인 수사 기법을 만들 수 있도록 노력하겠습니다. 이처럼 경찰 수사관으로서 변화하는 현장에 대응하며 끊임없이 발전하는 것이 목표입니다.

12 충남대학교 학업계획서

1. 본교 편입학 지원 학과(학부)에 지원한 동기와 이를 위한 학업적 노력을 기술하시오. (1,000자)

▶ 활용 항목

지원 동기 + 전적 대학교 전공 내용

▶ 작성 방향

지원 동기를 중심으로 전공에 대한 관심을 나타내고, 전적 대학교에서 경험한 내용을 덧붙여 연관성을 강화합니다.

▶ 적용 사례

> A. 지원 동기, F. 전적 대학교 전공 내용

전적 대학교에서 '유기 화학' 강의로 유기 물질의 구조와 화학 반응 원리에 대해 배우며 기본 요소를 이용한 물질 반응에 흥미를 느꼈습니다. 탄소 원소가 물리적 결합으로 다양한 분자식을 만드는 과정을 다루며 구성 요소의 중요성을 깨달았습니다. 탄소 중심의 유기 화학에서 더 나아가 무기 화학을 살펴보며 여러 구성 요소로 만들 수 있는 분자식을 탐구했습니다. 그 과정에서 지구 환경의 구성 체계를 접할 수 있었습니다. 지구계가 이루는 구성 요소와 그 요소들 간의 상호 작용에 대해 자세히 조사하며 유기적으로 연결된 구성 요소의 주요 특징을 알 수 있었습니다. 구성 요소 간의 관계에 변화가 발생하면, 주변 요소에 연쇄적인 영향을 미쳐 지구 환경 전체가 변화한다는 점이 놀라웠습니다. 이를 계기로 지구 환경에 관심을 기울이기 시작했습니다.

전 지구적으로 진행 중인 환경 파괴 현황을 여러 매체를 통해 살펴봤고, 관련 도서도 읽었습니다. 이산화 탄소 증가가 초래할 기후 변화에 대한 기사를 접한 후, 미래에 마주할 지구 환경의 위기가 심각하다는 것을 체감할 수 있었습니다. 미래 세대를 위해 탄소 배출에 따른 지구 온난화와 이상 기후 현상을 해결하는 데 기여하겠다고 결심했습니다. 이를 실현하기 위해서는 지구 환경을 다루는 환경 공학을 집중적으로 배우며 전문 역량을 갖춰야 합니다. 충남대학교 환경 공학과에서는 환경 오염 물질 처리 공법과 자연 복원 기술을 교육합니다. 충남대학교에서 과학 지식과 기술을 이용해 환경 문제를 해결하는 방법을 배우고자 환경 공학과에 지원합니다.

현재 배우고 있는 '대기 오염학' 및 '지구 환경 관리' 전공과목을 통해 환경 공학의 지향점을 이해할 수 있었습니다. 또한, 산업 이슈는 기사로 접하고자 노력했고, 이와 함께 여러 매체로 NT, BT, IT 등의 산업 정보를 살펴보며 배경지식을 쌓았습니다. 환경 공학과에서 배움을 이어가며 지속 가능한 지구 환경을 만들 수 있는 방법을 연구할 것입니다. 전적 대학교에서 익힌 소양을 토대로 대기 정화와 수처리를 깊이 있게 공부해 환경 공학 전문성을 갖추고 싶습니다.

2. 본교 입학 후 학습 목표와 학업 계획, 향후 진로 계획을 기술하시오. (1,000자)

▶ 활용 항목
편입 후 학업 계획 + 졸업 후 계획

▶ 작성 방향
전공 과정으로 배우고 싶은 내용을 제시한 후, 뚜렷한 목표와 함께 진로 계획을 소개합니다.

▶ 적용 사례

C. 편입 후 학업 계획, D. 졸업 후 계획

환경 공학 과정으로 대기 환경 기술자에게 필요한 역량을 개발하는 것이 학습 목표입니다. 입학 후, 환경 분야에 대한 전반적인 지식을 갖출 수 있도록 전공 및 교양 과목을 다양하게 수강할 계획입니다. 환경 공학 개론과 환경 화학을 전적 대학교에 익힌 화학 공학 지식을 활용해 빠르게 숙지하고, 1, 2학년 전공 도서를 읽으며 학습 방향을 설정하겠습니다. 충남대학교에서도 성적 장학금을 받을 수 있도록 성실히 학업에 임할 것입니다. 3학년 때는 대기 측정 및 자료 분석과 유해 가스 처리 공학을 배우며 대기 정화 방법을 이해하고, 수질 오염 모델링과 환경 생물 공정 공학 강의로 수처리 기술을 다루는 방법을 익히고 싶습니다. 기초 과목부터 실습 과목까지 고르게 수강하며 체계적으로 전공 지식을 쌓을 것입니다. 환경 문제는 글로벌 이슈와 연구 결과를 참고해야 합니다. 이에 충남대학교에서 제공하는 영어 관련 강의를 적극적으로 수강하며 외국어 능력을 개발하겠습니다. 4학년 때는 환경 공학 종합 설계와 환경 영향 평가를 통해 문제 해결에 응용할 수 있는 지식을 습득할 것입니다. 이를 토대로 환경 수치 해석 및 실습을 들으며 전문성의 기반을 갖추겠습니다. 아울러, 학과 동아리에서 대기 과학 및 수처리 프로젝트를 수행하며 여러 사례를 경험하고, 학우들과 어울리며 다채롭게 환경 개선 방법을 논의하고 싶습니다. 환경 공학은 자연과 인간의 공존을 다루는 학문입니다. 환경의 복합성을 고려하며 각종 환경 문제를 해결하기 위해서는 화학·생명·수학 지식이 필요하다고 생각합니다. 방학 중에 꾸준히 기초 과목을 공부하며 소양을 쌓고, 글로벌 환경 문제 및 기후 변화 관련 전문 서적을 원서로 읽으며 영어 실력을 갖추겠습니다.

졸업 후에는 환경 공학과 대학원에 진학해 대기 오염으로 인한 기후 변화를 집중적으로 연구하며 전문 역량을 강화할 계획입니다. 국내외 대기 오염 원인을 분석하고, 그에 적합한 해결 방안을 개발하고 싶습니다. 해당 공법을 상용화해 미래 환경을 개선하는 대기 환경 기술자로 성장하는 것이 목표입니다.

3. 학업 이외 대학 시절의 활동 내용이 지원한 전공과 어떠한 관련성이 있는지 기술하시오. (1,000자)

➤ 활용 항목
전공 선택 이유 + 특이 사항

➤ 작성 방향
교내외 활동에서 소재를 선정하고, 지원 전공에 대한 관심과 학습 방향을 덧붙이며 해당 경험을 전공 과정에 연결합니다.

➤ 적용 사례
B. 전공 선택 이유, E. 특이 사항

환경 공학 기술을 산업화한 사례를 직접 관찰하고 싶어 그린 에너지·환경 산업전을 방문해 5가지 분야 산업의 현황을 살펴봤습니다. 순환 경제의 폐자원 처리 기술에 깊은 인상을 받았는데, 폐자원의 수집부터 개발까지 아우르는 방식을 다방면에 응용할 수 있다고 생각했기 때문입니다. 탄소 포집, 해수 담수화, 대기 정화 등은 환경 공학과 화학 공학이 맞닿은 분야로 화학 원리를 알아야 개발이 가능했습니다. 박람회를 통해 순환 경제 구현을 목표로 환경 산업에서 공학 지식을 활용하는 사례를 다양하게 접하며 기술 혁신이 산업 전반에 미치는 영향력을 알 수 있었습니다.

　고도 산화 기술을 갖춘 수처리 제품은 산소를 사용해 식품 및 식음수를 친환경으로 살균 처리할 수 있고, 다방면으로 유속을 변환해 여과 정화 시스템을 구축하며 전력 최적화도 이루어 낼 수 있습니다. 이처럼 환경 산업 현황을 관찰하며 친환경 기술을 적용한 제품을 산업 분야에서 응용하는 방법을 이해할 수 있었습니다. 이를 계기로 친환경 공정 기술을 활용하는 기업의 동향을 알고 싶어 조사를 시작했는데, 그 과정을 거쳐 알아낸 친환경 기술의 용도는 바이오부터 반도체까지 응용 범위가 방대했습니다. 친환경 세정 기술로 반도체 공정의 유해성을 최소화하고, 화학 조성을 바꾸거나 물질을 대체하는 방식으로 배터리를 재활용하는 사례도 살펴볼 수 있었습니다. 특히, 친환경 기술은 독성 물질을 사용하는 공정에서 우수한 효과를 나타내는 경우가 많았습니다. 이산화 탄소를 원료로 사용해 공정 순환만으로 탄소 중립을 실현하거나 반도체 공정에 사용하는 화학 물질을 물로 대체하는 방식도 인상적이었습니다. 환경 공학과에서는 수처리부터 폐자원 순환을 위한 공정 설계를 교육합니다. 다양한 용도로 공정을 설계하는 데 박람회 및 정보 조사 경험을 활용할 수 있다고 생각합니다. 넓은 안목으로 여러 분야의 친환경 공정을 비롯해 대기 정화와 수처리 시스템을 익히며 산업의 효율성을 높이는 방법을 궁리할 것입니다. 또한, 현상을 주의 깊게 관찰하는 자세를 환경 공학 과정에 접목해 연구 과제를 탐색하겠습니다.

부록

편입 자기소개서 & 학업계획서
제출 전 필수 체크

1 정성이 곧 열의다
2 항목별 정리표
3 반드시 ○/× 체크리스트

합격하는 편입 자소서 & 학업계획서

부록: 편입 자기소개서 & 학업계획서 제출 전 필수 체크

편입 자기소개서와 학업계획서를 제출하기 전, 목적에 부합하는 글을 작성했는지 확인하는 과정이 필요합니다. 제출 후 뒤늦은 후회를 하지 않도록 성의 있게 준비하고, 퇴고를 통해 표현을 점검해야 합니다. 기본에 충실한 자세로 자신이 작성한 자기소개서와 학업계획서를 다시 한 번 검토하기 바랍니다.

1. 정성이 곧 열의다

자기소개서는 면접에서 예상 질문을 유도하고, 좋은 인상을 남길 수 있는 기회를 제공하는 전략적 도구입니다. 이에 따라 글의 형식을 지키고, 전략을 담는다는 접근법으로 자기소개서를 작성해야 합니다. 자기소개서의 기본 원칙과 항목이 요구하는 바를 충분히 숙지한다면, 책에서 소개한 사례를 토대로 연습을 통해 충분히 자신만의 자기소개서를 작성할 수 있습니다. 편입뿐만 아니라 앞으로 맞이할 취업, 대학원 입학 등에도 올바른 자기소개서 작성법을 활용할 수 있습니다. 자기소개서를 작성할 때에는 내용도 중요하지만, 정성이 엿보이는 표현도 필수입니다. 그러므로 작성 완료 후 반드시 틀린 어휘와 띄어쓰기, 어법 오류 등을 점검하는 퇴고의 시간을 가져야 합니다. 무엇보다 간결한 표현은 문장 작성의 기본입니다.

"글쓰기의 본질은 종이 위에 단어를 늘어놓는 것이 아니라 불필요한 것들을 골라내고 버리는 데 있다." – 『생각의 탄생』, 미셸 & 로버트 루트번스타인

"다른 사람들이 한 권의 책으로 말하고자 한 것을 단 하나의 문장으로 압축시켜 표현하려고 노력한다." – 프리드리히 니체

내용과 무관한 불필요한 표현, 무의미한 어휘의 반복 나열, 목적에 부합하지 않는 내용은 글쓰기의 본질과도 맞닿아 있지 않으므로 반드시 수정해야 합니다. 합격은 실

력과 노력의 총합으로 이뤄집니다. 그 첫걸음인 자기소개서와 학업계획서 작성에 심혈을 기울여 목표에 더 가까이 다가가기 바랍니다.

2 항목별 정리표

NO		YES
	지원 동기	
• 부족한 수능 점수로 인한 미련 • 노골적인 학벌 중심주의 • 소홀했던 학업에 대한 회한과 반성 • 일차원적 동경	**WHY**	• 학교 교육 환경 • 전공 과정의 우수성 • 희망 진로 연결 방안 • 특수 목적 해갈
	전공 선택	
• 오로지 취업 • 전적 전공에 대한 부정적 시각 • 사회적 평판만 고려	**REASON**	• 목적의식 • 전적 전공과의 연결성 • 미래 진로와 부합 • 지원 학교 전공의 탁월함
	학업 계획	
• 토익, 토플 성적 향상 • 구체성이 결여된 열정 • 우선순위 없는 고시 준비	**WAY**	• 강의 수강 방향 • 집중적으로 학습할 분야 • 교환 학생, 자격증 준비 등 • 장학금 취득 목표 • 동아리 활동
	졸업 후 계획	
• 아직 계획 없음 • 취업한 뒤 생각해 보겠음 • 전공과 무관한 계획 • 일단 고시 공부만 하겠음	**VISION**	• 전공과 연계한 경력 개발 • 대학원 진학으로 심화 학습 • 로스쿨, MBA 연결 • 고시, 자격증을 활용한 미래상 • 뚜렷한 목표
	특이 사항	
• 특이 사항 없음 • 이성 친구 이야기 • 중언부언	**REMARK** 	• 봉사 활동, 수상 내역 등 • 성격의 장단점 • 취미 생활 • 인성이 엿보이는 활동 • 열정, 성실, 책임, 창의 등

3. 반드시 O/× 체크리스트

· 반드시 O 체크리스트 ·

모든 항목에 O 체크를 할 수 있어야 자기소개서 작성 MISSION COMPLETE!

영역	항목	체크
작성 법칙 1	문어체로 작성했어요.	
작성 법칙 2	핵심 사항은 짧은 문장으로, 이를 뒷받침하는 내용은 뒤 문장에 배치했어요.	
작성 법칙 3	지원 동기를 제3자가 수긍할 만한 사례와 함께 제시했어요.	
작성 법칙 4	'그리고, 그래서, 따라서, 그러므로' 등의 접속사 대신 내용과 핵심 어휘로 문장을 연결했어요.	
작성 법칙 5	문장 내 '나'라는 주체를 생략했어요.	
작성 법칙 6	문장마다 동일한 마무리 동사를 연속적으로 쓰지 않고 변화를 주었어요.	
작성 법칙 7	'해라체'가 아닌 '하십시오체'로 작성했어요.	
작성 법칙 8	핵심과 관계없는 불필요한 내용은 삭제했어요.	
작성 법칙 9	자문하고 자답하는 형태의 문장을 수정했어요.	
작성 법칙 10	지원자의 입장에서 스스로에 대해 판단하고 평가하는 표현을 수정했어요.	
지원 동기	지원 대학의 교육 환경을 꼽았어요.	
	지원 대학 전공 과정의 우수성을 들었어요.	
	희망 진로와의 연계성을 언급했어요.	
	특수 목적을 제시했어요.	
전공 선택	목적의식을 명시했어요.	
	전적 전공과 관련지었어요.	
	미래 진로와 부합함을 설명했어요.	
	지원 대학 전공의 탁월함을 짚었어요.	
학업 계획	강의 수강 방향을 제시했어요.	
	집중적으로 학습할 분야를 설명했어요.	
	교환 학생, 자격증 준비 등을 기술했어요.	
	장학금 취득 목표를 언급했어요.	
	동아리 활동을 꼽았어요.	

졸업 후 계획	전공과 연계한 경력 개발을 설명했어요.	
	대학원 진학을 통한 심화 학습을 들었어요.	
	로스쿨, MBA와 관련지었어요.	
	고시, 자격증을 활용한 미래상을 기술했어요.	
	뚜렷한 목표를 제시했어요.	
특이 사항	봉사 활동, 수상 내역 등을 언급했어요.	
	성격의 장단점을 서술했어요.	
	취미 생활을 들었어요.	
	인성이 엿보이는 활동을 꼽았어요.	
	열정, 성실, 책임, 창의 등을 강조했어요.	

· 반드시 × 체크리스트 ·

모든 항목에 × 체크를 할 수 있어야 자기소개서 작성 MISSION COMPLETE!

영역	항목	체크
지원 동기	수능 점수 부족을 들어 지원 대학에 대한 미련을 보였어요.	
	대학 간판을 언급하며 노골적으로 표현했어요.	
	소홀했던 학업에 대한 회한과 반성을 나타냈어요.	
	지원 대학에 대한 일차원적 동경을 드러냈어요.	
전공 선택	취업 목적을 명시했어요.	
	전적 전공에 대한 부정적 의견을 표출했어요.	
	사회적 평판만을 고려했어요.	
학업 계획	토익, 토플 성적 향상을 목표로 잡았어요.	
	구체성 없이 열정만을 부각했어요.	
	우선순위 없는 고시 준비를 들었어요.	
졸업 후 계획	아직 계획이 없음을 솔직히 밝혔어요.	
	취업한 뒤 생각할 계획이에요.	
	전공과는 무관한 계획을 짰어요.	
	일단 고시 공부만 할 것이라고 기술했어요.	
특이 사항	특이 사항이 없어요.	
	이성 친구 등 사적인 이야기를 언급했어요.	
	했던 이야기를 여러 번 반복했어요.	
	거르지 않고 모든 것을 솔직히 기술했어요.	

MEMO

합격하는 편입 자소서 & 학업계획서

좋은 책을 만드는 길, 독자님과 함께 하겠습니다.

합격하는 편입 자소서 & 학업계획서

개정5판1쇄	2025년 05월 10일 (인쇄 2025년 03월 21일)
초 판 발 행	2017년 07월 10일 (인쇄 2017년 05월 31일)
발 행 인	박영일
책 임 편 집	이해욱
편 저	정승재
편 집 진 행	이미림 · 김하연
표지디자인	하연주
편집디자인	김휘주 · 조성아
발 행 처	(주)시대에듀
출 판 등 록	제10-1521호
주 소	서울시 마포구 큰우물로 75 [도화동 538 성지 B/D] 9F
전 화	1600-3600
팩 스	02-701-8823
홈 페 이 지	www.sdedu.co.kr

I S B N	979-11-383-8987-7(13370)
정 가	20,000원

※ 이 책은 저작권법의 보호를 받는 저작물이므로 동영상 제작 및 무단전재와 배포를 금합니다.
※ 잘못된 책은 구입하신 서점에서 바꾸어 드립니다.

오로지첨삭 편입

저자 유튜브 강의 제공 안내

정승재 저자의 자기소개서 작성 전략 특강!
오로지 편입만을 위한 자기소개서 작성 요령을 저자 직강으로 제공하고 있습니다.

▶▶ 강의는 이런 식으로 진행돼요!

오로지첨삭_편입 재생 목록에 지원 동기 사례, 학업 계획 사례, 졸업 후 계획 사례 등 다양한 항목별 강의가 업로드 되어 있습니다.

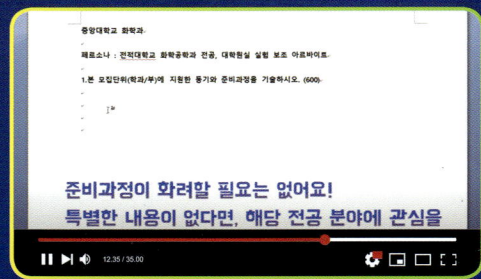

주요 대학별(전공별) 지원하는 페르소나의 스펙을 간단히 공유하고, 제시된 항목을 분석해 전략을 제시합니다.

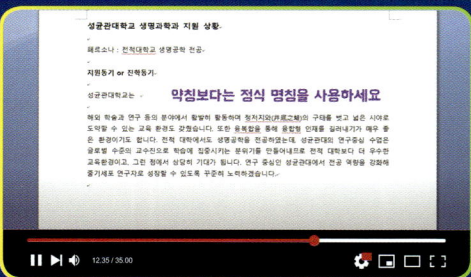

사례를 바탕으로 어떻게 더욱 좋은 문장으로 표현할 것인가를 실시간으로 직접 첨삭해 나갑니다.

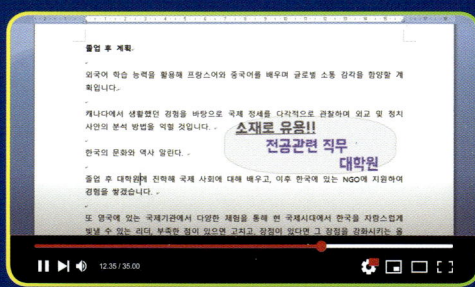

내용에 적합한 소재나 경험 등과 관련해 개별적으로 유용하게 적용할 수 있는 정보도 공유합니다.

▶▶ 오로지첨삭_편입 유튜브 강의 수강하는 방법

VER 1
- 오른쪽 '오로지첨삭_편입' QR코드를 스캔한다.
- 유튜브 강의를 수강한다.

VER 2
- 유튜브에 접속, '오로지첨삭'을 검색한다.
- 채널 내 '편입' 재생목록에서 강의를 수강한다.

시대에듀에서만 만날 수 있는 합격하는 얼리버드 이벤트

미리 준비 한다!
반드시 합격한다!

본 도서를 구입하신 독자님들은 **선착순 100명**에 한해 정승재 저자가 직접 운영하는 **'오로지첨삭'**의 첨삭 서비스를 정가보다 저렴하게 이용하실 수 있습니다.

자소서 및 학업계획서 첨삭 서비스 이용 할인 쿠폰 사용 방법

STEP 1
도서 겉표지를 넘겨 안쪽 하단에 있는 **쿠폰을 확인**하세요.

STEP 2
쿠폰에 마커로 **ID와 사용 날짜**를 기입하세요.

STEP 3
오른쪽 QR코드를 스캔하거나 **www.오로지첨삭.한국** 으로 접속하세요.

STEP 4
'이벤트' 게시판에 **ID와 쿠폰 인증샷**을 남겨 주세요.

STEP 5
기타 문의 사항은 '의뢰신청' 게시판을 통해 문의하세요.

※ 이벤트 당첨자에게는 개별 고지해 드립니다.

격월 발행

이슈&시사상식

다양한 분야의 **최신이슈**와 따끈한 **취업소식**을 모두 담았다!
이슈&시사상식으로 '**상식의 맥**'도 잡고 '**취업**'도 뽀개자!

12회 정기구독 신청 시
10% 할인
~~120,000원~~
108,000원

6회 정기구독 신청 시
10% 할인
~~60,000원~~
54,000원

정기구독 시 배송료(2,500원) 무료!

이슈&시사상식 무료동영상 제공

정기구독 신청 및 문의방법

❖ 고객센터: 1600-3600
❖ 상담시간: 평일 9:00~18:00(주말・공휴일 휴무)
❖ 시대에듀 홈페이지(www.sdedu.co.kr)에서도 신청 가능
❖ 주문 시 몇 호부터 받아보실 것인지 말씀해 주시기 바랍니다.
❖ 구독 중 주소지 변경 시에도 반드시 고객센터로 연락주시기 바랍니다.